中等职业学校机电类规划教材

专业基础课程与实训课程系列

机械加工技能实训

徐冬元　主　编

金忠　蒋金云　副主编

人民邮电出版社

北京

图书在版编目（CIP）数据

机械加工技能实训/徐冬元主编．—北京：人民邮电出版社，2006.5（2019.8 重印）
中等职业学校机电类规划教材．专业基础课程与实训课程系列

ISBN 978-7-115-14432-4

Ⅰ．机…　Ⅱ．徐…　Ⅲ．机械加工—专业学校—教材　Ⅳ．TG506

中国版本图书馆 CIP 数据核字（2006）第 023386 号

内 容 提 要

《机械加工技能实训》一书是根据教育部的教改精神与劳动和社会保障部 2002 年颁布实施的《国家职业标准》，结合我国职业教育的教学实际，围绕职业学校的培养目标，着力体现职业教育“以就业为导向，以能力为本位”的教学理念，突出以技能训练为目的、以项目教学为组织形式、理论与实践紧密结合的教材特点。

本书共由六个项目组成，根据学生的认知水平，介绍机械制造的生产流程、质量控制方法，普通机加工的钳工、车工、铣工、刨工、磨工的基本技能及相关的工艺知识，并围绕相应工种的职业技能鉴定标准，选择典型的技能训练实例，以便使学生通过强化训练，顺利获得国家职业资格等级证书。其中，钳工部分的内容按照中级工要求编写，其他部分按照初级工要求编写，给不同专业的学生打下宽泛的基础，便于他们根据自己的专业发展或兴趣爱好自主拓展机加工的技能方向，也为培养学生的创新意识和职业素养奠定基础。

本书既可作为中等职业学校的教材，也可作为各类学校进行钳工、车工初、中级技能考证的培训教材，或作为在职职工岗位培训及自学用书。

中等职业学校机电类规划教材

专业基础课程与实训课程系列

机械加工技能实训

◆ 主　　编　徐冬元
　副 主 编　金忠　蒋金云
　责任编辑　张孟玮
◆ 人民邮电出版社出版发行　　北京市丰台区成寿寺路 11 号
　邮编　100164　　电子邮件　315@ptpress.com.cn
　网址　http://www.ptpress.com.cn
　大厂聚鑫印刷有限责任公司印刷
◆ 开本：787×1092　1/16
　印张：13　　　　2006 年 5 月第 1 版
　字数：309 千字　　　　2019 年 8 月河北第 18 次印刷

ISBN 978-7-115-14432-4/TN

定价：18.00 元

读者服务热线：(010)81055256　印装质量热线：(010)81055316
反盗版热线：(010)81055315

中等职业学校机电类规划教材

专业基础课程与实训课程系列教材编委会

我国加入 WTO 以后，国内机械加工行业和电子技术行业得到快速发展。国内机电技术的革新和产业结构的调整成为一种发展趋势。因此，近年来企业对机电人才的需求量逐年上升，对技术工人的专业知识和操作技能也提出了更高的要求。相应地，为满足机电行业对人才的需求，中等职业学校机电类专业的招生规模在不断扩大，教学内容和教学方法也在不断调整。

为了适应机电行业快速发展和中等职业学校机电专业教学改革对教材的需要，我们在全国机电行业和职业教育发展较好的地区进行了广泛调研，与部分重点学校联合成立了《中等职业学校机电类规划教材》编委会，以培养技能型人才为出发点，以各地中职教育教研成果为参考，以中职教学需求和教学一线的骨干教师对教材建设的要求为标准，经过充分研讨与论证，精心规划了这套《中等职业学校机电类规划教材》。

本套教材力求体现国家倡导的“以就业为导向，以能力为本位”的精神，结合职业技能鉴定和中等职业学校双证书的需求，精简整合理论课程，注重实训教学，强化上岗前培训；教材内容统筹规划，合理安排知识点、技能点，避免重复；教学形式生动活泼，以符合中等职业学校学生的认知规律。

本套教材广泛参考了各地中等职业学校的教学计划，面向优秀教师征集编写大纲，并在国内机电行业较发达的地区邀请专家对大纲进行了多次评议及反复论证，尽可能使教材的知识结构和编写方式符合当前中等职业学校机电专业教学的要求。

在作者的选择上，充分考虑了教学和就业的实际需要，邀请活跃在各重点学校教学一线的“双师型”专业骨干教师作为主编。他们具有深厚的教学功底，同时具有实际生产操作的丰富经验，能够准确把握中等职业学校机电专业人才培养的客观需求；他们具有丰富的教材编写经验，能够将中职教学的规律和学生理解知识、掌握技能的特点充分体现在教材中。

为了方便教学，我们免费为选用本套教材的老师提供教学辅助光盘，光盘的内容为教材的习题答案、模拟试卷和电子教案（电子教案为教学提纲与书中重要的图表，以及不便在书中描述的技能要领与实训效果）等教学相关资料，部分教材还配有便于学生理解和操作演练的多媒体课件，以求尽量为教学中的各个环节提供便利。

我们衷心希望本套教材的出版能促进目前中等职业学校的教学工作，并希望能得到职业教育专家和广大师生的批评与指正，以期通过逐步调整、完善和补充，使之更符合中职教学实际。

欢迎广大读者来电来函。

电子函件地址：guojing@ptpress.com.cn, wangping@ptpress.com.cn

读者服务热线：010-67143761, 67132792, 67184065

制造业领域的技能型人才的培养愈来愈受到社会各界，尤其是中、高等职业技术学校的重视。对于中等职业学校机械、机电和近机类专业而言，选择一部既包含车、钳、铣、刨、磨等内容，又能在某一工种上有充分拓展、满足考工培训需要的教材，是学校、教师和学生三方的共同愿望。为了满足广大教学工作者的教学需要，并同时使机械、机电及近机类学生奠定必备的专业基础，我们是根据教育部的教改精神以及劳动和社会保障部2002年颁布实施的《钳工国家职业标准》、《车工国家职业标准》、《铣工国家职业标准》、《刨工国家职业标准》、《磨工国家职业标准》编写的。本书紧密结合我国职业教育的教学实际，围绕中等职业学校的培养目标，按照新的国家职业标准中初级工的考工要求，充分体现以技能训练为目的、项目教学为组织形式、理论与实践紧密结合的教学特点。

本书对钳、车、铣、刨、磨工的工艺知识与技能训练的教学内容分别进行有机的整合，使学生通过强化训练顺利获得国家职业资格等级证书的同时，又能让各校结合本校本地的教学实际，安排其他工种的教学实践，给不同学校不同专业的教学留有较大选择空间，避免了同一个教学班选用不同教材的麻烦，从而具有良好的可操作性，以适合不同地区、不同层次学生的学习、训练与考级需要。其中，钳工部分的内容按照中级工要求编写。

本书既可作为中等职业学校的教材，也可作为各类学校进行钳工和车工初、中级技能考证的培训教材，或作为在职职工岗位培训及自学用书。

根据教学计划安排，本书的授课时数为180学时，建议课时安排如下表所示。

内容	项目一	项目二	项目三	项目四	项目五	项目六	机动	总计
学时	6	60	60	12	12	6	24	180

各校可根据学生的不同专业、不同工种安排具体的学时。

本书由徐冬元担任主编，金忠、蒋金云担任副主编，徐冬元、金忠、蒋金云、池雯共同编写，并由王猛老师担任主审，镇江机电高等职业技术学校郑建华老师、重庆市工业学校刘军老师审稿。作者在此一并表示感谢。

由于编者的水平与能力有限，书中错误与不足之处在所难免，恳请广大读者批评与指正，以便使本书得到进一步的完善与提高。

编　者

2005年12月

目　录

项目一 机械制造入门知识

本项目主要介绍机械产品生产的一般过程、加工方法和质量控制。重点掌握常用量具的读数原理和使用方法；初步了解金工技术的常用设备、加工方法和加工特点，了解车间生产（实习）过程中的安全文明知识。

通过本项目的学习与实践，可以培养学生对机械制造业的兴趣。学会使用常用的量具，如游标卡尺、千分尺、万能角度尺、塞尺、90°角尺等，初步懂得对量具的维护与保养。

知识目标

- 了解机械产品生产的一般过程。
- 熟悉产品的质量控制指标，了解常用的检测方法。
- 了解量具的维护和保养知识。
- 了解车间生产（实习）过程中的安全文明知识。

技能目标

- 掌握常用量具的使用方法。
- 学会安全文明操作。

任务一 了解企业生产流程及产品质量控制

机械制造工业是国民经济的重要产业，它承担着向社会各行业提供各种机械装备的任务。机械制造工业所提供装备的水平对国民经济的总体发展，对产品质量水平和经济效益的快速提高，有着非常重要的直接影响。

将原材料（或半成品）加工成机械产品的全过程称为生产过程，制造过程是生产过程的最主要部分。机械制造企业的运作过程，大致可分为生产决策、经营决策、制造加工三个主要层次。在市场经济条件下，企业生产的目的是向市场提供合格产品的同时获取相应的经济效益。企业在运作过程中主要解决两个问题：一是决定产品的类型（生产决策）并取得销售订单（经营决策）；二是从技术和管理两方面进行生产组织，制造出合格的产品。产品的质量是企业生存与发展的根本保证，机械产品的质量是由机械制造生产过程决定的。

1．机械产品的质量

机械产品是由若干机械零部件装配而成的，机器的使用性能和寿命取决于零部件的质量，主要指零部件的材质、力学性能、加工质量和装配质量等。

（1）零件的加工质量

零件的加工质量是指零件的加工精度和表面质量。加工精度是指加工后零件的尺寸、形状和表面间相互位置等几何参数与理想几何参数相符合的程度。零件的几何参数加工得绝对准确是不可能的，也是没有必要的。在保证零件使用要求的前提下，对加工误差规定一个变化的范围，称为公差。零件的精度包括尺寸精度、形状精度和位置精度。零件的表面质量是指零件的表面粗糙度、波度、表面层冷变形强化程度、表面残余应力的性质和大小以及表面层金相组织等。零件的加工质量对零件的使用有很大影响，其中考虑最多的是加工精度和表面粗糙度。

（2）装配质量

任何机器都是由若干零件、组件和部件组装而成的。根据规定的技术要求，将零件结合成组件和部件，并进一步将零件、组件和部件结合成机器的过程称为装配。装配是机械制造过程的最后一个阶段，合格的零件通过合理的装配和调试，就可以获得良好的装配质量，从而能保证机器进行正常的运转。

装配精度是装配质量的指标，主要包括以下几项。

1）零部件间的尺寸精度：其中包括配合精度和距离精度。配合精度是指配合面间达到规定的间隙或过盈的要求；距离精度是指零部件间的轴向距离、轴线间的距离要求等。

2）零部件间的位置精度：其中包括零件与部件间的平行度、垂直度、同轴度和各种跳动要求等。

3）零部件间的相对运动精度：指有相对运动的零、部件间在运动方向和运动位置上的精度。如车床车削螺纹时刀架与主轴的相对移动精度。

4）接触精度：接触精度是指两配合表面、接触表面和连接表面间达到规定的接触面积大小与接触点分布情况。如相互啮合的齿轮、相互接触的导轨面之间均匀接触精度要求。

一个机械产品推向市场，需要经过设计、加工、装配、调试等环节。产品的质量与这些环节紧密相关，最终体现在产品的使用性能上，如图 1.1 所示。企业应从各方面来保证产品的质量。

2．质量检测的方法

用各种加工方法使零件达到一定的质量要求，而且要通过相应的手段来检测。检测应自始至终伴随着每一道加工工序，同一种要求可以通过一种或几种方法来检测。质量检测的方法涉及的范围和内容很多，这里只做简单介绍。

（1）金属材料的检测方法

金属材料应对其外观、尺寸、理化三个方面进行检测。外观检测采用目测的方法。尺寸检测使用样板、直尺、卡尺、钢卷尺、千分尺等量具进行测量。理化检测项目较多，主要包括如下各项。

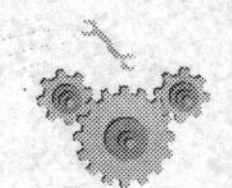

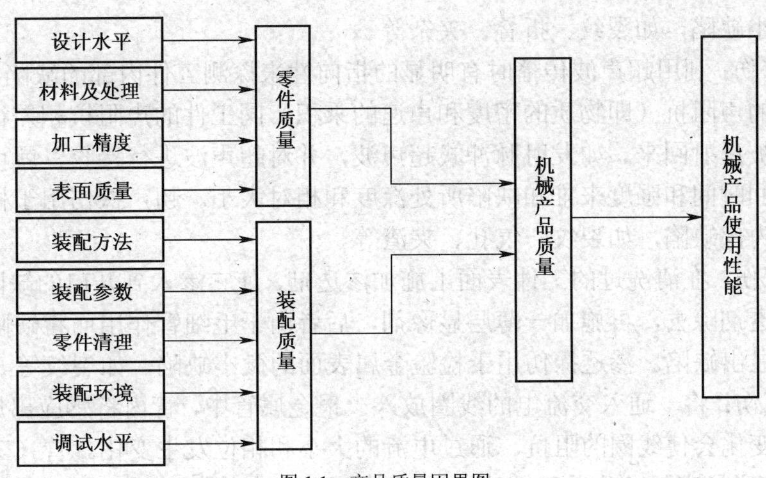

图 1.1 产品质量因果图

1）化学成分分析 依据来料保证单中标注的材料化学成分，由专职理化人员对材料的化学成分进行定性或定量的检测分析。入厂材料常用的化学成分分析方法有化学分析法、光谱分析法、火花鉴别法。

化学分析法能测定金属材料各元素含量，是一种定量分析方法，也是工厂必备的常规检验手段。

光谱分析法是根据物质的光谱测定物质组成的分析方法。其测量工具有台式和便携式光谱分析仪器。

火花鉴别法是把钢铁材料放在砂轮上磨削，由发出的火花特征来判断它的成分的方法。

2）金相分析 这是鉴别金属和合金组织结构的方法，常用的方法有宏观检验和微观检验两种。

① 宏观检验：即低倍检验，是用目视或在低倍放大镜（小于 10 倍的放大镜）下检查金属材料表面或断面以确定其宏观组织的方法。常用的宏观检验法有硫印试验、断口检验、酸蚀试验和裂纹试验。

② 微观检验：即显微镜高倍检验，是在光学显微镜下观察、辨认和分析金属微观组织的金相检验方法。微观检验法可测定晶粒的形状和尺寸，鉴别金属的组织结构，显现金属内部的各种缺陷，如夹杂物、微小裂纹和组织不均匀及气孔、脱碳等。

3）力学性能试验 力学性能实验有硬度试验、拉伸试验、冲击试验、疲劳试验、高温蠕变及其他试验等。力学性能试验及以下介绍的各种试验均在专用试验设备上进行。

4）工艺性能试验 工艺性能实验有弯曲、反复弯曲、扭转、缠绕、顶锻、扩口、卷边以及淬透性试验和焊接性试验等。

5）物理性能试验 物理性能实验有电阻系数测定、磁学性能测定等。

6）化学性能试验 化学性能实验有晶间腐蚀倾向试验等。

7）无损探伤 无损探伤是不损坏原有材料，检查其表面和内部缺陷的方法。主要有以下几种。

① 磁粉探伤：利用铁磁性材料在磁场中会被磁化，而夹杂等缺陷是非磁性物质及裂缝磁力线均不易通过原理，在工件表面上施散导磁性良好的磁粉（氧化铁粉），磁粉就会被缺陷形成的局部磁极吸引，堆集其上，显出缺陷的位置和形状。磁粉探伤用于检查铁磁性金属和合

金表面层的微小缺陷，如裂纹、折叠、夹杂等。

② 超声探伤：利用超声波传播时有明显的指向性来探测工件内部的缺陷。当超声波遇到缺陷时，缺陷的声阻抗（即物质的密度和声速的乘积）同工件的声阻抗相差很大，因此大部分超声能量将被反射回来。如发射脉冲式超声波，并对超声波进行接收，就可探出缺陷，且可从反射波返回时间和强度来推知缺陷所处深度和相对大小。超声探伤用于检验大型锻件、焊件或棒材的内部缺陷，如裂纹、气孔、夹渣等。

③ 渗透探伤：在清洗过的工件表面上施加渗透剂，使它渗入到开口的缺陷中，然后将表面上的多余渗透剂除去，再施加一薄层显像剂，后者由于毛细管作用而将缺陷中的残存渗透剂吸出，从而显出缺陷。渗透探伤用于检验金属表面的微小缺陷，如裂纹等。

④ 涡流探伤：将一通入交流电的线圈放入一根金属管中，管内将感应出周向的电流，即涡流。涡流的变化会使线圈的阻抗、通过电流的大小和相位发生变化。管（工件）的直径、厚度、电导率和磁导率的变化以及缺陷会影响涡流进而影响线圈（检测探头）的阻抗。检测 阻抗的变化就可以达到探伤的目的。涡流探伤用于测定材料的电导率、磁导率、薄壁管壁厚和材料缺陷。

（2）零件尺寸的检测方法

对尺寸在 1000 mm 以下，公差范围在 0.009～3.2 mm 之间的零件，可使用普通计量器具（千分尺、卡尺和百分表等）检测，特殊情况下可使用测距仪、激光干涉仪、经纬仪、钢卷尺等测量。

表面粗糙度的检测方法有样板比较法、显微镜比较法、电动轮廓仪测量法、光切显微镜测量法、干涉显微镜测量法、激光测微仪测量法等。在生产现场常用的是样板比较法，它是以样块工作面上的粗糙度为标准，用视觉法和触觉法将样块表面与被检测零件表面进行比较，来判定被检测零件表面是否符合图样技术要求的方法。

（3）零件形位误差的检测方法

根据零件形状表面及公差要求的不同，形位误差的检测方法也各不相同。下面以一种检测圆跳动的方法来说明形位误差的检测。

检测原则：使被测实际要素绕基准轴线做无轴向移动回转一周时，由位置固定的指示器在给定方向上测得的最大与最小读数之差。

检测设备：一对同轴顶尖、带指示器的测量架。

检测方法：如图 1.2 所示，将被测零件安装在两顶尖之间。在被测零件回转一周过程中，指示器读数最大差值即为单个测量平面上的径向圆跳动。

按上述方法，测量若干个截面，取各个截面上测得圆跳动量中的最大值，作为该零件的径向圆跳动。

3．产品加工工艺

在制造过程中，人们根据机械产品的结构、质量要求和具体生产条件，选择适当的加工方法，组织产品的加工生产。

（1）产品的生产过程

机械产品的生产过程，是产品从原材料转变为成品的全过程。主要过程如图 1.3 所示。

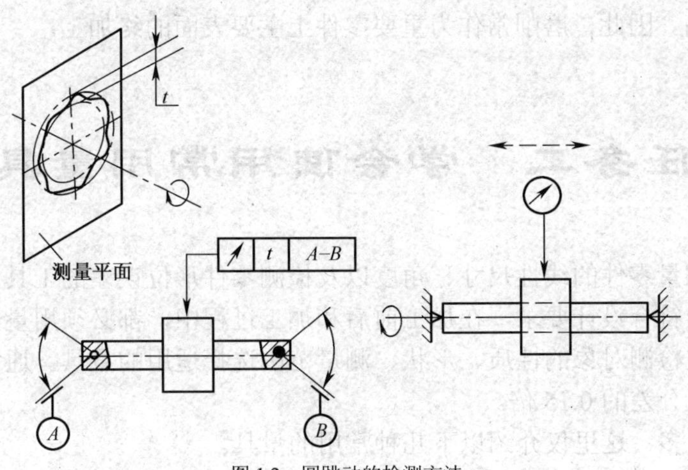

图 1.2　圆跳动的检测方法

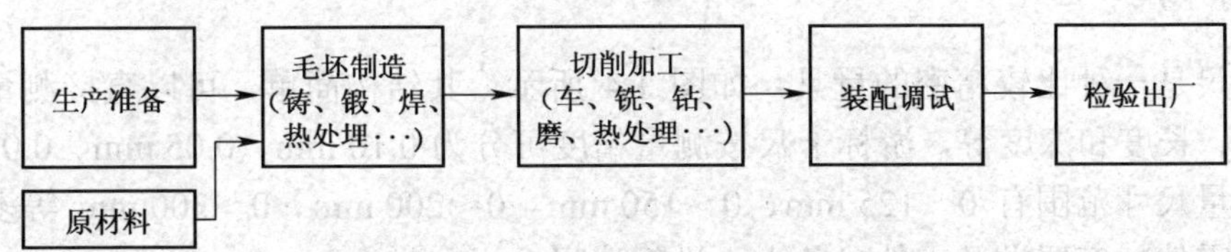

图 1.3　产品的生产过程

产品的各个零部件的生产不一定全部安排在一个企业内完成，可以分散到多个企业，通过生产协作完成。如螺钉、轴承的加工常常由多个专业生产厂家协作制造而成。

（2）产品的加工方法

机械产品的加工根据各阶段所达到的质量要求不同，可分为毛坯加工和切削加工两个主要阶段。热处理工艺穿插在其间进行。

1）毛坯加工　毛坯成形加工的主要方法有铸造、锻造和焊接。

① 铸造：熔炼金属，制造铸型．并将熔融金属浇入铸型，凝固后获得一定形状和性能铸件的成形方法。如柴油机机体、车床床身等。

② 锻造：对坯料施加外力使其产生塑性变形，改变尺寸、形状及改善性能，用以制造机械零件、工件或毛坯的成形方法。如航空发动机的曲轴、连杆等都是锻造成形的。

③ 焊接：通过加热或加压，或两者并用，并且用或不用填充材料，使焊件达到原子结合的一种加工方法。一般用于大型框架结构或一些复杂结构，如轧钢机机架、坦克的车身等。

铸造、锻造、焊接加工往往要对原材料进行加热，所以也称这些加工方法为热加工（严格说来是在再结晶温度以上的加工）。

2）切削加工　切削加工用来提高零件的精度和降低表面粗糙度，以达到零件的设计要求。主要的加工方法有车削、铣削、刨削、钻削、镗削、磨削等。

车削加工是应用最为广泛的切削加工之一，主要用于加工回转体零件的外圆、端面、内孔等，如轴类零件、盘套类零件的加工。铣削加工也是一种应用广泛的加工形式，主要用来加工零件上的平面、沟槽等。钻削和镗削主要用于加工工件上的孔：钻削用于小孔的加工；镗削用于大孔的加工，尤其适用于箱体上轴承孔孔系的加工。刨削主要用来加工平面，由于加工效率低，一般用于单件小批量生产。磨削通常作为精密加工，经过磨削的零件表面粗糙度数值小，精度高。因此，磨削常作为重要零件上主要表面的终加工。

任务二　学会使用常用量具

量具是用来测量零件的线性尺寸、角度以及检测零件形位误差的工具。为保证被加工零件的各项技术参数符合设计要求，在加工前后和加工过程中，都必须用量具进行检测。选择量具时，应根据被检测对象的性质、形状、测量范围选择适用的量具。通常选择量具的读数精度应小于被测量公差的 0.15 倍。

量具的种类很多，这里仅介绍以下几种常用的量具。

1．游标卡尺

游标卡尺是一种比较精密的量具，如图 1.4 所示。其结构简单，可以直接测量出工件的内径、外径、长度和深度等，游标卡尺按测量精度可分为 0.10 mm、0.05 mm、0.02 mm 三个量级。按测量尺寸范围有 0～125 mm、0～150 mm、0～200 mm、0～300 mm 等多种规格，使用时根据零件精度要求及零件尺寸大小进行选择。

图 1.4 所示游标卡尺的读数精度为 0.02 mm，测量尺寸范围为 0～150 mm。它由主尺和副尺（游标）两部分组成，主尺上每小格为 1 mm，当两卡爪贴合（主尺与游标的零线重合）时，游标上的 50 格正好等于主尺上的 49 mm。游标上每格长度为 49÷50=0.98 mm 。主尺与游标每格相差：1−0.98=0.02 mm。

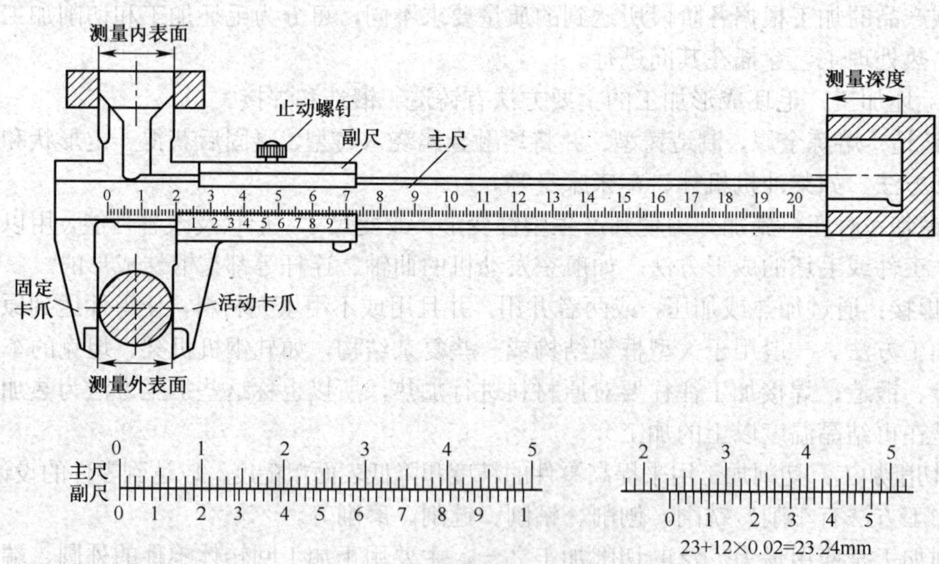

图 1.4　游标卡尺及读数方法

测量读数时，先由游标以左的主尺上读出最大的整毫米数，然后在游标上读出与主尺刻度线对齐的刻度线的格数，将格数与 0.02 相乘得到小数，将主尺上读出的整与游标上得到的小数相加就得到测量的尺寸。

游标卡尺使用注意事项：

（1）检查零线。使用前应先擦净卡尺，合拢卡爪，检查主尺和游标的零线是否对齐。如不对齐，应送计量部门检修。

（2）放正卡尺。测量内外圆时，卡尺应垂直于工件轴线，两卡爪应处于直径处。

（3）用力适当。当卡爪与工件被测量面接触时，用力不能过大，否则会使卡爪变形，加速卡爪的磨损，使测量精度下降。

（4）读数时视线要对准所读刻线并垂直于尺面，否则读数不准。

（5）防止松动。在未读出读数之前必须先将游标卡尺上的止动螺钉拧紧，再使游标卡尺离开工件表面。

（6）不得用游标卡尺测量毛坯表面和正在运动的工件。

图 1.5 是专门用于测量深度和高度的游标尺。游标高度尺除用来测量高度外，也可用于精密划线。

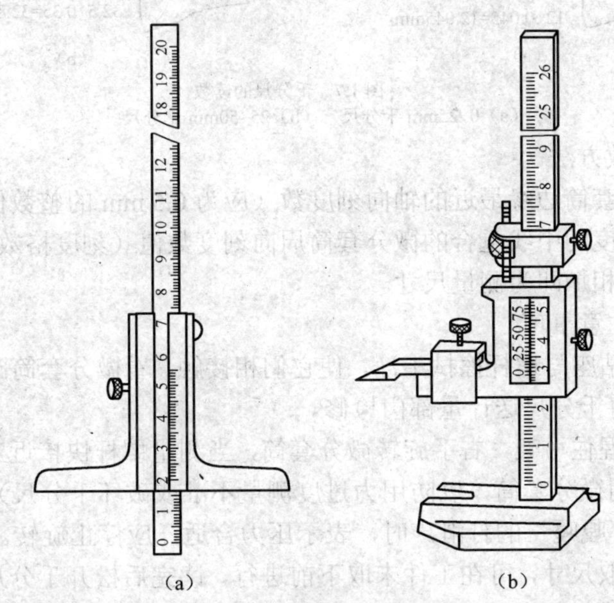

图 1.5 游标深度尺和游标高度尺

（a）游标深度尺 （b）游标高度尺

2. 千分尺

千分尺（又称分厘卡）是用微分套筒读数的示值为 0.01 mm 的测量工具，千分尺的测量精度比游标卡尺高。按照用途可分为外径千分尺、内径千分尺和深度千分尺几种，外径千分尺按其测量范围有 0～25 mm、25～50 mm、50～75 mm 等各种规格。

图 1.6 是测量范围为 0～25 mm 的外径千分尺。弓形架在左端有固定砧座，右端的固定套筒在轴线方向刻有一条中线（基准线），上下两排刻线互相错开 0.5 mm，形成主尺。微分套筒左端圆周上均布 50 条刻线，形成副尺。微分套筒和螺杆连在一起，当微分套筒转动一周，带动测量螺杆沿轴向移动 0.5 mm，如图 1.7 所示。因此，微分套筒转过一格，测量螺杆轴向移动的距离为 0.5÷50=0.01 mm。当千分尺的测量螺杆与固定砧座接触时，微分套筒的边缘与轴向刻度的零线重合。同时，圆周上的零线应与中线对准。

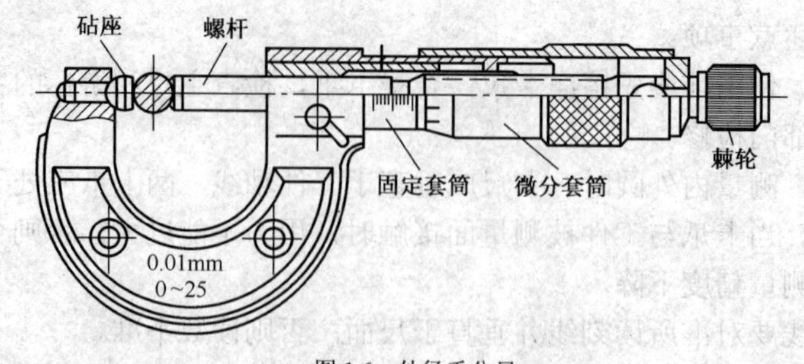

图 1.6　外径千分尺

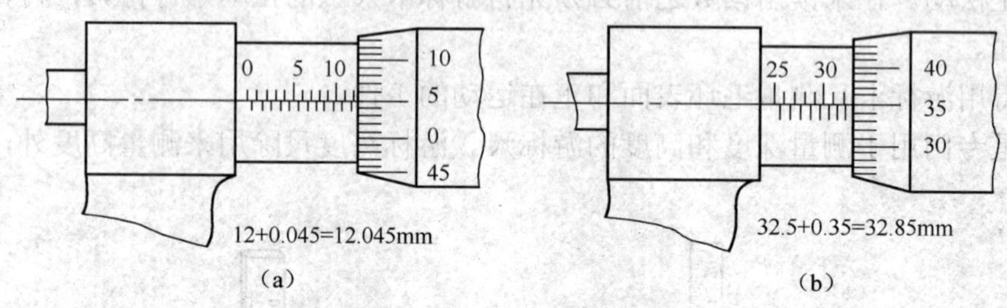

（a）　　　　　　（b）

图 1.7　千分尺的读数
（a）0~25mm 千分尺　（b）25~50mm 千分尺

（1）千分尺的读数方法

1）读出距离微分套筒边缘最近的轴向刻度数（应为 0.5 mm 的整数倍）。

2）读出与轴向刻度的中线重合的微分套筒周向刻度数值（刻度格数×0.01 mm）。

3）将两部分读数相加即为测量尺寸。

（2）千分尺使用注意事项

1）校对零点：将砧座与螺杆擦拭干净，使它们相接触，看微分套筒圆周刻度零线与中线是否对准，如没有，将千分尺送计量部门检修。

2）测量时，左手握住弓架，右手旋转微分套筒，当测量螺杆快接近工件时，必须使用右端棘轮（此时严禁使用微分套筒，以防用力过度测量不准或破坏千分尺）以较慢的速度与工件接触。当棘轮发出“嘎嘎”的打滑声时，表示压力合适，应停止旋转。

3）从千分尺上读取尺寸，可在工件未取下前进行，读完后松开千分尺，亦可先将千分尺锁紧，取下工件后再读数。

4）被测尺寸的方向必须与螺杆方向一致。

5）不得用千分尺测量毛坯表面和运动中的工件。

3．百分表

百分表的刻度值为 0.01 mm，是一种精度较高的比较测量工具，它只能读出相对的数值，而不能测出绝对数值。主要用来检验零件的形状误差和位置误差，也常用于工件装夹时精密找正。

百分表的结构如图 1.8 所示，当测量头向上或向下移动 1 mm 时，通过测量杆上的齿条和几个齿轮带动大指针转一周，小指针转一格。刻度盘在圆周上有 100 等分的刻度线，其每格的读数值为 0.01 mm；小指针每格读数值为 1 mm。测量时大、小指针所示读数变化值之和即为尺寸变化量。小指针处的刻度范围就是百分表的测量范围。刻度盘可以转动，供测量时调整大指针对零位刻线之用。

百分表使用时应装在专用的百分表架上，如图 1.9 所示。

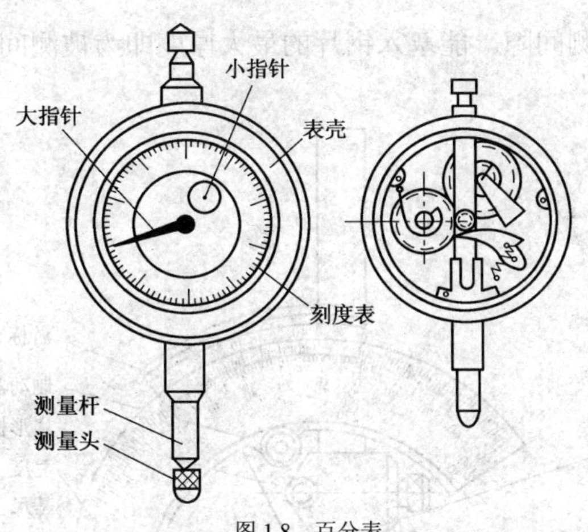

图 1.8　百分表

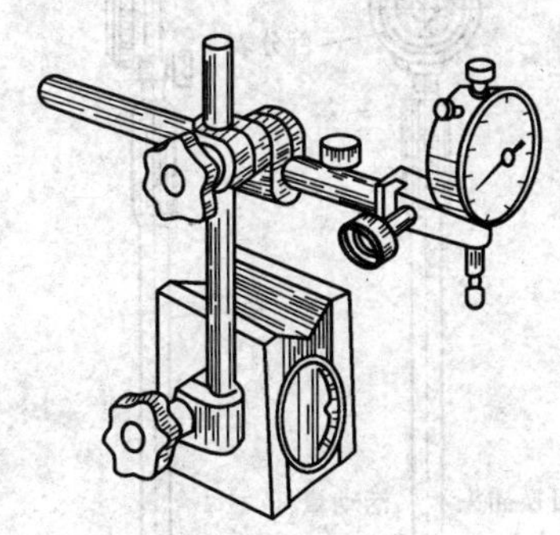
图 1.9　百分表架（磁性表架）

百分表使用注意事项：

（1）使用前，应检查测量杆的灵活性。轻轻推动测量杆，看其能否在套筒内灵活移动。每次松开手后，指针应回到原来的刻度位置。

（2）测量时，百分表的测量杆要与被测表面垂直，否则将使测量杆移动不灵活，测量结果不准确。

（3）百分表用完后，应擦拭干净，放入盒内，并使测量杆处于自由状态，防止表内弹簧过早失效。

4．内径百分表

内径百分表（如图 1.10）是百分表的一种，用来测量孔径及其形状精度，测量精度为 0.01 mm。内径百分表配有成套的可换测量插头及附件，供测量不同孔径时选用。测量范围有 6～10 mm、10～18 mm、18～35 mm 等多种。测量时百分表接管应与被测孔的轴线重合，以保证可换插头与孔壁垂直，最终保证测量精度。

5．万能角度尺

万能角度尺是用来测量零件角度的。万能角度尺采用游标读数，可测 0°～320°任意角度，如图 1.11。扇形板带动游标可以沿主尺移动。角尺可用卡块紧固在扇形板上。可移动的直尺又可用卡块固定在角尺上。基尺与主尺连成一体。

万能角度尺的刻线原理与读数方法和游标卡尺相同。其主尺上每格一度，主尺上的 29°与游标的 30 格相对应，游标每格为 58′。主尺与游标每格相差 2′，也就是说，万能角度尺的读数精度为 2′。测量时应先校对万能角度尺的零位。其零位是当角尺与直尺均装上，且角尺的底边及基尺均与直尺无间隙接触时，主尺与游标的“0”线对齐。校零后的万能角度尺可根据工件所测角度的大致范围组合基尺、角尺、直尺的相互位置，可测量 0°～320°范围的任意角度，如图 1.12 所示。

6．塞尺

塞尺（又称厚薄尺）是用其厚度来测量间隙大小的薄片量尺，如图 1.13。它是一组厚度不等的薄钢片。钢片的厚度为 0.03～0.3 mm，印在每片钢片上。使用时根据被测间隙的大小选择厚度接近的钢片（可以用几片组合）插入被测间隙。能塞入钢片的最大厚度即为被测间隙值。

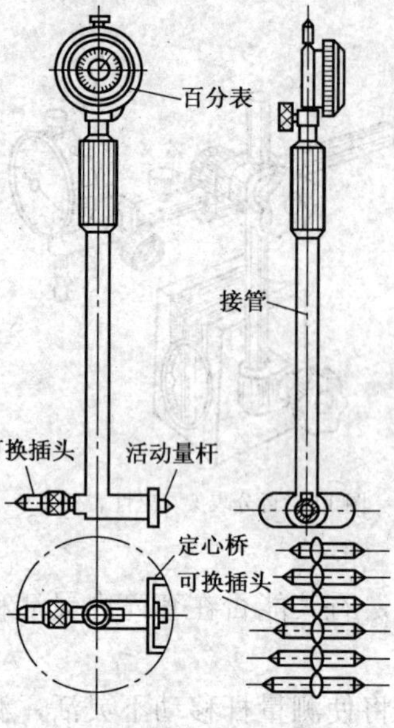

图 1.10　内径百分表

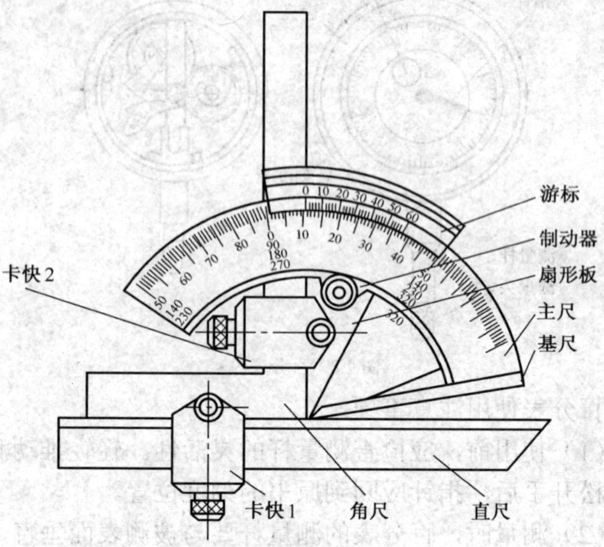

图 1.11　万能角度尺

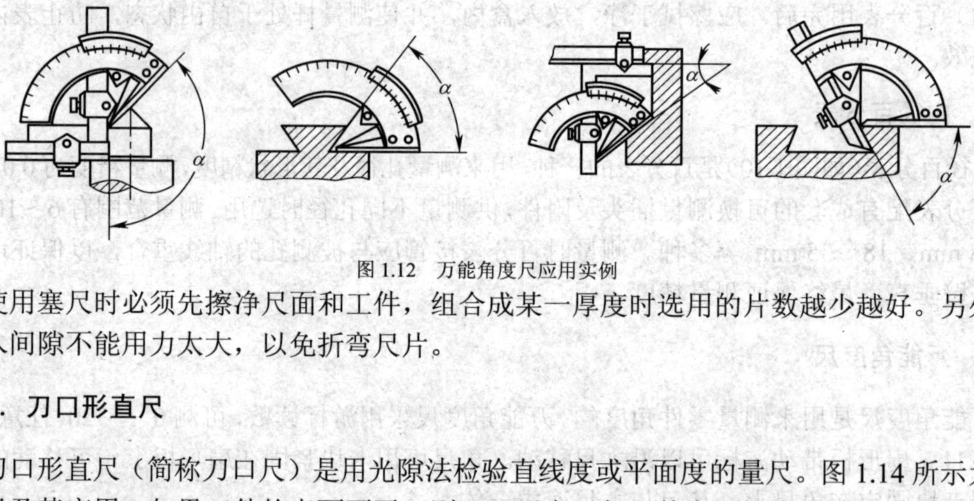

图 1.12　万能角度尺应用实例

使用塞尺时必须先擦净尺面和工件，组合成某一厚度时选用的片数越少越好。另外，塞尺插入间隙不能用力太大，以免折弯尺片。

7．刀口形直尺

刀口形直尺（简称刀口尺）是用光隙法检验直线度或平面度的量尺。图 1.14 所示为刀口形直尺及其应用。如果工件的表面不平，则刀口形直尺与工件表面间有间隙存在。根据光隙可以判断误差状况，也可用塞尺检验缝隙的大小。

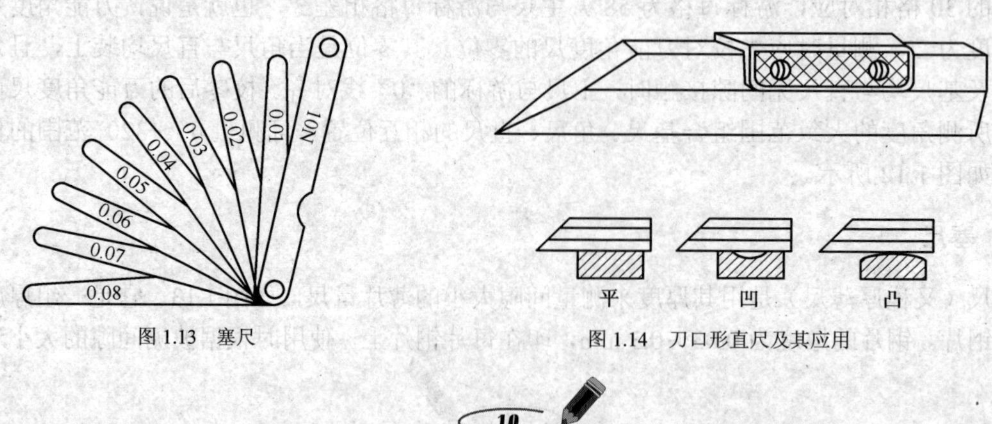

图 1.13　塞尺

图 1.14　刀口形直尺及其应用

8．90°角尺

90°角尺是用来检查工件垂直度的非刻线量尺。使用时将尺座的测量面与工件的基准面贴合，然后使尺瞄的测量面与工件的另一表面接触。根据光隙可以判断误差状况，也可用塞尺测量其缝隙大小，如图 1.15 所示。直角尺也可以用来保证划线垂直度。

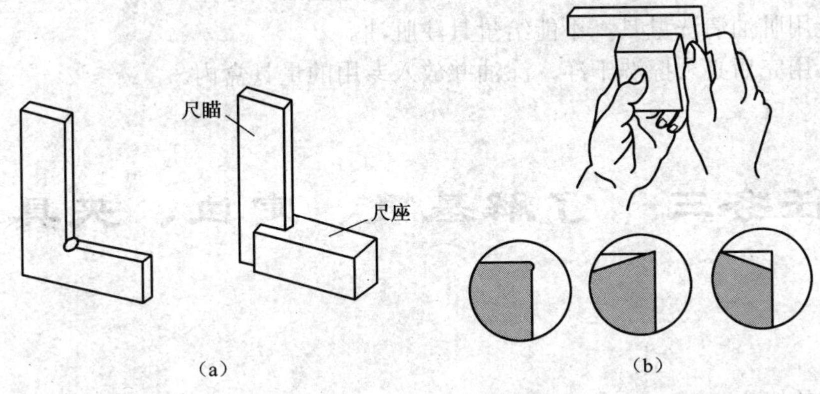

图 1.15　直角尺及其应用
(a) 90°角尺　(b) 90°角尺的使用

9．塞规与卡规

塞规与卡规用于成批大量生产的一种定尺寸专用量具，通称为量规，如图 1.16 所示。

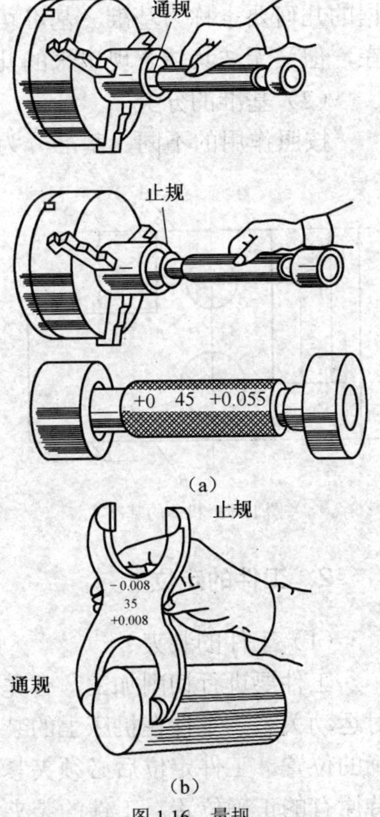

图 1.16　量规
(a) 塞规及其使用　(b) 卡规及其使用

塞规是用来测量孔径或槽宽的。它的两端分别称为“通规”和“止规”，通规的长度较长，直径等于工件的下限尺寸（最小孔径或最小槽宽），止规的长度较短，直径等于工件的上限尺寸。用塞规检验工件时，当通规能进入孔（或槽）时，说明孔径（槽宽）大于最小极限尺寸；当止规不能进入孔（或槽）时，说明孔径（或槽宽）小于最大极限尺寸。工件的尺寸只有当通规进得去，而止规进不去时，才说明工件的实际尺寸在公差范围之内，是合格的，否则，工件尺寸不合格。

卡规是用来检验轴径或厚度的。和塞规相似，也有通规和止规两端，使用的方法亦和塞规相同。与塞规不同的是：卡规的通规尺寸等于工件的最大极限尺寸，而止规的尺寸等于工件的最小极限尺寸。

量规检验工件时，只能检验工件合格与否，而不能测出工件的具体尺寸。量规在使用时省去了读数的麻烦，操作极为方便。

下面介绍量具的保养。

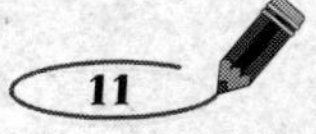

量具的精度直接影响到检测的可靠性，因此，必须加强量具的保养。量具使用保养重点在于避免量具的破损、变形、锈蚀和磨损，因此，必须做到以下几点：

（1）量具在使用前、后必须用棉纱擦干净。

（2）不能用精密量具测量毛坯或运动着的零件。

（3）测量时不能用力过猛、过大，不能测量温度过高的物体。

（4）不能将量具与工具混放、乱放，不能将量具当工具使用。

（5）不能用脏油清洗量具，不能给量具注脏油。

（6）量具用完后必须擦洗干净，涂油并放入专用的量具盒内。

任务三　了解基准、定位、夹具

1．基准

（1）基准的概念

机械零件可以看作一个空间的几何体，是由若干点、线、面的几何要素所组成。零件在设计、制造的过程中必须指定一些点、线、面用来确定其他点、线、面的位置，这些作为依据的几何要素称为基准。基准可以是在零件上具体表现出来的点、线、面，也可以是实际存在，但又无法具体表现出来的几何要素，如零件上的对称平面、孔或轴的中心线等。

（2）基准的分类

按照作用的不同，基准分为设计基准和工艺基准两类。设计基准是零件设计图样上所用的基准；工艺基准是在零件加工、机器装配等工艺过程中所用的基准。工艺基准又分为工序基准、定位基准、测量基准和装配基准。其中定位基准用具体的定位表面体现，并与夹具保持正确接触，保证零件在夹具上的正确位置，最终加工出位置正确的零件来。

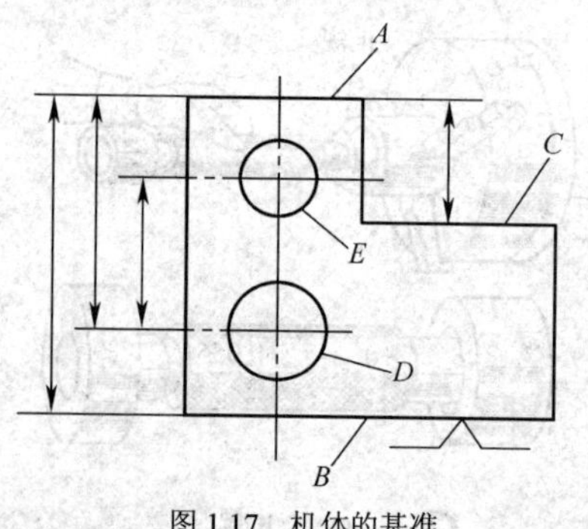

图 1.17　机体的基准

图 1.17 所示的机体零件，顶面 *A* 是表面 *B*、*C* 和孔 *D* 轴线的设计基准；孔 *D* 的轴线是孔 *E* 的轴线的设计基准；而表面 *B* 是表面 *A*、*C*、孔 *D* 及孔 *E* 加工时的定位基准。定位基准常用符号“⌒”来表示。

2．工件的定位

（1）工件的装夹

工件要进行切削加工，首先要将工件装夹在相应的夹具上，保持与刀具之间的正确的相对运动关系。工件在机床上的装夹分定位和夹紧两个过程，定位就是使工件在机床上具有正确的位置，工件定位后必须夹紧，以保证工件在重力、切削力、离心惯性力等力的作用下保持原有的正确位置。工件的装夹必须先定位后夹紧。

通常，工件的装夹有以下三种方法。

1）直接找正装夹　直接找正是指利用百分表、划针等在机床上直接找正工件，使其获得正确位置的定位方法，如图 1.18（a）所示。这种方法的定位精度和操作效率取决于所使用工具及操作者的技术水平。一般来说，此法比较费时，多用于单件、小批量生产或要求位置精度特别高的工件。

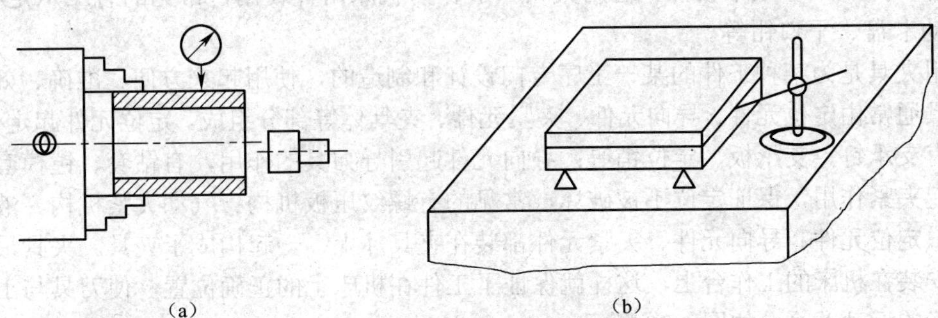

图 1.18　工件的找正装夹

（a）直线找正法　（b）划线找正法

2）划线找正装夹　划线找正是在机床上用划针按毛坯或半成品上待加工处的划线找正工件，获得正确位置的方法，如图 1.18（b）。这种找正装夹方式受划线精度和找正精度的限制，定位精度不高。主要用于批量较小、毛坯精度较低及大型零件等不便使用夹具的粗加工。

3）在夹具中装夹　夹具装夹是利用夹具使工件获得正确的位置并夹紧。夹具是按工件专门设计制造的，装夹时定位准确可靠，无需找正，装夹效率高，精度较高，广泛用于成批生产和大量生产。

（2）工件的定位

一个刚体在空间具有六个自由度，如图 1.19。这些自由度分别是沿三个坐标轴的平移 X、Y、Z 和绕三个坐标轴的旋转 X、Y、Z。工件的定位就是对工件的某几个自由度或全部加以限制（消除）。工件在夹具中的定位实际上就是使工件上体现定位基准的定位表面与夹具上的定位元件保持紧密接触。这样就限制了工件应该被限制的自由度，在夹具及机床上具有正确的位置，也就能够加工出位置正确的工件表面。

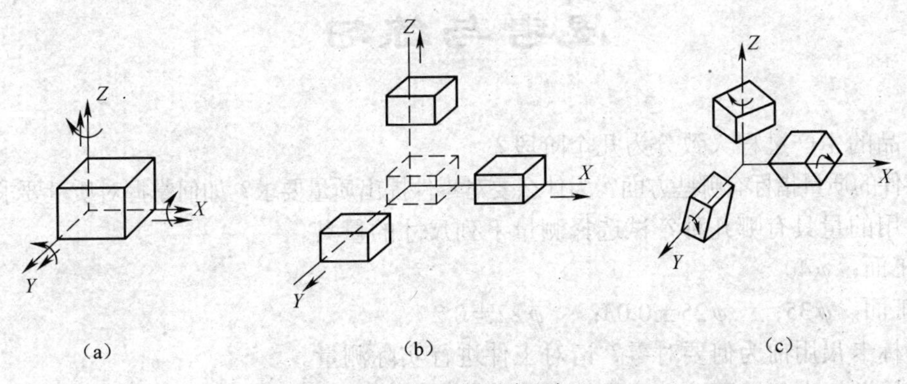

图 1.19　刚体的自由度

（a）立方体　（b）沿三个轴的移动　（c）绕三个轴的转动

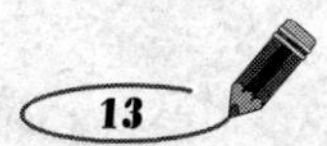

3．夹具

机床上用来装夹工件的夹具可分为两类，一类是通用夹具，另一类是专用夹具。

通用夹具使用范围较广，能够装夹多种尺寸的工件。但通用夹具一般只能装夹形状简单的工件。并且工作效率较低。通用夹具一般作为机床附件使用，常见的有三爪定心卡盘、四爪单动卡盘、平口钳等。

专用夹具是为某种工件的某一工序专门设计和制造的，使用起来方便、准确、效率高。专用夹具通常由定位元件、导向元件、夹紧元件、夹具体等部分组成。定位元件起定位作用，常用的有支承钉、支承板、定位销等；导向元件起引导刀具的作用，有钻套、镗模套等；夹紧元件起夹紧作用，保证定位不被破坏，常见的有螺纹压板机构、气动夹紧机构、液压夹紧机构等。定位元件、导向元件、夹紧元件都装在夹具体上，一起构成了夹具。夹具最终还要正确地安装在机床的工作台上，这样就保证了工件在机床上的正确位置，使刀具与工件之间保持正确的运动关系，如图 1.20 所示。

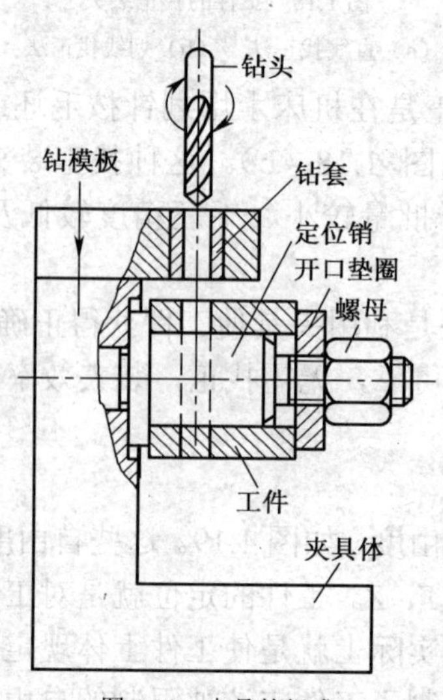

图 1.20　夹具的组成

思考与练习

1．产品的生产过程大致分为几个阶段？

2．零件的质量指标有哪些方面？为什么要对零件提出质量要求？如何掌握对质量要求的尺度？

3．常用的量具有哪几种？试选择测量下列尺寸的量具。

未加工面：$\phi 40$

已加工面：$\phi 35$；　$\phi 25 \pm 0.03$；　$\phi 22 \pm 0.2$

4．游标卡尺用前为何要对零？请对工件进行实际测量。

5．比较游标卡尺、百分表及量规的使用特点。

6．分别用游标卡尺与千分尺测量$\phi 20$ 光轴，并根据所测得的尺寸确定其尺寸精度等级。

项目二

钳工实训

本项目主要介绍划线、锯削、锉削、钻孔、攻螺纹、套螺纹、装配等钳工常用的工艺知识与加工操作方法。重点掌握锯削、锉削等方法；熟悉钻床的结构特点和安全操作方法；了解划线的基本知识和方法要领；了解刮削和研磨的方法与应用；了解机械部件装配的基本知识。

通过本项目的学习与训练，可以提高使用简单钳工工具的操作水平，学会使用钳工工具进行平面划线、锯削，学会对钻头和工件的正确装夹，并能安全钻孔、攻螺纹、套螺纹等。

知识目标

- 了解钳工工作的特点及其在机械制造和机器维修中的作用。
- 了解划线的基本知识和方法要领。
- 掌握锯削、锉削的基本知识和方法。
- 熟悉钻床的结构特点，掌握钻床的安全操作方法。
- 了解刮削和研磨的方法和应用。
- 了解机械部件装配的基本知识。

技能目标

- 能正确使用工具进行平面划线，熟悉曲面划线的基本方法。
- 能对工件进行正确装夹和锯削、锉削加工。
- 能对钻头进行正确装夹，并能安全钻孔。
- 初步学会攻螺纹、套螺纹的方法。
- 初步学会机械部件的装配工艺方法。

任务一　钳工用设备的使用

钳工是使用钳工工具和钻床等设备，按图样技术要求对工件进行加工、修整、装配的工种。它的工作内容包括划线、錾削、锯削、锉削、钻孔、扩孔、铰孔、攻螺纹和套螺纹、矫正和弯曲，还包括铆接、刮削、研磨、技术测量、简单的热处理等，并能对部件或机器进行装配、调试、维修等。它是起源最早的金属加工工种之一，尽管现代制造业已经很发达，但在以机械加工方法不适宜或难以解决的场合还是离不开钳工。

1．正确使用钳工的常用设备

（1）钳台

钳台也称钳工台或钳桌，主要作用是安装台虎钳，摆放工具、量具和图纸等（如图 2.1 所示）。

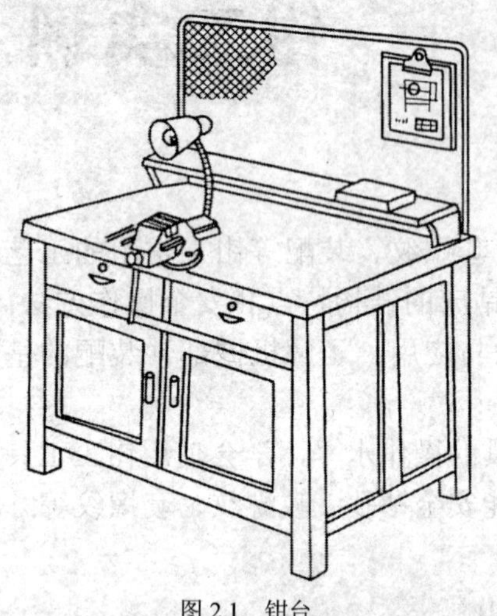
图 2.1　钳台

钳台的式样可根据具体要求和条件决定。高度一般以 800～900 mm 为宜，以便安装台虎钳后，使钳口的高度与一般操作者的手肘平齐，使操作方便省力。

（2）台虎钳

台虎钳是专门夹持工件的。台虎钳的规格指钳口的宽度，常用的有 100 mm、125 mm、150 mm 等。其类型有固定式和回转式两种，两者的主要构造和工作原理基本相同。由于回转式台虎钳的钳身可以相对于底座回转，能满足各种不同方位的加工需要，因此使用方便，应用广泛。

回转式台虎钳如图 2.2 所示，活动钳身 10 通过其导轨与固定钳身 7 的导轨结合。螺母 3 固定在固定钳身内，丝杆 11 穿入活动钳身与螺母 3 配合。当摇动手柄 12 使丝杆旋转时，就可带动活动钳身相对于固定钳身移动，以装夹或放松工件。弹簧 9 由挡圈 8 固定在丝杆上。活动钳身与固定钳身上都装有钢质钳口 1，且用螺钉 2 加以固定。与工件接触的钳口工作表面上制有交叉斜纹，以防工件滑动，使装夹可靠。钳口经淬硬，以延长使用寿命。固定钳身装在转盘座上，且能绕转盘座 6 的轴线水平转动，当转到所需方向时，扳动手柄 4 使夹紧螺钉旋紧，便可在夹紧盘 5 的作用下把固定钳身紧固；转盘座上有 3 个螺纹孔，是将台虎钳固定在钳台上的安装孔。

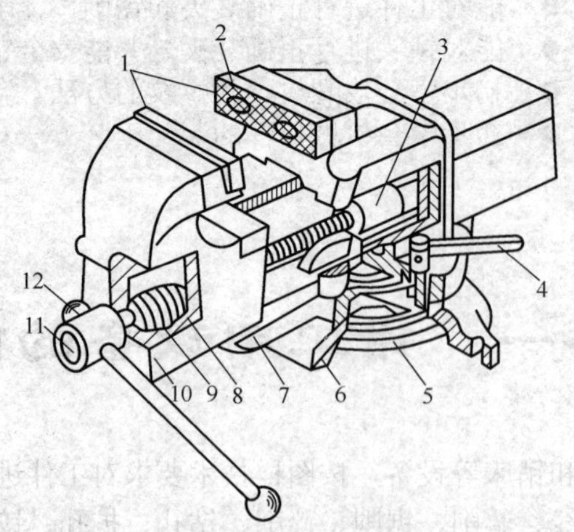

图 2.2　回转式台虎钳

1 —钳口　2—螺钉　3 —螺母　4、12 —手柄　5 —夹紧盘　6 —转盘座

7—固定钳身　8—挡圈　9 —弹簧　10—活动钳身　11—丝杆

如果要彻底了解台虎钳的构造，通过对台虎钳进行一次“拆卸—维护—安装”的操作练习，即可达到目的。

操作台虎钳时应注意下列各项。

1）夹紧工作时松紧要适当，只能用手力拧紧手柄，而不能借助于工具加力，一是防止丝杆与螺母及钳身受损坏，二是防止夹坏工件表面。

2）强力作业时，力的方向应朝固定钳身，以免增加活动钳身和丝杆、螺母的载荷，影响其使用寿命。

3）不能在活动钳身的光滑平面上敲击作业，以防破坏它与固定钳身的配合性能。

4）对丝杆、螺母等活动表面，应经常清洁、润滑，以防生锈。

（3）砂轮机

砂轮机（如图 2.3 所示）是用来磨削各种刀具或工具的，如磨削錾子、钻头、刮刀、样冲、划针等。砂轮机由电动机、砂轮、机座及防护罩等组成。为减少尘埃污染，应配有吸尘装置。

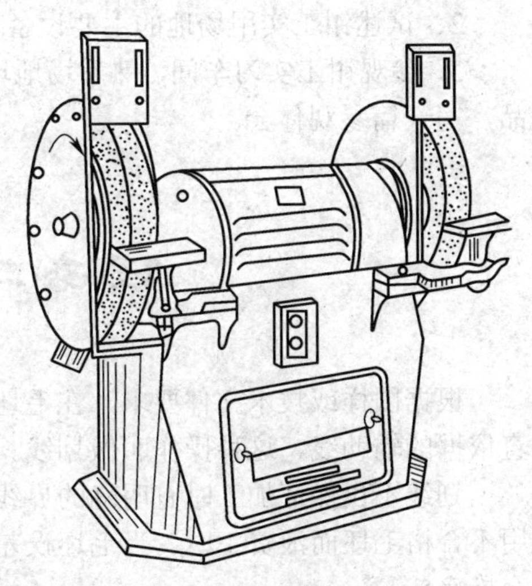
图 2.3　砂轮机

砂轮安装在电动机转轴两端，要做好平衡，使其在工作中平衡运转。砂轮质硬且脆，转速很高，使用时一定要注意如下安全操作事项。

1）砂轮的旋转方向要正确，以使磨屑向下飞离，而不致伤人。

2）砂轮起动后，应使砂轮旋转平稳后再开始磨削。若砂轮跳动明显，应及时停机修整。

3）起动后，要防止工具和工件对砂轮发生剧烈的撞击或施加过大的压力。砂轮表面有明显的不平整时，应及时用修整器修正。

4）砂轮机的搁架与砂轮之间的距离应保持在 3 mm 以内，以防止磨削件扎入，造成事故。

5）磨削过程中，操作者应站在砂轮的侧面或斜对面，而不要站在砂轮的正对面。

2．钳工的安全文明生产

（1）合理布局主要设备。钳台要放在便于工作和光线适宜的地方，台式钻床和砂轮机一般应安装在场地的边沿，以保证安全。

（2）使用电动工具时，要有绝缘防护和安全接地措施，发现损坏应及时上报，在未修复前不得使用。使用砂轮机时，要戴好防护眼镜。钳台上要有防护网。清除切屑要用刷子，不要直接用手清除或用嘴吹。

（3）毛坯和加工零件应放在规定位置，要排列整齐平稳，便于取放，避免碰伤已加工面。

（4）工具和量具的安放，应按下列要求布置。

1）为取用方便，右手取用的工、量具放在右边，左手取用的工、量具放在左边，且排列整齐，不能使其伸到钳台边以外。

2）量具不能与工具或工件混放在一起，应放在量具盒内或专用板架上。精密的工、量具更要轻拿轻放。

3）工、量具要整齐地放入工具箱内，不应任意堆放，以防受损和取用不便。工、量具用后要及时维护、存放。

4）保持工作场地的整洁。工作完毕后，所用过的设备都应按要求清理、润滑；工作场地要及时清扫干净，并将切屑及污物及时运送到指定地点。

思考与练习

1．试述钳工在工业生产中的工作任务。

2．试述钳工实用场地的主要设备和本工种常用的工、夹、量具及其使用场合。

3．参观钳工实习车间，熟悉场地环境，强化安全文明生产意识。参观钳工实习作业或产品，写一篇参观体会。

任务二　划　线

根据图样或技术文件要求，在毛坯或半成品上用划线工具划出加工界线，或作为找正检查依据的辅助线，这种操作叫做划线。

划线不仅保证加工时有明确的界线和加工余量，还能及时发现不合格的毛坯，以免因采用不合格毛坯而浪费工时。当毛坯误差不大时，可通过划线借料得到补偿，从而提高毛坯的合格率。

划线时要做到线条清晰均匀，定形、定位尺寸准确。考虑到线条宽度等因素，一般要求划线精度达到 0.25～0.5 mm。工件的完工尺寸不能完全由划线确定，而应在加工过程中，通过测量以保证尺寸的准确性。

活动一　使用常用划线工具的方法

1．认识并正确使用划线工具

熟悉并能正确使用划线工具，是做好划线工作的前提。

（1）划线的基准工具——划线平台（平板）

划线平台（如图 2.4 所示）用来安放工件和划线工具，并在其工作面上完成划线过程。

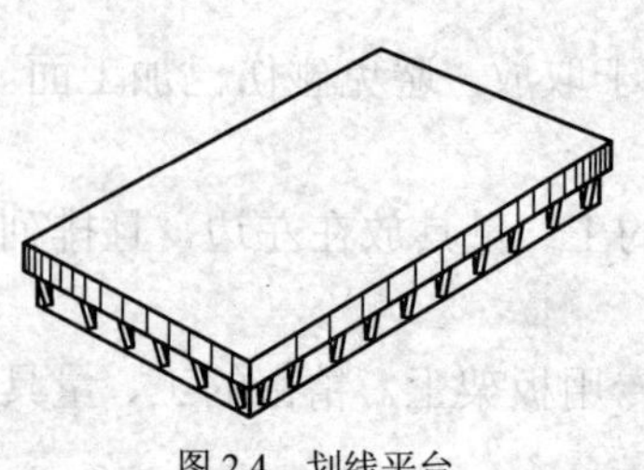
图 2.4　划线平台

1）安放时，要使工作面保持水平位置，以免日久变形。

2）要经常保持工作面的清洁，防止铁屑、砂粒等划伤平台表面。为防止平台受撞击，使用工件、工具时要轻放。

3）平台工作面各处要均匀使用，以免局部磨损。

4）划线结束后要把平台表面擦净，上油防锈。

5）按有关规定定期检查，并给予及时调整、研修，以保证工作面的水平状态及平面度。

（2）划针

划针（如图 2.5（a）所示）是直接在工件上划线的工具。在已加工面内划线时，用弹簧钢丝或高速工具钢制成的划针，保证划出的线条宽度在 0.05～0.1 mm 内。在铸件、锻件等加工表面划线时，用尖端焊有硬质合金的划针，以便保持划针的长期锋利，此时划线宽度应在 0.1～0.15 mm 范围内。

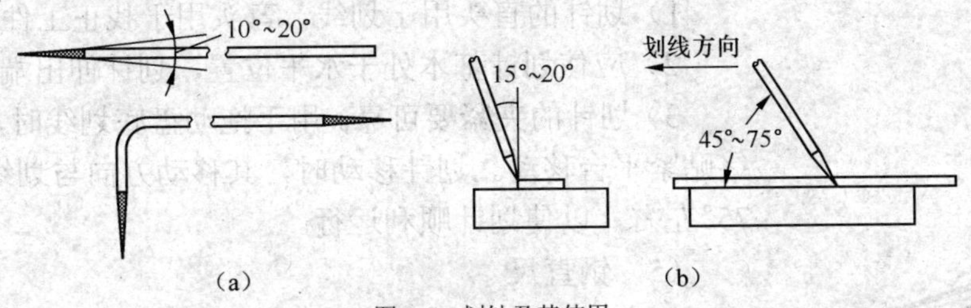

图 2.5　划针及其使用

（a）划针　（b）划针的用法

划针通常与直尺、90°角尺、三角尺、划线样板等导向工具配合使用。

用划针划线时，一手压紧导向工具，另一手使划针尖靠紧导向工具的边缘，并使划针上部向外倾斜 15°～20°，同时向划针前进方向倾斜 45°～75°（如图 2.5（b）所示）。

划线时用力大小要均匀适宜，一根线条应一次划成。

（3）划规

划规是用来划圆和圆弧、等分线段、量取尺寸的工具。

常用的划规有普通划规、扇形划规、弹簧划规及长划规等（如图 2.6 所示）。使用时注意以下各项。

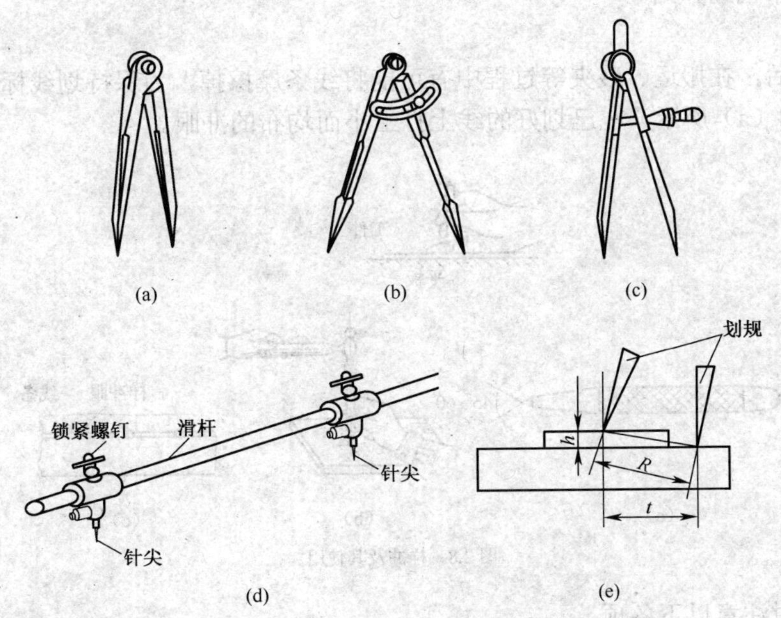

图 2.6　划规

（a）普通划规　（b）扇形划规　（c）弹簧划规　（d）长划规　（e）在有高度差的表面划规

1）使用划规前，应将其脚尖磨锋利。

2）除长划规外，其他划规在使用前，须使两划脚长短一样，两脚尖能合紧，以便划出小尺寸圆弧。

3）划圆弧时，应将手力的重心放在作为圆心的一脚，防止中心滑移。

4）两脚尖应在同一平面内，否则尺寸要做些调整，如图 2.6（e）所示。

（4）划线盘

划线盘是直接划线或找正工件位置的常用工具（如图 2.7 所示）。使用时应注意以下各项。

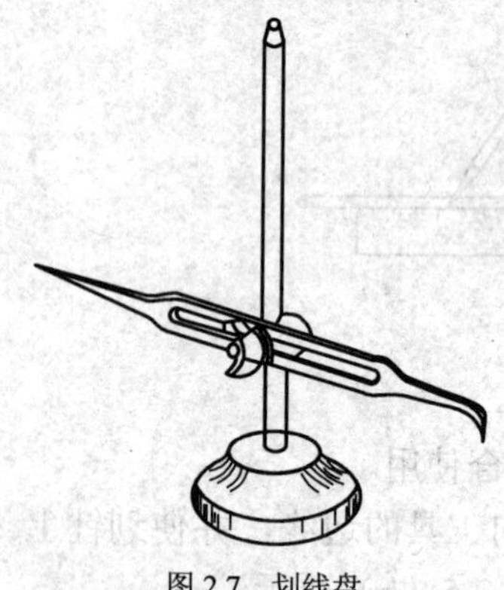

图 2.7　划线盘

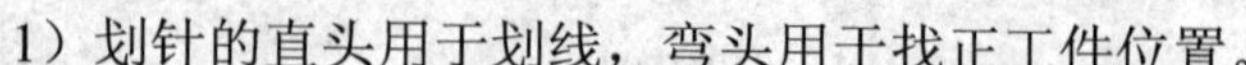

1）划针的直头用于划线，弯头用于找正工件位置。

2）应使划针基本处于水平位置，划针伸出端应尽量短。

3）划针的夹紧要可靠。用手拖动盘底划线时，应使盘底始终贴紧平台移动。划针移动时，其移动方向与划线表面之间成 75°左右，以使划针顺利运行。

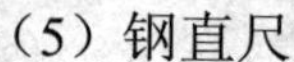

（5）钢直尺

钢直尺是一种简单的测量工具和划直线的导向工具。

（6）高度游标尺

在项目一中已经介绍高度游标尺，它是精确的量具及划线工具，它可用来测量高度，又可用其量爪直接划线。一般限于半成品划线。使用时要使量爪垂直于工件表面一次划出，并正确读数。

（7）90°角尺

在项目一中已经介绍。

（8）万能角度尺

在项目一中已经介绍。

（9）样冲

工件划线后，在搬运、装夹等过程中有可能将线条摩擦掉，为保持划线标记，通常要用样冲（如图 2.8（a）所示）在已划好的线上打上小而均布的冲眼。

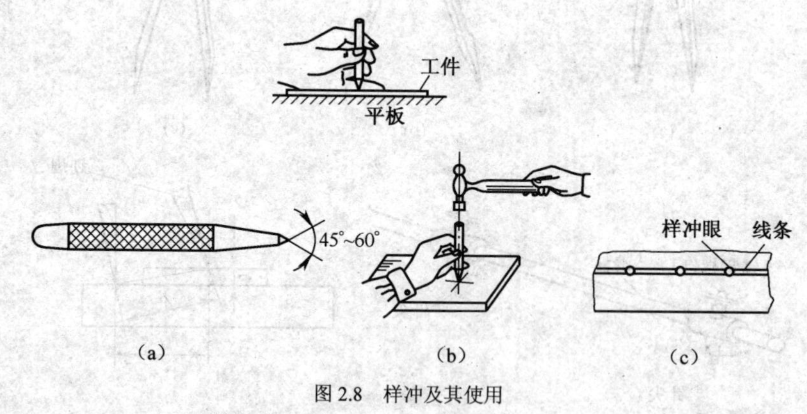

图 2.8　样冲及其使用

使用样冲时注意以下各项。

1）冲眼时，将样冲斜着放在划线上，锤击前再竖直，以保证冲眼的位置准确（如图 2.8（b）

所示)。

2）冲眼应打在线宽的正中间，且间距要均匀，（如图 2.8（c）所示）。冲眼间距由线的长短及曲直来确定。在曲面凸出的部分必须冲眼，在用划规划圆弧的地方，要在圆心上冲眼。

3）冲眼的深浅要适当。

（10）支持工件的工具

① 垫铁　垫铁是用来支持、垫平和升高毛坯工件的工具。常用的有平垫铁、斜垫铁两种（如图 2.9 所示）斜垫铁能对工件的高低做少量调节。

② V 形架　图 2.10 所示 V 形架主要用来支承工件的圆柱面，使圆柱的轴线平行于平台工作面，便于找正或划线。V 形架两侧面互成 90°或 120°夹角。支承较长工件时，应使用成对的 V 形架。成对的 V 形架必须成对加工。

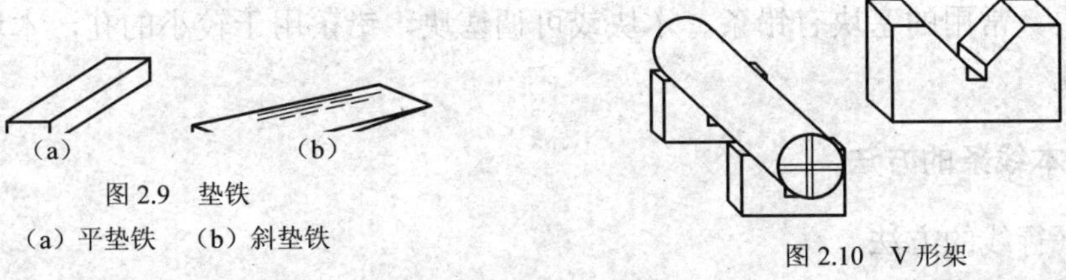

图 2.9　垫铁

(a) 平垫铁　(b) 斜垫铁

图 2.10　V 形架

③ 角铁　如图 2.11 所示角铁常与夹头、压板配合使用，以夹持工件进行划线。它有两个互相垂直的工作平面。其上的孔或槽是为搭压板时用螺钉联接而设。

④ 方箱　带有方孔的立方体或长方体的方箱（如图 2.12 所示），是由铸铁制成。较小或较薄的工件可被夹持在方箱孔中，翻转方箱就可一次划出全部互相垂直的线。

为便于夹持不同形状的工件，可采用附有夹持装置、带 V 形槽的特殊方箱。

⑤ 千斤顶　千斤顶是用来支持毛坯或不规则工件进行划线的工具（如图 2.13 所示），它可较方便地调整工件各处的高度。

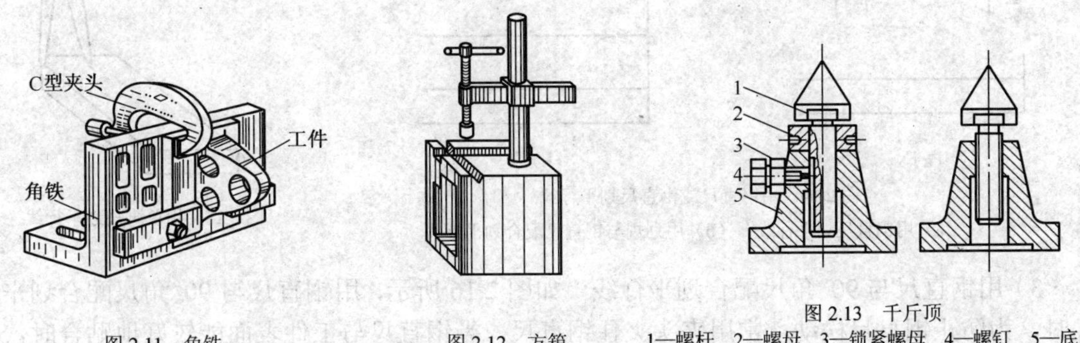

图 2.11　角铁

图 2.12　方箱

图 2.13　千斤顶

1—螺杆　2—螺母　3—锁紧螺母　4—螺钉　5—底座

千斤顶的顶端一般做成带球顶的锥形，使支承既可靠又灵活。若要支承柱形工件或较重工件可将顶部制成 V 形架。

2．做好划线前的准备工作

划线前，首先要看懂图样和工艺文件，明确划线的任务，其次是检查工件的形状和尺寸是否符合图样要求，然后选择划线工具，最后对划线部位进行清理和涂色等。

（1）工件的清理

工件的清理就是除去工件表面的氧化层、毛边、毛刺、残留污垢等，为涂色和划线做准备。

（2）工件的涂色

工件的涂色是在工件需划线的表面涂上一层涂料，使划出的线条更清晰。常用的涂料有石灰水、蓝油等。

蓝油常涂于已加工表面，划线后蓝底白线，效果较好。

涂色时，涂层要涂得薄而均匀。太厚的涂层反而容易脱落。

（3）在工件的孔中塞入塞块

当在有孔的工件上划圆或等分圆周时，为了在求圆心和划线时能固定划规的一脚，须在孔中塞入塞块。常用的塞块有铅条、木块或可调塞块，铅条用于较小的孔，木块和可调塞块用于较大的孔。

3．划基本线条的方法

（1）划平行线的方法

1）用钢直尺或钢直尺与划规配合划平行线　划已知直线的平行线时，用钢直尺或划规按两线距离在不同两处的同侧划一短直线或弧线，再用钢直尺将两直线相连，或作两弧线的切线，即得平行线（如图 2.14 所示）。

2）用单脚规划平行线　用单脚规的一脚靠住工件已知直边，在工件直边的两端以相同距离用另一脚各划一短线，再用钢直尺连接两短线即成（如图 2.15 所示）。

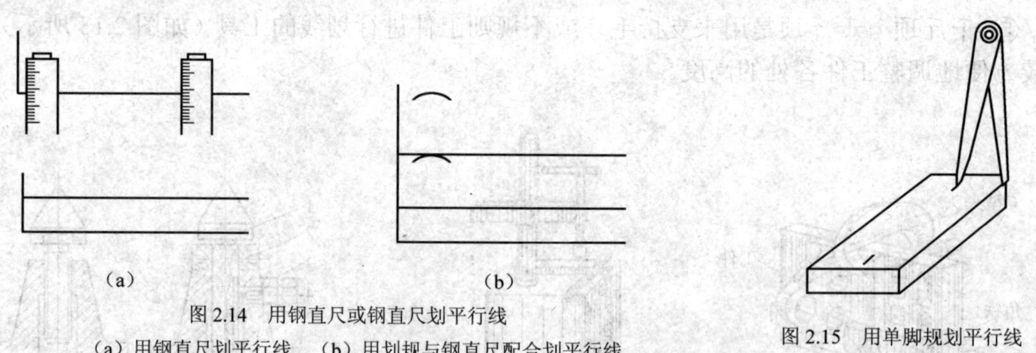

图 2.14　用钢直尺或钢直尺划平行线

（a）用钢直尺划平行线　（b）用划规与钢直尺配合划平行线

图 2.15　用单脚规划平行线

3）用钢直尺与 90° 角尺配合划平行线　如图 2.16 所示，用钢直尺与 90° 角尺配合划平行线时，为防止钢直尺松动，常用夹头夹住钢直尺。当钢直尺与工件表面能较好地贴合时，可不用夹头。

4）用划线盘或高度游标尺划平行线　若工件可垂直放在划线平台上，可用划线盘或高度游标尺度量尺寸后，沿平台移动，划出平行线（如图 2.17、图 2.18 所示）。

（2）划垂直线的方法

1）用 90° 角尺划垂直线　90° 角尺的一边对准或紧靠工件已知边，划针沿尺的另一边垂直划出的线即为所需垂直线（如图 2.19 所示）。

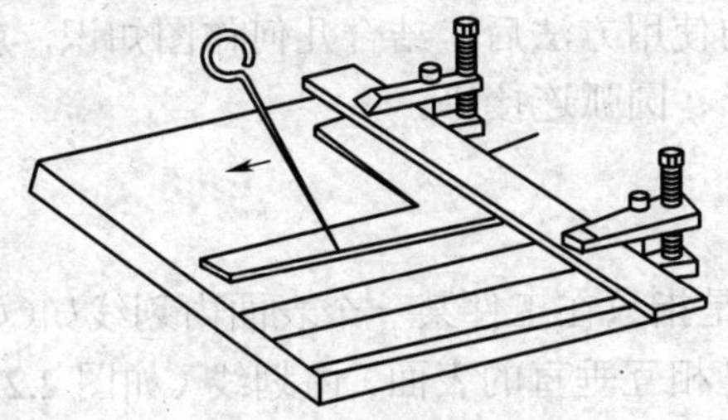

图 2.16 用钢直尺与 90°角尺配合划平行线

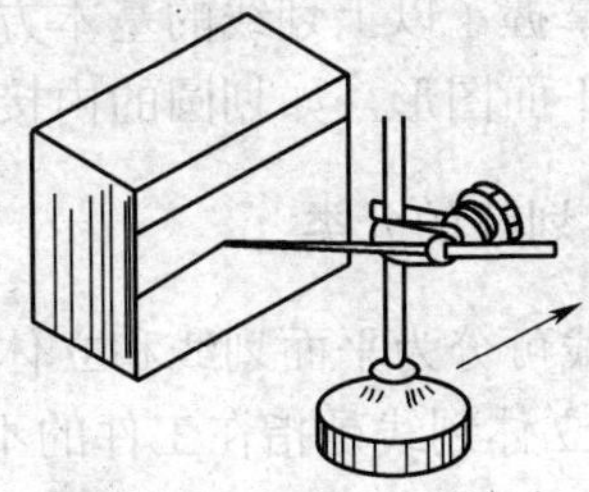

图 2.17 用划线盘划平行线

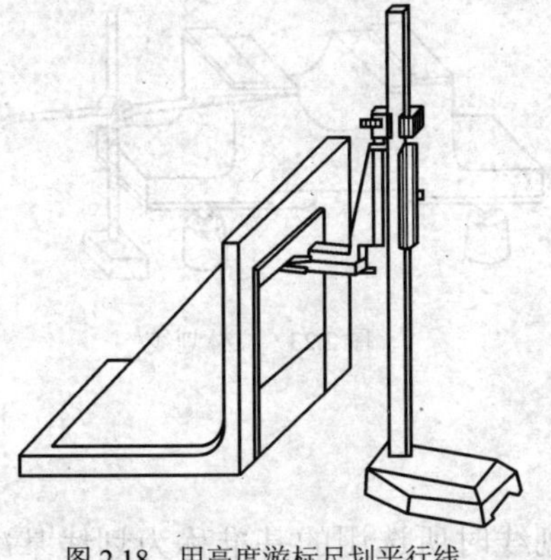

图 2.18 用高度游标尺划平行线

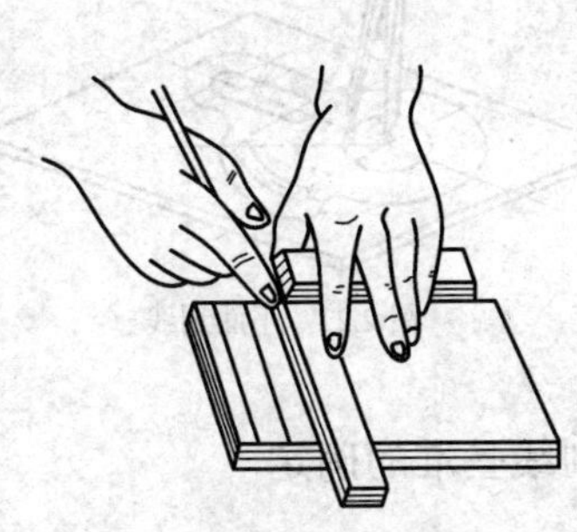

图 2.19 用 90°角尺划垂直线

2）用划线盘或高度游标尺划垂直线 先将工件和已知直线调整到垂直位置，再用划线盘或高度游标尺划出已知直线的垂直线。

3）几何作图法划垂直线 根据几何作图知识划垂直线。

（3）划圆弧线的方法

划圆弧线前要先划中心线，确定中心点，在中心点打样冲眼，然后用划规以一定的半径划圆弧。

求圆心的方法：

1）单脚规求圆心 将单脚规两脚尖的距离调到大于或等于圆的半径，如图 2.20（a）所示，然后把划规的一只脚靠在工件侧面，用左手大拇指按住，划规另一脚在圆心附近划一小段圆弧。划出一段圆弧后再转动工件，每转 1/4 周就依次划出一段圆弧，如图 2.20（b）所示。当划出第四段后，就可在四段弧的包围圈内由目测确定圆心位置，如图 2.20（c）所示。

2）用划线盘求圆心 把工件放在 V 形架上（如图 2.21 所示），将划针尖调到略高或略低于工件圆心的高度。左手按住工件，右手移动划线盘，使划针在工件端面上划出一短线。再依次转动工件，每转过 1/4 周，便划一短线，共划出四根短线，再在这个“#”形线内目测出圆心位置。

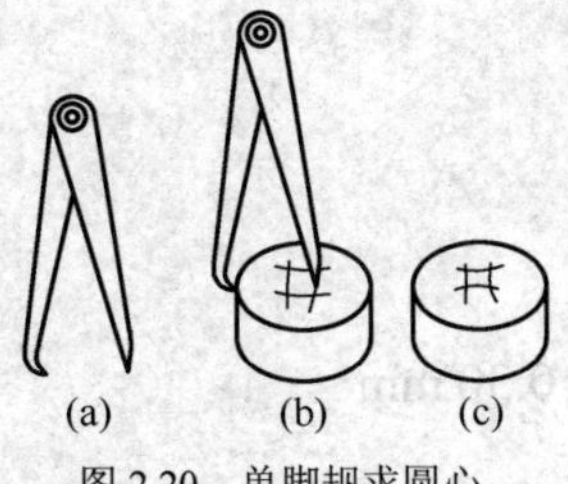

图 2.20 单脚规求圆心

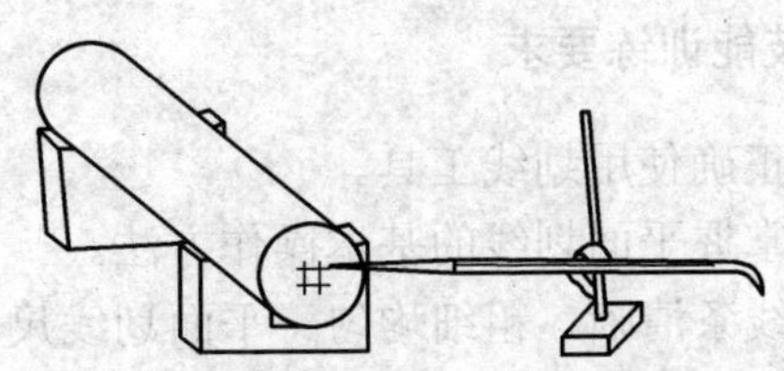

图 2.21 用划线盘求圆心

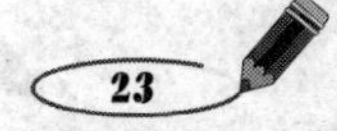

在掌握了以上划线的基本方法及划线工具的使用方法后，结合几何作图知识，就可以划出各种平面图形，如划圆的内接或外切正多边形、圆弧连接等。

4．划线的分类

划线可分为平面划线和立体划线，平面划线是指只在工件某一个表面内划线如（如图 2.22 所示），立体划线是指在工件的不同表面（通常是相互垂直的表面）内划线（如图 2.23 所示）。

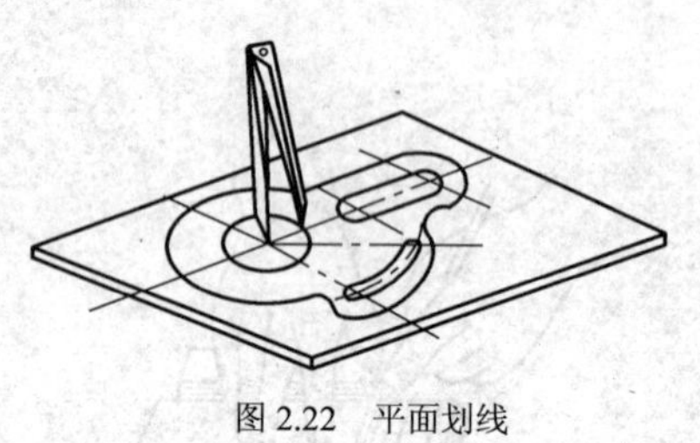
图 2.22　平面划线

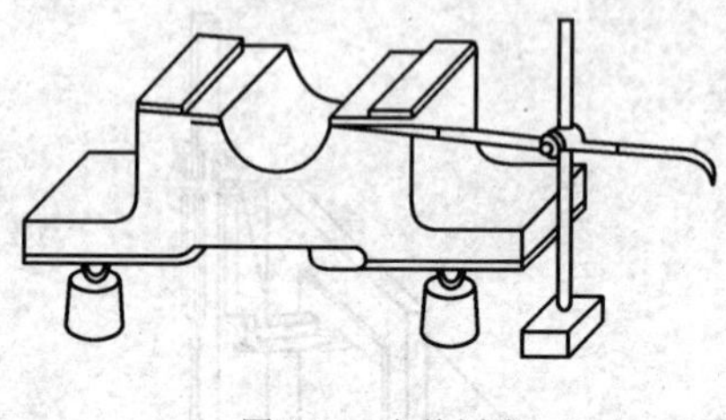
图 2.23　立体划线

5．划线基准的确定

在设计图样上采用的基准为设计基准，在工件划线时所选用的基准称为划线基准。在选用划线基准时，应尽可能使划线基准与设计基准一致，这样，可避免相应的尺寸换算，减少加工过程中的基准不重合误差。

平面划线时，通常要选择两个相互垂直的划线基准，而立体划线时，通常要确定三个相互垂直的划线基准。

（1）划线基准的类型

划线基准的类型通常有：两个相互垂直的平面或直线；一个平面或直线和一个对称平面或直线；两个互相垂直的中心平面或直线。

（2）基准的选择

当工件上有已加工面（平面或孔）时，应该以已加工面作为划线基准。若毛坯上没有已加工面，首次划线应选择最主要的（或大的）不加工面为划线基准（称为粗基准），但该基准只能使用一次，在下一次划线时，必须用已加工面作划线基准。

一个工件有很多线条要划，究竟从哪一根线开始，通常要遵守从基准开始的原则，可以提高划线的质量和效率，并相应提高毛坯合格率。

活动二　练习平面划线

1．技能训练要求

（1）正确使用划线工具。

（2）掌握平面划线的基本操作方法。

（3）线条清晰、粗细均匀、平面划线尺寸误差不超过±0.30 mm。

（4）正确识读钢直尺刻度。

2．使用的量具和辅助工具

钢直尺、划针、划规、样冲、锤子等。

3．工件图样

工件图样如图 2.24（a）所示。

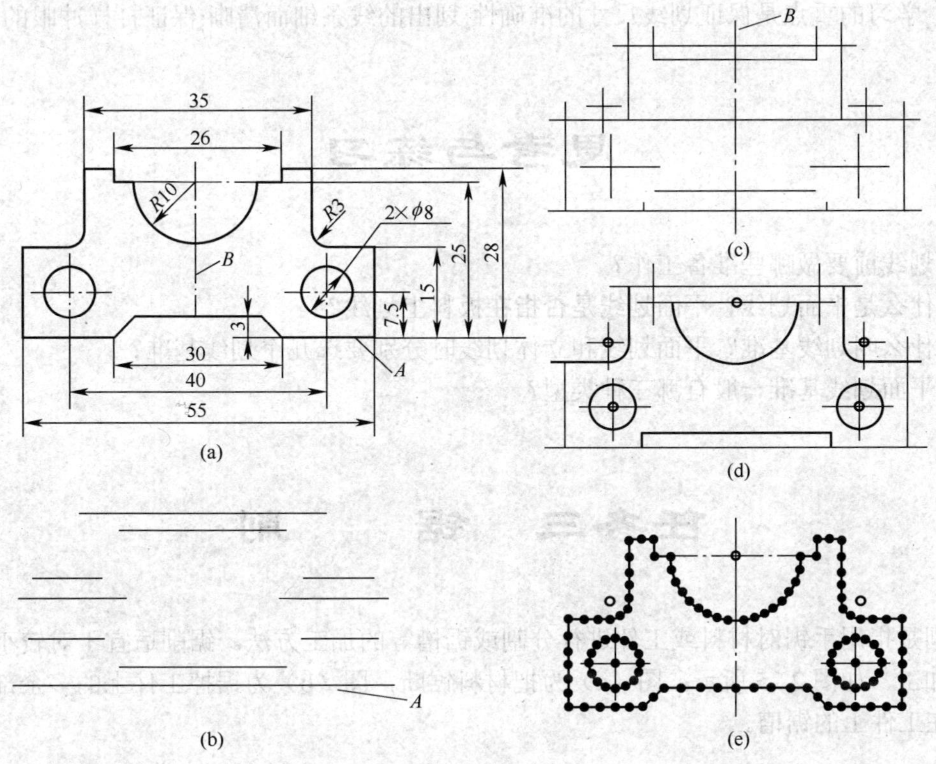

图 2.24　划线实例
（a）划线实例图样　（b）划与高度基准 *A* 平行的尺寸线　（c）划与宽度基准，*B* 平行的尺寸线
（d）划圆及圆弧线　（e）划连接线、打样冲眼

4．参考步骤

（1）在划线前，对工件表面进行清理，并涂上涂料。

（2）检查待划工件是否有足够的加工余量。

（3）分析图样，根据工艺要求，明确划线位置，确定基准（高度方向为 *A* 面，宽度方向为中心线 *B*），见图 2.24（a）。

（4）确定待划图样位置，划出高度基准 *A* 的位置线，见图 2.24（b），并相继划出其他要素的高度位置线（即平行于基准 *A* 的线，仅划交点附近的线条）。

（5）划出宽度基准 *B* 的位置线，同时划出其他要素宽度位置线，见图 2.24（c）。

（6）用样冲打出各圆心的冲孔，并划出各圆和圆弧，见图 2.24（d）。

（7）划出各处的连接线，完成工件的划线工作。

（8）检查图样各方向划线基准选择的合理性，各部分尺寸的正确性，线条是否清晰，有无遗漏和错误。

（9）打样冲眼，显示各部尺寸及轮廓，见图 2.24（e），工件划线结束。

5．注意事项

（1）划线前要对工件去除毛刺、清理污垢，防止划伤手指。

（2）为熟悉各图形的作图方法，实际操作前可作一次纸上练习。

（3）学习的重点是保证划线尺寸的准确性;划出的线条细而清晰;保证打样冲眼的准确性。

思考与练习

1．划线前要做哪些准备工作？

2．什么是平面划线？平面划线是否指在板料上划线？

3．什么叫划线基准？平面划线和立体划线时分别要选几个划线基准？

4．平面划线基准一般有哪三种类型？

任务三　锯　　削

锯削是指用手锯对材料或工件进行分割或锯槽等的加工方法。锯削适宜于对较小材料或工件的加工，如图 2.25 所示：图（a）为把材料锯断，图（b）为锯掉工件上的多余部分，图（c）为在工件上的锯槽。

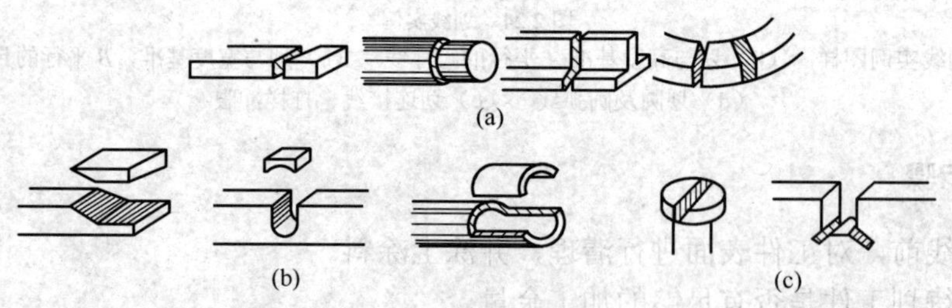

图 2.25　锯削的工作范围

活动一　正确使用手锯

1．手锯

锯削的工具是手锯。手锯由锯弓和锯条组成（如图 2.26 所示），锯弓的作用是张紧锯条，且便于双手操持。

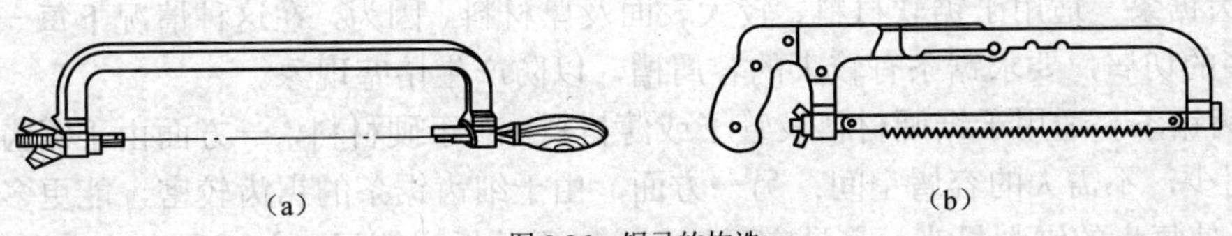

图 2.26　锯弓的构造
（a）固定式　（b）可调节式

锯弓有固定式和可调节式两种。一般都选用可调节式锯弓，这种锯架分为前、后两段，前段套在后段内可伸缩，故能安装几种长度规格的锯条，具有灵活性，因此得到广泛应用。

两种锯弓各有一个夹头。夹头上的销子插入锯条的安装孔后，可通过旋转翼形螺母来调节锯条的张紧程度。

2．锯条

锯条是用来直接锯削材料或工件的刃具。

（1）锯条的规格

锯条的规格是以两端安装孔的中心距来表示的。常用的锯条规格是 300 mm，其宽度为 10～25 mm，厚度为 0.6～1.25 mm。

（2）锯齿的角度

锯条的切削部分由许多均布的锯齿组成，每一个锯齿如同一把錾子，如图 2.27（a）所示。常用的锯条后角α_0=40°，楔角β_0=50°，前角γ_0=0°，制成这一后角和楔角的目的，是为使切削部分具有足够的容屑空间和使锯齿具有一定的强度，以便获得较高的工作效率。

（3）锯路

在制作锯条时，全部锯齿按一定规则左右错开，排成一定的形状，称为锯路（如图 2.28 所示）。锯路的形成，能使锯缝宽度大于锯条背的厚度，使锯条在锯削时不会被锯缝夹住，以减少锯条与锯缝间的摩擦，便于排屑，减轻锯条的发热与磨损，延长锯条的使用寿命，提高锯削效率。

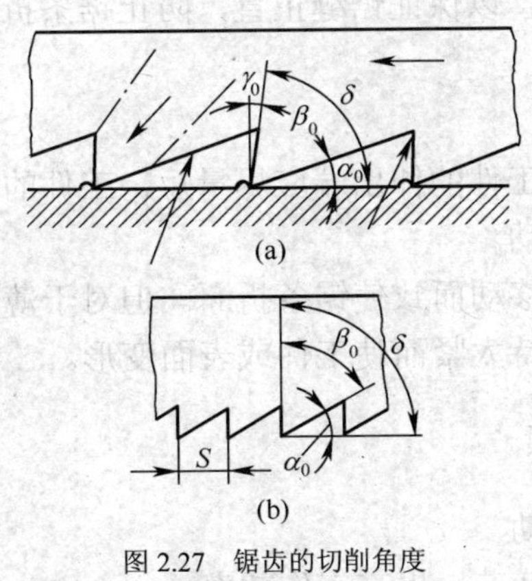

图 2.27　锯齿的切削角度

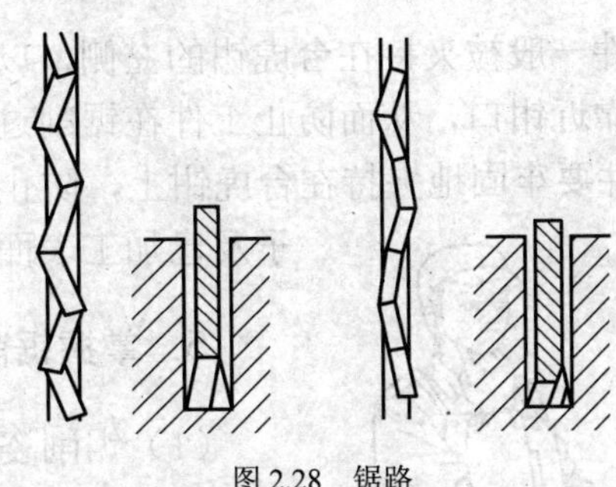

图 2.28　锯路

（4）锯齿粗细及其选择

锯齿的粗细用每 25 mm 长度内齿的个数来表示，常用的有 14、18、24 和 32 等几种。显然，齿数越多，锯齿就越细。

锯齿粗细的选择应根据材料的硬度和厚度来确定，以使锯削工作既省力又经济。

1）粗齿锯条　适用于锯软材料、较大表面及厚材料。因为，在这种情况下每一次推锯都会产生较多的切屑，要求锯条有较大的容屑槽，以防产生堵塞现象。

2）细齿锯条　适用于锯硬材料及管子或薄材料。对于硬材料，一方面由于锯齿不易切入材料，切屑少，不需大的容屑空间；另一方面，由于细齿锯条的锯齿较密，能更多的齿同时参与锯削，使每齿的锯削量小，容易实现切削。对于薄板或管子，主要是为防止锯齿被钩住，甚至使锯条折断。

3. 正确安装锯条

（1）锯条的安装方向

锯弓中安装锯条时具有方向性。安装时要使齿尖的方向朝前，此时前角为零，如图 2.29（a）所示。如果装反了，则前面为负值，不能正常锯削，如图 2.29（b）所示。

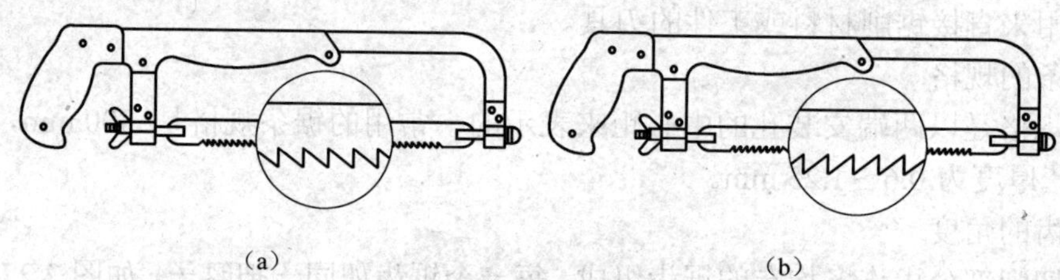

图 2.29　锯条的安装

（a）正确　（b）不正确

（2）锯条的松紧

将锯条安装在锯弓中，通过调节翼形螺母可调整锯条的松紧程度。

锯条的松紧程度要适当。锯条张得太紧，会使锯条受张力太大，失去应有的弹性，以致在工作中稍有卡阻，锯条即易受弯曲而折断；而如果装得太松，又会使锯条在工作时易扭曲摆动，同样容易折断，且锯缝易发生歪斜。

注意，调节好的锯条应与锯弓在同一中心平面内，以保证锯缝正直，防止锯条折断。

4. 正确夹持工件

工件一般被夹持在台虎钳的左侧，以方便操作。工件的伸出端应尽量短，工件的锯削线应尽量靠近钳口，从而防止工件在锯削过程中产生振动。

工件要牢固地夹持在台虎钳上，防止锯削时工件移动而致使锯条折断。但对于薄壁、管子及已加工表面，要防止夹持太紧而使工件或表面变形。

图 2.30　锯削时站立的高度

5. 掌握锯削的动作要领

（1）锯削姿势及锯削运动

正确的锯削姿势能减轻疲劳，提高工作效率。

1）握锯时，要自然舒展，右手握手柄，左手轻扶锯弓前端。

2）锯削时，夹持工件的台虎钳高度要适合锯削时的用力需要，如图 2.30 所示，即从操作者的下颚到钳口的距离以一拳一肘的高度为宜。

3）锯削时右腿向右后伸直蹬地，左腿弯曲，身体向前倾斜，重心落在左脚上，两脚站稳不动，靠左膝的屈伸使身体做往复摆动。.即在起锯时，身体稍向前倾，与竖直方向成10°角，此时右肘尽量向后收，如图2.31（a）所示。随着推锯的行程增大，身体逐渐向前倾斜。行程达2/3时，身体倾斜18°角左右，左、右臂均向前伸出，如图2.31（b）、（c）所示。当锯削最后1/3行程时，用手腕推进锯弓，身体随着锯的反作用力退回到15°角位置，如图2.31（d）所示。锯削行程结束后，取消压力将手和身体都退回到最初位置。

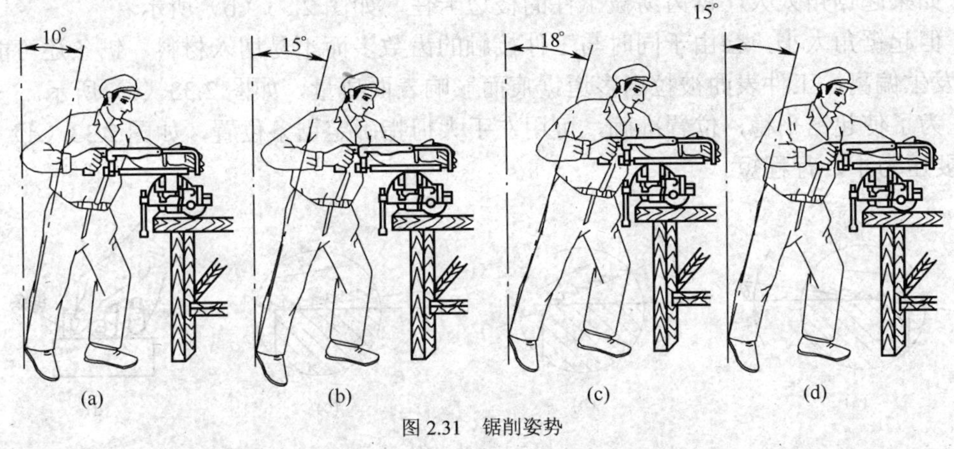

图2.31 锯削姿势

4）锯削速度以20～40次/min为宜。速度过快，易使锯条发热，磨损加重。速度过慢，又直接影响锯削效率。一般锯削软材料可快些，锯削硬材料可慢些。必要时可用切削液对锯条冷却润滑。

5）锯削时，不要仅使用锯条的中间部分，而应尽量在全长度范围内使用。为避免局部磨损，一般应使锯条的行程不小于锯条长的2/3，以延长锯条的使用寿命。

6）锯削时的锯弓运动形式有两种：一种是直线运动，适用于锯薄形工件和直槽；另一种是摆动，即在前进时，右手下压而左手上提，操作自然省力。锯断材料时，一般采用摆动式运动。

7）锯弓前进时，一般要加不大的压力，而后拉时不加压力。

（2）起锯方法

起锯是锯削工作的开始。它可以分为远起锯和近起锯，如图2.32所示。起锯质量的好坏直接影响锯削质量。

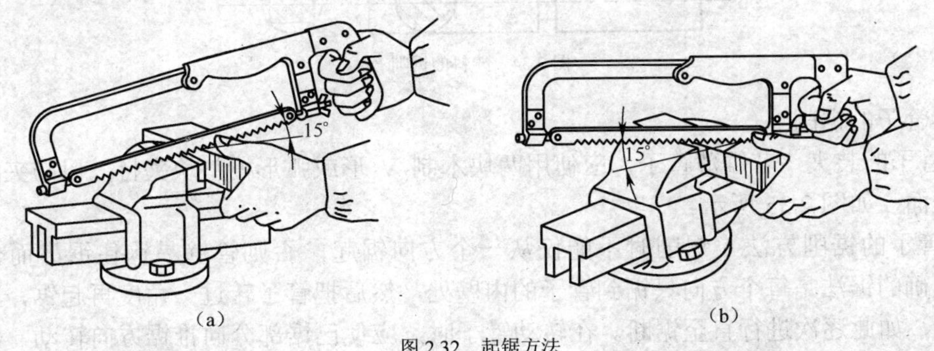

图2.32 起锯方法
（a）远起锯 （b）近起锯

1）远起锯是指从工件远离操作者的一端起锯。此时锯条逐步切入材料，不易被卡住。一般应采用远起锯的方法。

2）近起锯是指从工件靠近操作者的一端起锯。如果这种方法掌握不好，锯齿会一下子切入较深，而易被棱边卡住，使锯条崩断。

（3）注意事项

1）无论用哪一种起锯方法，起锯角度都要小些，一般不大于15°，如图2.33（a）所示。

2）如果起锯角太大，锯齿易被工件的棱边卡住，如图2.33（b）所示。

3）但起锯角太小，会由于同时与工件接触的齿数多而不易切入材料，锯条还可能打滑，使锯缝发生偏离，工件表面被拉出多道锯痕而影响表面质量，如图2.33（c）所示。

4）为了使起锯平稳，位置准确，可用左手大拇指确定锯条位置，如图2.33（d）所示。起锯时要压力小，行程短。

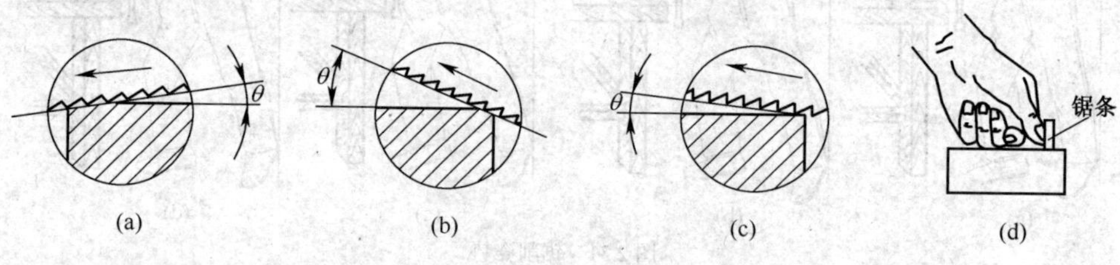

图2.33　起锯角

6．不同材料的锯削练习

（1）棒料的锯削方法

1）一次起锯　锯削棒料时，如果要求锯出的断面比较平整，则应从一个方向起锯直到结束，称为一次起锯。

2）多次起锯　若对断面的要求不高，为减小切削阻力和摩擦力，可以在锯入一定深度后再将棒料转过一定角度重新起锯。如此反复几次从不同方向锯削，最后锯断，称为多次起锯，如图2.34所示。显然多次起锯较省力。

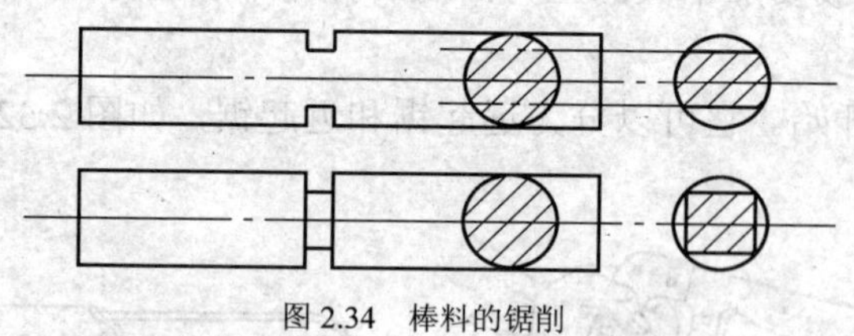
图2.34　棒料的锯削

（2）管子的锯削

1）管子的装夹　若锯薄管子，应使用两块木制V形或弧形槽垫块夹持，以防夹扁管子或夹坏表面，如图2.35所示。

2）管子的锯削方法　锯削时不能仅从一个方向锯起，否则管壁易钩住锯齿而使锯条折断。正确的锯法是每个方向只锯到管子的内壁处，然后把管子转过一角度再起锯，且仍锯到内壁处，如此逐次进行直至锯断。在转动管子时，应使已锯部分向推锯方向转动，否则锯齿也会被管壁钩住，如图2.36所示。

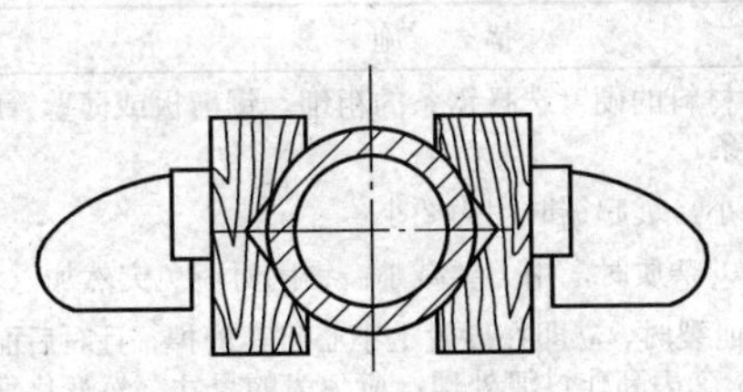

图 2.35　管子的装夹

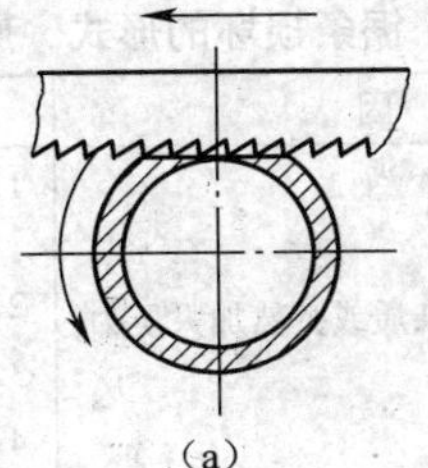

（a）

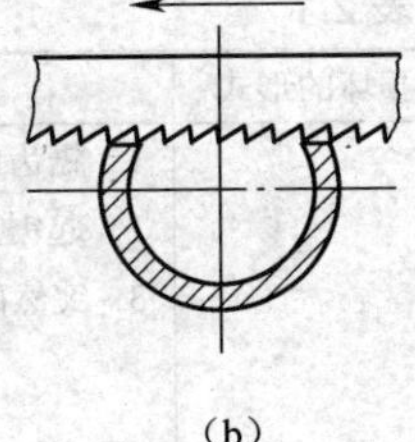

（b）

图 2.36　管子的锯削

（a）转位锯削　（b）不正确锯削

（3）薄板料的锯削

方法 1：锯削薄板料时，可将薄板夹在两木垫或金属垫之间，连同木垫或金属垫一起锯削，这样既可避免锯齿被钩住，又可增加薄板的刚性，如图 2.37 所示。

方法 2：若将薄板料夹在台虎钳上，用手锯作横向斜推，能使同时参与锯削的齿数增加，避免锯齿被钩住，同时能增加工件的刚性，如图 2.38 所示。

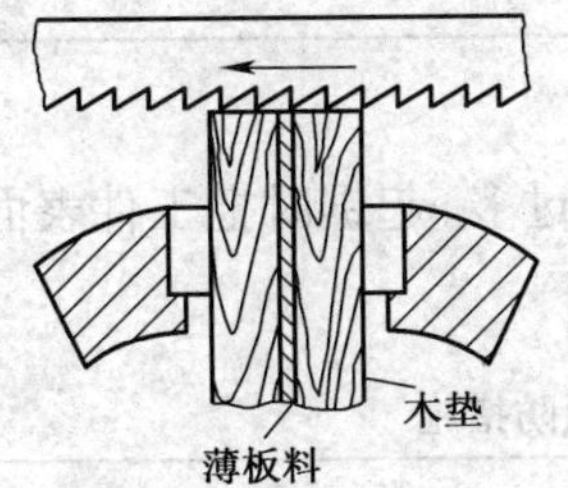

图 2.37　薄板料的夹持

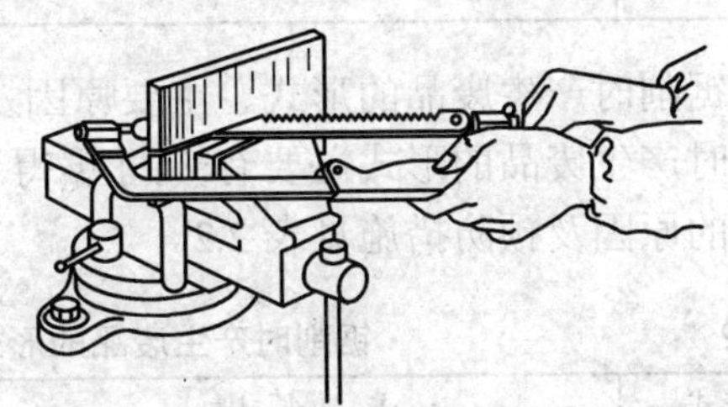

图 2.38　薄板料的锯削方法

（4）深缝的锯削

当锯缝的深度超过锯弓高度时，称这种缝为深缝。在锯弓快要碰到工件时，应将锯条撤出并转过 90°重新安装，如图 2.39（b）所示；或把锯条的锯齿朝着锯弓背进行锯削，如图 2.39（c）所示。使锯弓背不与工件相碰。

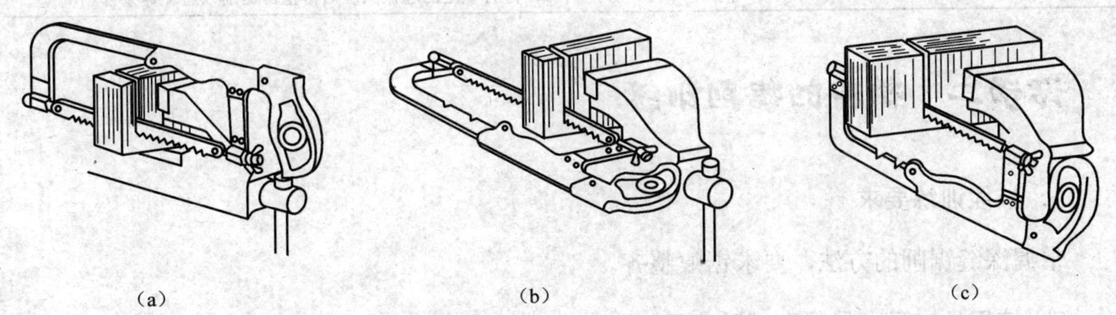

图 2.39　深缝的锯削方法

（a）正常锯削　（b）转 90°安装锯条　（c）转 180°安装锯条

7．废品分析和安全文明生产

（1）锯条损坏的原因

锯条损坏的形式有锯齿崩断、锯条折断和锯齿过早磨损等。主要原因及预防措施见表 2.1。

表 2.1　　锯条损坏的形式、原因及预防措施

锯条损坏的形式	原　因	措　施
锯齿崩断	1．锯齿的粗细选择不当 2．起锯方法不正确 3．突然碰到砂眼，杂质或突然加大压力	1．根据工件材料的硬度选择锯条的粗细。锯薄板或薄壁管时，选细齿锯条 2．起锯角要小，远起锯时用力要小 3．碰到砂眼、杂质时，用力要减小；锯削时避免突然加压 4．发现锯齿崩裂时，立即在砂轮上小心将其磨掉，且对后面相邻的 2～3 个齿高作过渡处理，避免齿的尺寸突然变化使锯条折断
锯条折断	1．锯条安装不当 2．工件装夹不正确 3．强行借正歪斜的锯缝 4．用力太大或突然加压力 5．新换锯条在锯缝中受卡后被拉断	1．锯条松紧要适当 2．工件装夹要牢固，伸出端尽量短 3．锯缝歪斜后，将工件调向再锯，不可调向时，要逐步借正 4．用力要适当
锯齿过早磨损	1．锯削速度太快 2．锯削硬材料时未进行冷却	1．锯削速度要适当 2．锯削钢件时应加机油，锯铸件加柴油，锯其他金属材料可加切削液

（2）锯削时产生废品的形式、主要原因及预防措施

锯削时产生废品的形式主要有:尺寸锯得过小、锯缝歪斜过多、起锯时把工件表面锯坏等，产生废品的原因及预防措施见表 2.2。

表 2.2　　锯削时产生废品的形式、主要原因及预防措施

废品的形式	主 要 原 因	预 防 措 施
锯缝歪斜	1．锯条装得过松 2．目测不及时	1．适当绷紧锯条 2．安装工件时使锯缝的划线与钳口外侧平行，锯削过程中经常目测 3．扶正锯弓，按线锯削
尺寸过小	1．划线不正确 2．锯削线偏离划线	1．按图样正确划线 2．起锯和锯削过程中始终使锯缝与划线重合
起锯时工件表面被拉毛	起锯方法不对	1．起锯时左手大拇指要挡好锯条，起锯角度要适当 2．待有一定的起锯深度后再正常锯削以避免锯条弹出

活动二　棒料的锯削训练

1．技能训练要求

掌握深缝锯削的方法，要求锯痕整齐。

2．使用的刀具、量具和辅助工具

手锯锯弓，锯条，游标卡尺，钢直尺，90°角尺等。

3．技能训练内容

（1）工件图样如图 2.40 所示（手锤的备料）。

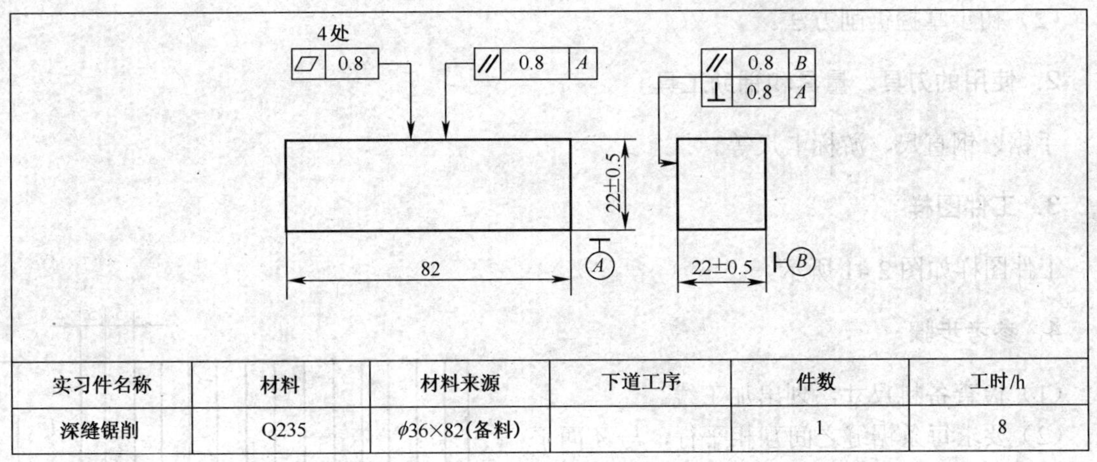

实习件名称	材料	材料来源	下道工序	件数	工时/h
深缝锯削	Q235	ϕ36×82(备料)		1	8

图 2.40 深缝锯削

（2）参考步骤

1）检查备料尺寸并划出平面加工线 22×22。

2）锯 *A* 面，使之达到平面度及与圆柱母线的尺寸要求。

3）锯 *A* 面对应面，使之达到平面度 0.8 mm、平行度 0.8 rm、尺寸（22±0.5）mm 的要求。

4）锯削 *B* 面，使之达到平面度 0.8 mm 和与圆柱母线的尺寸要求。

5）锯削 *B* 面对面，使之达到平面度 0.8 mm、垂直度 0.8 mm、尺寸（22±0.5）mm 的要求。

6）去毛刺、送检。

4．注意事项

（1）锯削练习时，必须注意工件的夹持及锯条的安装是否正确。要注意起锯方法和起锯角度的正确，以免一开始锯削就造成废品或锯条损坏。

（2）初学锯削时，对锯削速度不易掌握，往往推出速度过快，这样容易使锯条很快磨钝。同时，也会出现摆动不自然或摆动幅度过大等错误姿势，应注意及时纠正。

（3）要经常注意锯缝的平直情况，一发现锯缝不平直就要及时纠正，否则不能保证锯割的质量。

（4）在锯削钢件时，可加些机油，这样既减少锯条与锯割面的摩擦，也可起到冷却锯条、提高锯条使用寿命的作用。

（5）锯削完毕，应将锯弓上的张紧螺母适当放松，但不要拆下锯条，防止锯弓上的零件失散，并将其妥善放好。

（6）划线时要注意锯条宽度对尺寸的影响，尤其当尺寸公差较小时，特别需要注意。

活动三 锯缝练习

1．技能训练要求

（1）锯条安装合理，锯削姿势正确；

（2）初步掌握锯削方法。

2．使用的刀具、量具和辅助工具

手锯、钢直尺、游标卡尺等。

3．工件图样

工件图样如图 2.41 所示。

4．参考步骤

（1）检查备料尺寸，划出加工线。

（2）要求每条锯缝之间互相平行，与 A 面平行，平行度控制在 0.8 mm 以内；与 B 面垂直，垂直度控制在 0.8 mm 以内。

（3）每人练习锯缝不得少于 18 条。

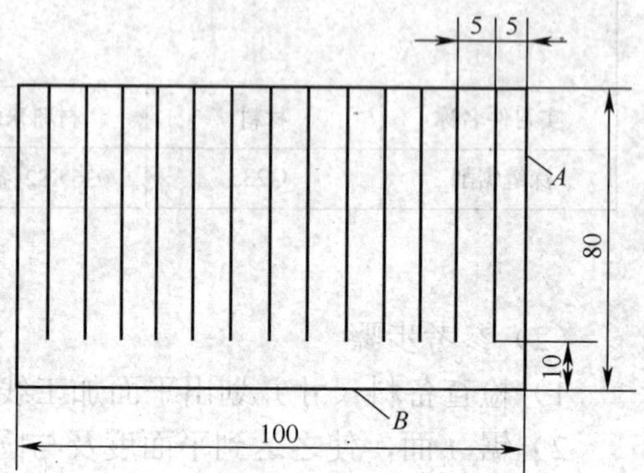

图 2.41　锯缝练习

5．注意事项

（1）锯削时锯条安装松紧要适度，以免锯条折断崩出伤人。

（2）锯削时双手压力要合适，不要突然加大压力，防止工件棱边钩住锯齿而使锯条崩断。

思考与练习

1．什么是锯条的规格？你使用的锯条规格是多少？

2．锯齿的粗细是如何表示的？选择锯齿的粗细主要应考虑哪几个因素？为什么？

3．安装锯条时应注意哪些问题？若锯条的楔角$\beta_0 = 50°$，正确安装时其前角为$\gamma_0 = 0°$。试问锯条装反后它的前角和后角分别为多少？

4．起锯角一般不应大于多少度？为什么？

5．根据锯条锯齿的形状，试说出并画出锯条在工作时的锯齿切削角度名称及符号。

任务四　锉　　削

用锉刀对工件的内外平面、内外曲面、内外角、沟槽及各种复杂形状的表面进行切削加工，使工件达到所要求的尺寸、形状和表面粗糙度，这种加工方法称为锉削。尽管它的效率不高，但在现代工业生产中用途仍很广泛，一些不易用机械加工方法来完成的表面，采用锉削方法更简便、经济，且能达到较小的表面粗糙度值。（尺寸精度可达 0.01 mm。表面粗糙度

R_a值可达 1.6 mm)。

活动一　正确使用锉刀

1. 了解锉刀

锉刀是锉削的主要工具。锉刀是用高碳工具钢 T12 或 T12A、T13A 制成，经热处理淬硬，硬度可达 62HRC 以上。由于锉削工作较广泛，目前锉刀已标准化。

(1) 锉刀的构造及各部分名称如图 2.42 所示。

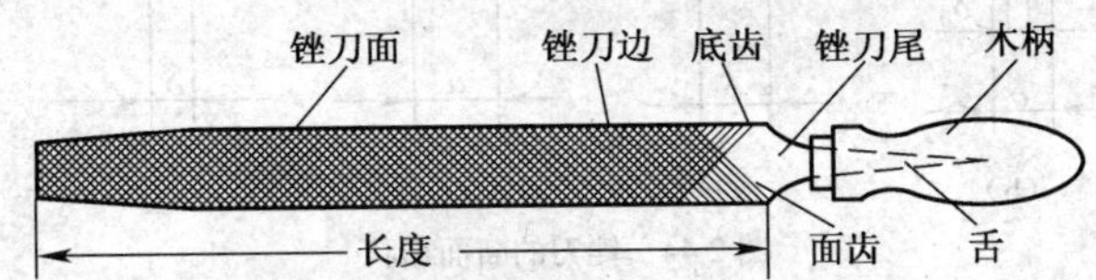

图 2.42　锉刀的构造及各部分名称

1—锉刀面　2—锉刀边　3—底齿　4—锉刀尾　5—木柄　6—舌　7—面齿

(2) 锉刀的类型、规格、基本尺寸及主要参数

1) 锉刀的类型　按锉刀的用途不同，可分为钳工锉、异形锉和整形锉。如图 2.43 所示。

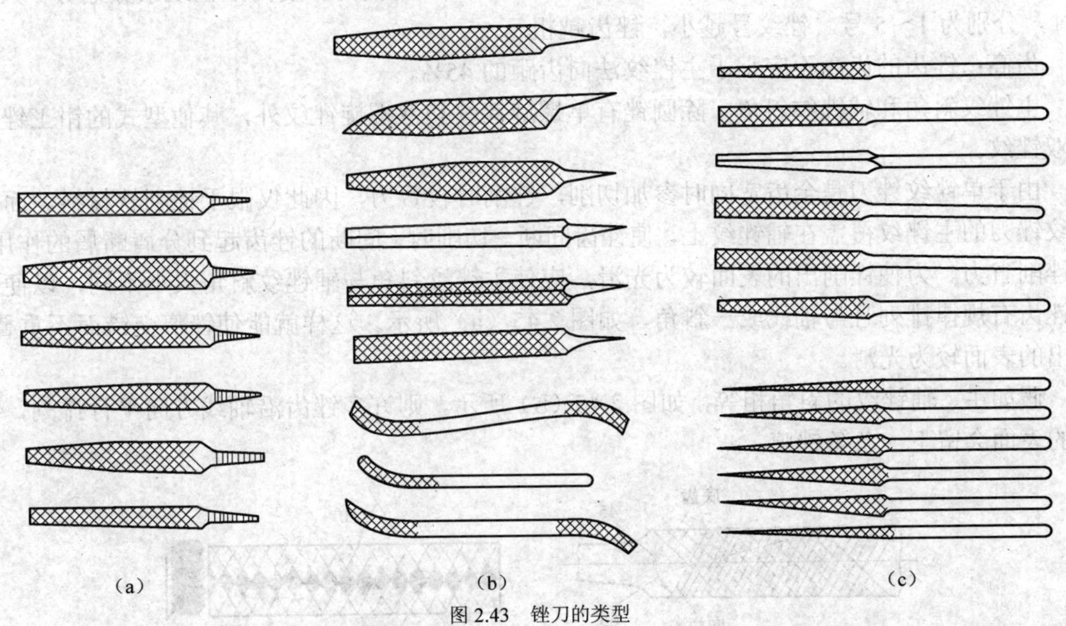

(a)　(b)　(c)

图 2.43　锉刀的类型

(a) 钳工锉　(b) 异形锉　(c) 整形锉

钳工锉按锉刀近光坯锉身处的断面形状不同，又可分为扁锉、半圆锉、三角锉、方锉、圆锉等。其断面形状如图 2.44 (a) ～ (e) 所示。

异形锉用于加工特殊表面。按其断面形状不同，又可分为菱形锉、单面三角锉、刀形锉、双半圆锉、椭圆锉、圆边扁锉、棱边锉等。其断面形状如图 2.44 (f) ～ (l) 所示。

2) 锉刀的规格　钳工锉的规格是指锉身的长度；异形锉和整形锉的规格指锉刀全长。

3) 锉刀的基本尺寸　锉刀的基本尺寸包括宽度、厚度，对圆锉而言，指其直径。

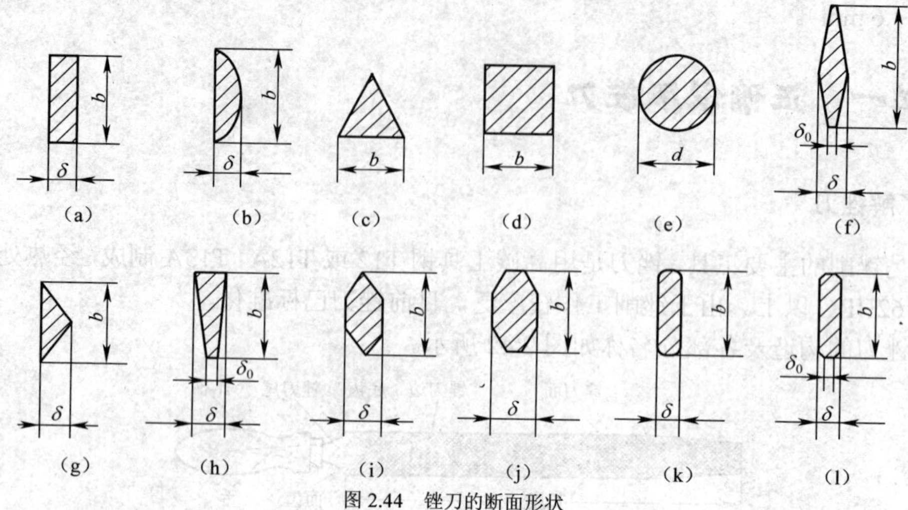

图 2.44 锉刀的断面形状

（a）扁锉 （b）斗圆锉 （c）三角锉 （d）方锉 （e）圆锉 （f）菱形锉
（g）单面三角锉 （h）刀形锉 （i）双半圆锉 （j）椭圆锉 （k）圆边扁锉 （l）菱边锉

4）锉刀锉纹的主要参数

① 钳工锉锉纹的主要参数

锉纹号 锉纹号是表示锉齿粗细的参数，按每 10 mm 轴向长度内主锉纹条数划分。共分 5 种，分别为 1～5 号。锉纹号越小，锉齿越粗。

齿高：锉齿的齿高不应小于主锉纹法向齿距的 45%。

主锉纹斜角和辅锉纹斜角 除圆锉有单螺旋锉纹和双螺旋锉纹外，其他型式的钳工锉都是双锉纹。

由于单锉纹锉刀是全齿宽同时参加切削，锉削时较费力，因此仅限于锉削软材料。而双锉纹锉刀的主锉纹覆盖在辅锉纹上，使锉齿间断。切削时，间断的锉齿起到分屑断屑的作用，使锉削省力。为使锉削出的表面较为光滑，应使主锉纹斜角与辅锉纹斜角大小不同，以便使各锉齿有规律排列且与轴线成一斜角，如图 2.45（a）所示。这样就能使锉痕交错而不重叠，锉出的表面较为光滑。

假如主、辅锉纹的斜角相等，如图 2.45（b）所示，则许多锉齿沿轴线方向平行排列，锉出的表面会留下一条条锉痕。

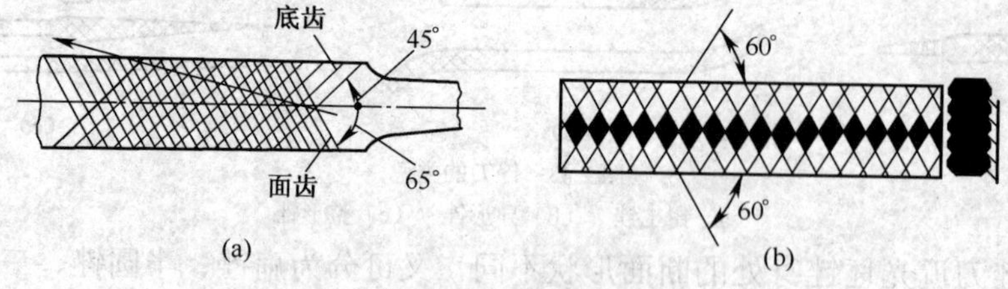

图 2.45 锉齿的排列

一般情况下，1～3 号锉纹的主锉纹、辅锉纹斜角分别为 65°和 45°。4～5 号锉纹的主锉纹、辅锉纹斜角分别为 72°和 52°。

边锉纹斜角：钳工锉的边锉纹斜角为 90°。

② 异形锉、整形锉锉纹的主要参数

锉纹号：共分 10 种，分别为 00、0、1～8 号。

齿高：这两种锉的齿高应不小于主锉纹法向齿距的 40%，而在距锉刀梢端 10 mm 长度内齿高不小于 30%；用切齿法制成的锉刀齿高不小于主锉纹法向齿距的 30%。

2．锉刀的使用

（1）选择锉刀

1）选择锉齿的粗细　锉齿的粗细选择要根据工件的加工余量、尺寸精度、表面粗糙度和材质来决定。材质软，选粗齿的锉刀，反之选较细齿锉刀，其他见表 2.3。

表 2.3　　锉齿粗细的选择

锉刀	适用场合		
	加工余量/mm	尺寸精度/mm	表面粗糙度 R_a/μm
粗齿锉	0.5～2	0.2～0.5	10.0～25
中齿锉	0.2～0.5	0.05～0.2	6.3～12.5
细齿锉	0.05～0.2	0.01～0.05	3.2～6.3

2）决定单、双齿纹　一般锉削有色金属应选用单齿纹锉刀或粗齿锉刀，防止切屑堵塞；锉削钢铁时，应选用双齿纹锉刀，以便断屑、分屑，而使切削省力高效。

3）选择锉刀的截面形状　根据工件表面的形状决定锉刀的型式。

4）选择锉刀的规格　锉刀的规格应根据加工表面的大小及加工余量的大小来决定。为保证锉削效率，合理使用锉刀，一般大的表面和大的加工余量宜用长的锉刀，反之则用短的锉刀。

（2）钳工锉手柄的装卸

钳工锉只有在装上手柄后，使用起来才方便省力。手柄常采用硬质木料或塑料制成，圆柱部分供镶铁箍用，以防止松动或裂开。手柄安装孔的深度和直径不能过大或过小，约能使锉柄长的 3/4 插入柄孔为宜。手柄表面不能有裂纹，毛刺。

手柄的安装和拆卸方法如图 2.46 所示。安装时，先用两手将锉柄自然插入，再用右手持锉刀轻轻墩紧，或用手锤轻轻击打直至插入锉柄长度约为 3/4 为止，如图 2.46（a）所示。图 2.46（b）所示为错误的安装方法，因为单手持木柄墩紧，可能会使锉刀因惯性大而跳出木柄的安装孔。

拆卸手柄的方法如图 2.46（c）所示，在台虎钳钳口上轻轻将木柄敲松后取下。

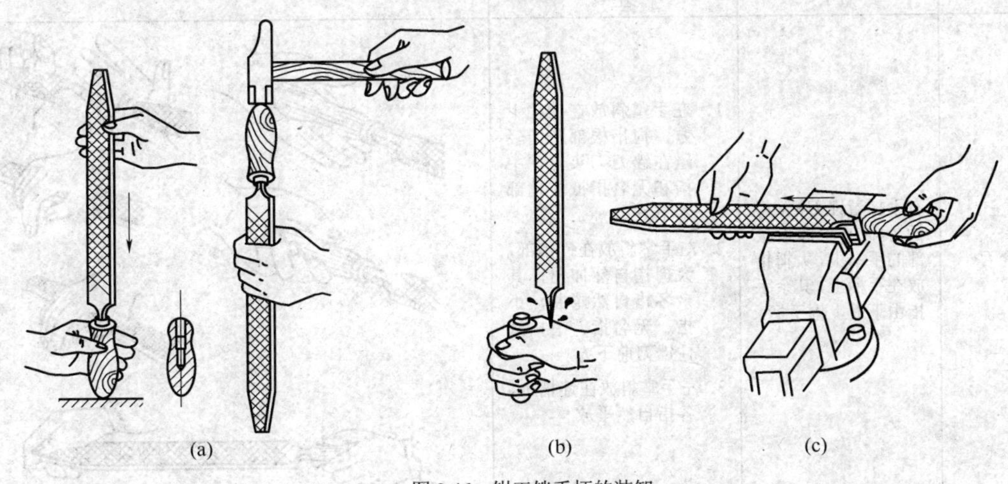

图 2.46　钳工锉手柄的装卸

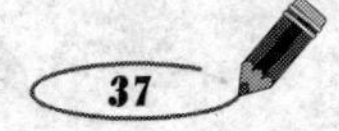

（3）正确使用和保养锉刀

合理使用和正确保养锉刀，能延长锉刀的使用寿命，提高工作效率，降低生产成本。因此应注意下列问题：

1）为防止锉刀过快磨损，不要用锉刀锉削毛坯件的硬皮或工件的淬硬表面，而应先用其他工具或用锉梢前端、边齿加工。

2）锉削时应先用锉刀的同一面，待这个面用钝后再用另一面。因为使用过的锉齿易锈蚀。

3）锉削时要充分使用锉刀的有效工作面，避免局部磨损。

4）不能用锉刀作为装拆、敲击和撬物的工具，防止因锉刀材质较脆而折断。

5）用整形锉和小锉刀时，用力不能太大，防止锉刀折断。

6）锉刀要防水、防油。沾水后的锉刀易生锈，沾油后的锉刀在工作时易打滑。

7）锉削过程中，若发现锉纹上嵌有切屑，要及时将其去除，以免切屑刮伤加工面。锉刀用完后，要用钢丝刷或铜片顺着锉纹刷掉残留下的切屑（如图 2.47 所示），以防生锈。千万不可用嘴吹切屑，以防切屑飞入眼内。

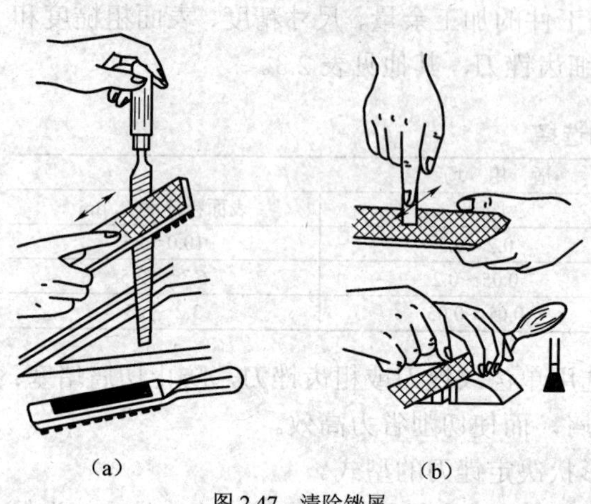

图 2.47　清除锉屑

（a）用钢丝刷　（b）用铜片

8）放置锉刀时要避免与硬物相碰，避免锉刀与锉刀重叠堆放，防止损坏锉齿。

3．锉削的方法

（1）正确握持锉刀

锉刀的握法随锉刀规格和使用场合的不同而有所区别，详见表 2.4。

表 2.4　不同锉刀的握法

锉刀规格类型	握法要领		示意图
	右手	左手	
较大锉刀	右手握着锉刀柄，将柄外端顶在拇指根部的手掌上，大拇指放在手柄上，其余手指由下而上握手柄	1．左手掌斜放在锉梢上方，拇指根部肌肉轻压在锉刀刀头上，中指和无名指抵住梢部右下方 2．左手掌斜放在锉梢部，大拇指自然伸出，其余各指自然蜷曲，小指、无名指、中指抵住锉刀前下方 3．左手掌斜放在锉梢上，各指自然平放	

续表

锉刀规格类型	握法要领		示意图
	右手	左手	
中型锉	（同上）	左手的大拇指和食指轻轻持扶锉梢	
小型锉	右手的食指平直扶在手柄外侧面	左手手指压在锉刀的中部，以防锉刀弯曲	
整形锉	单手握持手柄，食指放在锉身上方		
异形锉	右手与握小型锉的手形相同	左手轻压在右手手掌左外侧，以压住锉刀，小指勾住锉刀，其余指抱住右手	

（2）正确装夹工件

工件的装夹是否正确，直接影响到锉削质量的高低。工件的装夹应符合下列要求：

1）工件尽量夹持在台虎钳钳口宽度方向的中间。锉削面靠近钳口，以防锉削时产生振动。

2）装夹要稳固，但用力不可太大，以防工件变形。

3）装夹已加工表面和精密工件时，应在台虎钳钳口衬上纯铜皮或铝皮等软的衬垫，以防夹坏表面。

（3）锉削平面的方法

1）锉削平面的三种方法　平面的锉削方法有顺向锉、交叉锉和推锉三种。

顺向锉是最基本的锉削方法，如图 2.48 所示，不大的平面和最后锉光的平面都用这种方法，以得到正直的刀痕。

如图 2.49 所示，交叉锉时，锉刀与工件接触面较大，锉刀容易掌握得平稳，且能从交叉的刀痕上判断出锉削面的凸凹情况。锉削余量大时，一般可在锉削的前阶段用交叉锉，以提高工作效率。当锉削余量不多时，再改用顺向锉，使锉纹方向一致，得到较光滑的表面。

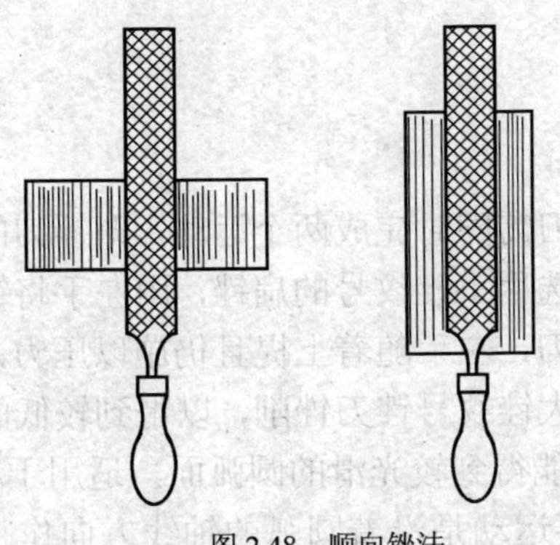

图 2.48　顺向锉法

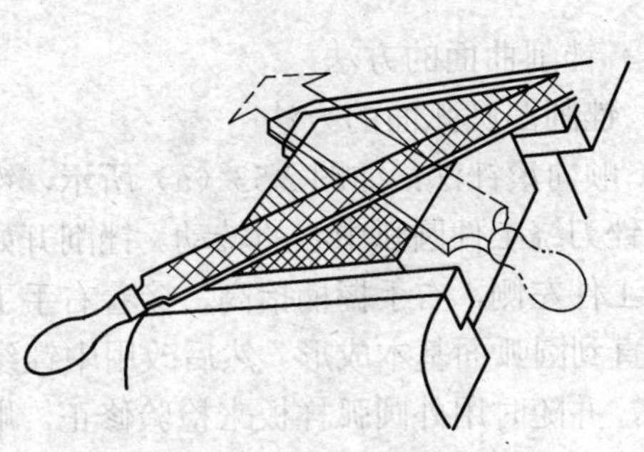

图 2.49　交叉锉法

当锉削狭长平面或采用顺向锉受阻时，可采用推锉，如图 2.50 所示。推锉时的运动方向不是锉齿的切削方向，且不能充分发挥手的力量，故切削效率不高，只适合于锉削余量小的场合。

2）锉刀的运动　为使整个加工面的锉削均匀，无论采用顺向锉还是交叉锉，一般应在每次抽回锉刀时应向旁边略作移动，如图 2.51 所示。

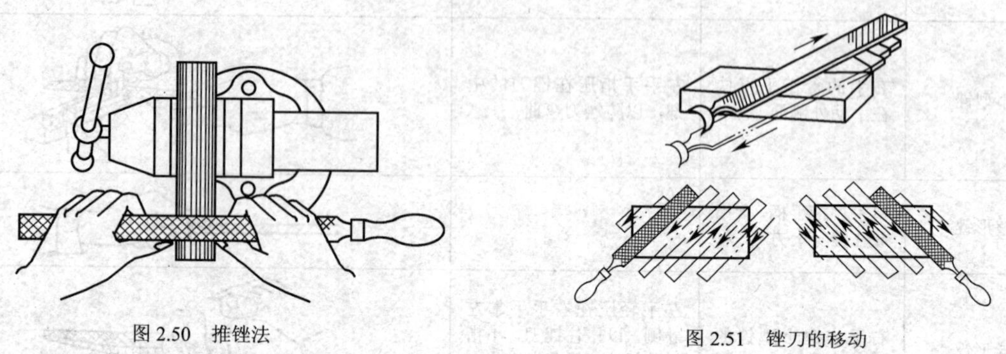

图 2.50　推锉法　　　图 2.51　锉刀的移动

3）锉削平面的检验方法　常用钢直尺或刀口形直尺，以透光法来检验其平面度，如图 2.52 所示。

在检查过程中，当需改变检验位置时，应将尺子提起，再轻放到新的检验处。而不应在平面上移动，以防磨损直尺测量面。

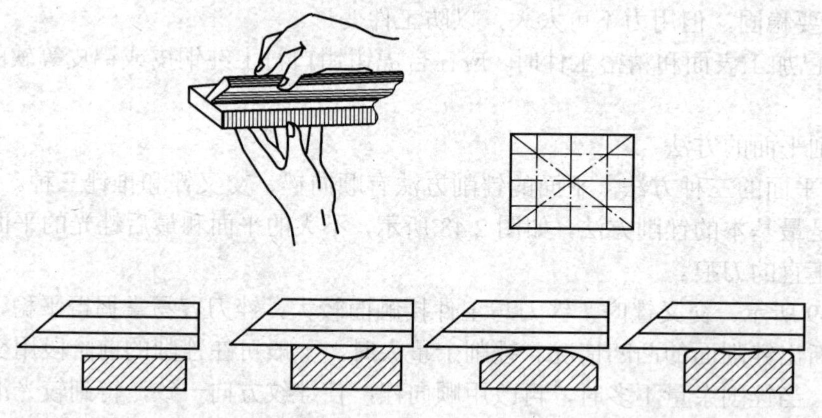

图 2.52　检验平面度误差

（4）锉削曲面的方法

1）锉削凸圆弧面的方法

① 顺向滚锉法：如图 2.53（a）所示，锉削时，锉刀需同时完成两个运动，即锉刀的前进运动和锉刀绕工件圆弧中心的转动。锉削开始时，一般选用小锉纹号的扁锉，用左手将锉刀头部置于工件左侧，右手握柄抬高，接着右手下压推进锉刀，左手随着上提且仍施以压力，如此反复，直到圆弧面基本成形。然后改用中锉纹号锉刀或大锉纹号锉刀锉削，以得到较低的表面粗糙度，并随时用外圆弧样板来检验修正。顺着圆弧锉能得到较光滑的圆弧面，适用于精锉。

② 横向滚锉法：如图 2.53（b）所示，锉刀的主要运动是沿着圆弧的轴线方向作直线运

动，同时锉刀不断沿着圆弧面摆动。这种方法锉削效率高，便于按划线均匀地锉近弧线，但只能锉成近似圆弧面的多棱形面，故多用于圆弧面的粗锉。

2）锉削凹圆弧面的方法　锉凹圆弧面时，锉刀要同时完成以下三个运动，如图 2.54 所示。

沿轴向作前进运动，以保证沿轴向方向全程切削；向左或向右移动半个至一个锉刀直径，以避免加工表面出现棱角；绕锉刀轴线转动（约 90°）。若只有前两个运动而没有这一转动，锉刀的工作面仍不是沿工件的圆弧曲线运动，而是沿工件圆弧的切线方向运动。因此只有同时具备这三种运动，才能使锉刀工作面沿圆弧方向作锉削运动，从而锉好凹圆弧。

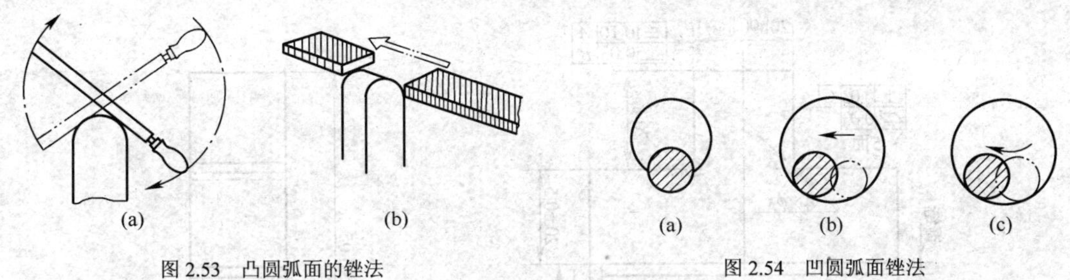

图 2.53　凸圆弧面的锉法

图 2.54　凹圆弧面锉法

3）锉球面的方法　锉刀一边沿凸圆弧面作顺向滚锉动作，一边绕球面的球心和周向作摆动，如图 2.55 所示。

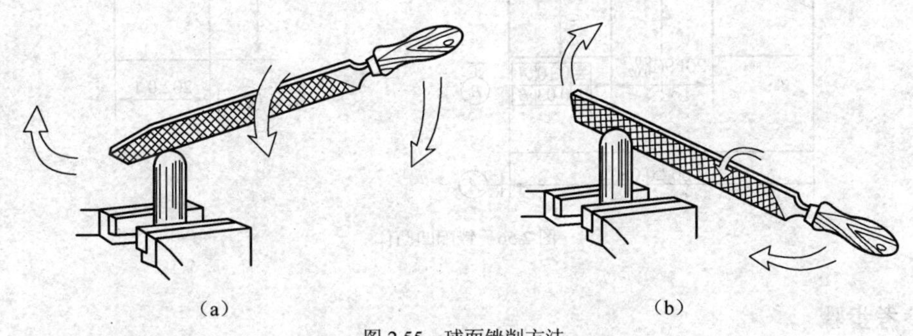

图 2.55　球面锉削方法

（a）直向锉法　（b）横向锉法

（5）锉配

锉配是指锉削两个相互配合的零件的配合表面，使配合的松紧程度达到所规定的要求。锉配时，一般先锉好其中的一件再锉另一件。通常先锉外表面工件，再锉内表面工件。

活动二　锉配凹凸体

1．技能训练要求

（1）掌握具有对称度要求的工件划线。

（2）能正确使用和保养千分尺。

（3）掌握具有对称度要求的工件加工和测量方法。

（4）综合应用锉、锯、钻的技能，并达到一定的加工精度要求，为锉配打下扎实基础。

2．使用的工具、量具

千分尺、游标卡尺、90°角尺、划针、刀口形直尺、塞尺、钻头、整形锉、异型锉、钳工锉等。

3．工件图样

工件图样如图 2.56 所示。

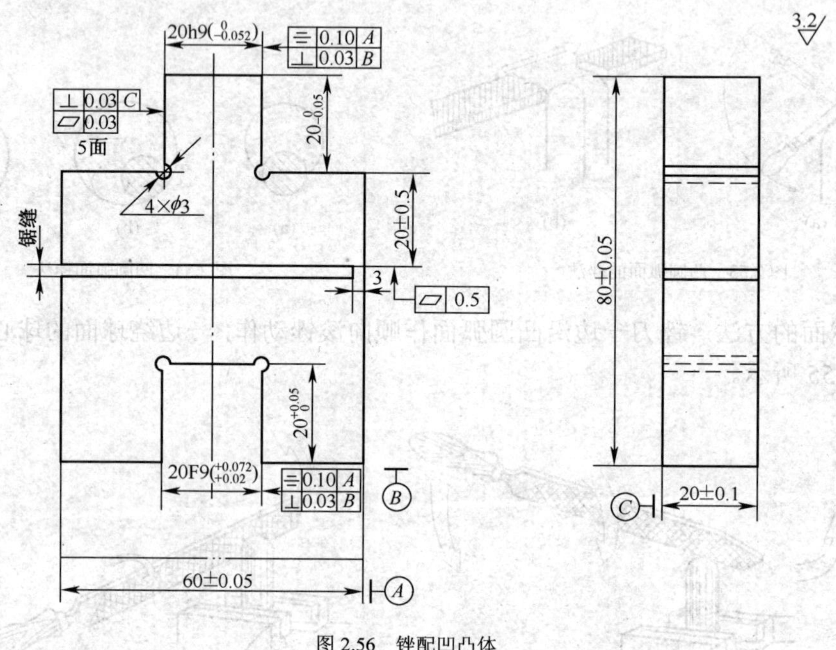

图 2.56　锉配凹凸体

4．参考步骤

（1）按图样要求锉削好外轮廓基准面，达到外轮廓尺寸 60±0.05 mm、80±0.05 mm 及垂直度和平行度要求。

（2）按要求划出凹、凸体加工线，并钻工艺孔 4×ϕ3 mm。

（3）加工凸形面

1）按划线锯去垂直一角，粗、细锉两垂直面。根据 80 mm 处的实际尺寸，通过控制 60 mm 尺寸误差值，从而保证 $20^{\ 0}_{-0.05}$ mm 的尺寸要求；同样根据 60 mm 处的实际尺寸，通过控制 40 mm 的尺寸误差值，从而保证在获得尺寸 $20^{\ 0}_{-0.05}$ mm 的同时，又能保证其对称度在 0.1 mm 内。

2）按划线锯去另一垂直角，用上述方法锉出并控制尺寸 $20^{\ 0}_{-0.05}$ mm，保证凸形面的 $20^{\ 0}_{-0.05}$ mm 的尺寸要求。

（4）加工凹形面

1）用钻头钻出排孔，并锯除凹形面的多余部分，然后粗锉至接触线条。

2）细锉凹形顶端面，根据 80 mm 处的实际尺寸，通过控制的 60 mm 的尺寸误差值，从而保证达到与凸形体端面的配合精度要求。

3）细锉两侧垂直面，两面同样根据外形 60 mm 和凸形面 20 mm 的实际尺寸，通过控制 $20^{+0.072}_{+0.02}$ mm 的尺寸误差值，从而保证达到与凸形面 20 mm 的配合精度要求，同时也能保证其对称度精度在 0.01 mm 内。

（5）全部锐边倒角，并检查全部尺寸精度。

（6）锯削，要求达到尺寸 20±0.5 mm，锯面平面度 0.5 mm，不能锯断，留有 3 mm 不锯，最后修去锯口毛刺。

5．注意事项

（1）为了能对 20 mm 凸、凹形的对称度进行测量控制，60 mm 处的实际尺寸必须测量准确，并应取其各点实测值的平均数值。

（2）20 mm 凸形面加工时，只能先去掉一垂直角料，待加工至所要求的尺寸公差后，才能去掉另一垂直角料。由于受测量工具的限制，只能采用间接测量法，来得到所需要的尺寸公差。

（3）采用间接测量方法来控制工件的尺寸精度，必须控制好有关的工艺尺寸。

（4）当工件不允许直接锉配，而要达到互配件的要求间隙，就必须认真控制凸、凹件的尺寸误差。

（5）为达到配合后转位互换精度，在凸、凹形面加工时，必须控制垂直度误差在最小的范围内。由于凹、凸形面没有控制好垂直度，互换配合后会出现最大间隙。

（6）在加工垂直面时，要防止锉刀侧面碰坏另一垂直侧面，因此必须将锉刀一侧在砂轮上进行修磨，并使其夹角略小于 90°，刃磨后用油石磨光。

表 2.5　　评 分 表

项　目	序号	考 核 要 求	配分	评 分 标 准	检测结果	得分
尺寸要求	1	$20^{0}_{-0.05}$ mm（3 处）	12×3	误差在 0.03 内不扣分；超差 0.01 扣 1 分		
锯削要求	1	锯削尺寸（20±0.5）mm	10	超差 0.05 扣 1 分		
	2	锯削平面度 0.5 mm	9	超差 0.1 扣 1 分		
配合要求	1	配合间隙<0.1 mm（5 处）	4×5	超差 0.05 扣 1 分		
	2	配合后凹凸对称度 0.10 mm	10	超差 0.05 扣 1 分		
	3	配合面表面粗糙度 R_a≤3.2 μm（10 面）	1×10	有一面不合格扣 1 分		
安全文明生产	1	按达到规定的标准程度评定	10	违反有关安全生产规定扣 2～10 分		

思考与练习

1．锉刀有哪几种类型？不同类型锉刀的规格分别指什么？锉刀型式及锉刀规格的选择，分别取决于哪些因素？

2．双锉纹锉刀的主锉纹斜角与辅锉纹斜角大小为什么不同？

3．锉刀的锉纹号是按什么划分的？

4．锉削平面的三种方法各有什么优、缺点？应如何正确选用？

5．锉削凹、凸曲面时，锉刀需分别作哪些运动？

任务五 钻孔、扩孔、铰孔和锪孔

零件上的各种孔加工，一部分由车、镗、铣等机床完成，还有很多时候是由钳工利用钻床完成的。钳工加工孔的方法一般指钻孔、扩孔、铰孔和锪孔。

活动一 了解钻床及钻头的装夹方法

钻床是加工孔的设备。用钻头在实体材料上加工出孔称为钻孔。在钻床上钻孔时，一般工件固定不动，钻头装夹在钻床主轴上作旋转运动（称为主运动），同时钻头沿轴线方向移动（称为进给运动）。

1．了解钻床

钳工常用的钻床有台式钻床、立式钻床以及摇臂钻床。

（1）台式钻床

台式钻床是一种小型钻床，一般用来钻直径 13 mm 以下的孔。钻床的规格是指所钻孔的最大直径。常用 6 mm 和 12 mm 等几种规格。

图 2.57 所示是一种常见的台式钻床。电动机 5 通过五级 V 带，可使主轴获得五种转速。头架 4 连同电动机和五级带轮可在立柱 9 上作上下移动，同时可绕立柱轴心线任意转动，待调整到适当位置后用手柄锁紧。若调低头架，先把保险环 8 调节到适当位置，用螺钉 7 锁紧在立柱上，然后略放松手柄 6，靠头架的自重落到保险环上，再把手柄扳紧。工作台 3 也同样可上下移动，又可转动，调定后用锁紧手柄 11 固定。当松开锁紧螺钉 2 时，工作台还可在垂直平面内左右倾斜 45°。工件较小时，可将工件放在工作台上钻孔。当工件较大时，可把工作台转开，直接放在钻床底座面 1 上钻孔。由于台式钻床的最低转速较高（一般不低于 400r/min），不适于锪孔、铰孔。使用台式钻床时应注意以下几点。

1）在使用过程中，工作台面必须保持清洁。

2）钻通孔时必须使钻头能通过工作台面上的让刀孔，或在工件下垫上垫铁，以免钻坏工作台面。

3）用毕后必须将机床外露滑动面及工作台面擦净，并对各滑动面及各注油孔加注润滑油。

（2）立式钻床

立式钻床一般用来钻中小型工件上的孔，其规格有 25 mm、35 mm、40 mm、50 mm 等几种。它的功率较大，可实现机动进给，因此可获得较高的生产效率和加工精度。另外，它的主轴转速和机动进给量都有较大变动范围，因而可适应于不同材料的加工和进行钻孔、扩

孔、锪孔、铰孔及攻螺纹等多种工作。

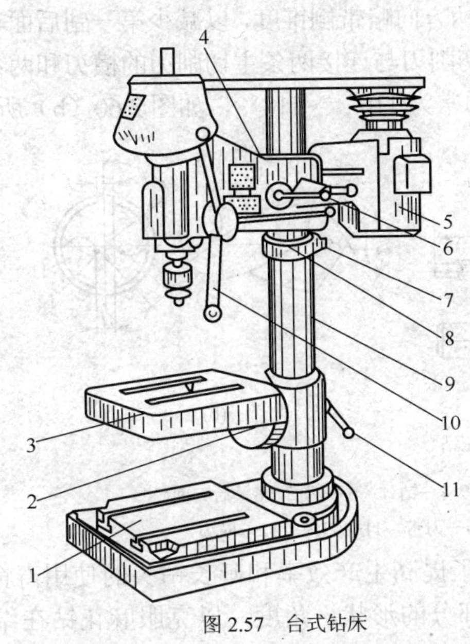

图 2.57 台式钻床

1—钻床底座 2—锁紧螺钉 3—工作台 4—头架 5—电动机 6—手柄
7—螺钉 8—保险环 9—立柱 10—进给手柄 11—锁紧手柄

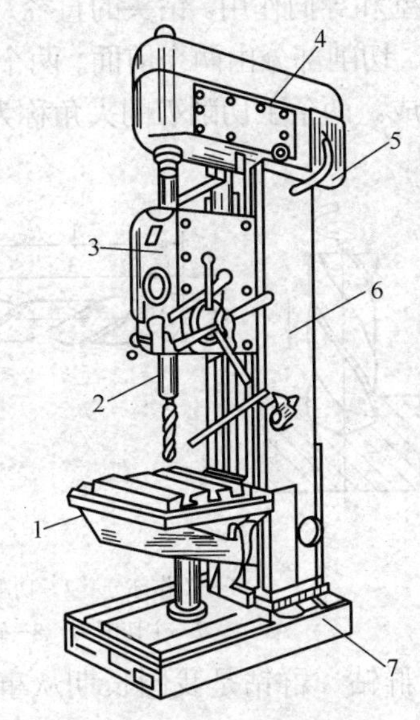

图 2.58 立式钻床

1—工作台 2—主轴 3—进给变速箱
4—主轴变速箱 5—电动机 6—床身 7—底座

（3）摇臂钻床

图 2.59 所示为摇臂钻床，用于大工件及多孔工件的钻孔。它需通过移（转）动钻轴对准工件上孔的中心来钻孔。主轴变速箱能沿摇臂左右移动，摇臂又能回转 360°，因此，摇臂钻床的工作范围很大，摇臂的位置由电动涨闸锁紧在立柱上，主轴变速箱可用电动锁紧装置固定在摇臂上。

工件不太大时，可将工件放在工作台上加工。如工件很大，则可直接将工件放在底座上加工。摇臂钻床除了用于钻孔外，还能扩孔、锪平面、锪孔、铰孔、镗孔和攻螺纹等。

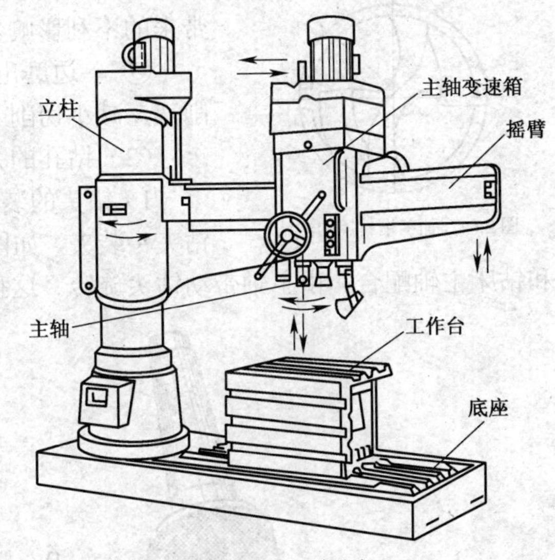

图 2.59 摇臂钻床

2. 装夹和拆卸钻头的方法

（1）了解钻头

钻头有麻花钻、中心钻、扁钻及深孔钻等，其中应用最广泛的是麻花钻。

1）麻花钻 麻花钻由刀柄、颈部和刀体组成，如图 2.60（a）所示。刀柄用来夹持和传递钻头动力。它有直柄和锥柄两种。当扭矩较大时直柄易打滑，因而直柄只适用于直径 12 mm 及以下的小钻头；而锥柄定心准确，不易打滑，适用于直径大于 12 mm 的钻头。颈部是刀体与刀柄的连接部分，加工钻头时当退刀槽用，并在其上刻有钻头的直径、材料等标记。刀体包括切削部分和导向部分。导向部分有两条对称的螺旋槽，

槽面为钻头的前面，螺旋槽外缘为窄而凸出的第一副后面（刃带），第一副后面上的副切削刃起修光孔壁和导向作用。钻头的直径从切削部分向刀柄方向略带倒锥度，以减少第一副后面与孔壁的摩擦。切削部分由两个前面、两个后面及两条主切削刃与连接两条主切削刃的横刃和两条副切削刃组成。两条主切削刃的夹角称为顶角（2ϕ），通常为 116° ～118° ，如图 2.60（b）所示。

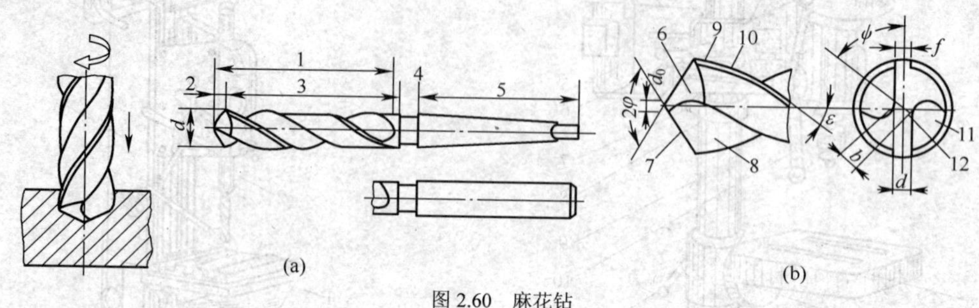

图 2.60　麻花钻

1—工作部分　2—切削部分　3—导向部分　4—钻颈　5—柄部　6—后刀面
7—主切削刃　8—前刀面　9—凌边　10—刃带　11—刃沟　12—横刃

2）群钻　群钻是我国长期从事钻工的人们为了提高生产效率和延长钻头的使用寿命，通过改变麻花钻头切削部分的形状、角度，以克服麻花钻在结构上的某些缺点的新型钻头。它是群众智慧的结晶，故称之为群钻。

图 2.61 是加工钢材的群钻，对麻花钻头作了以下改进。

① 在靠近横刃处磨出月牙槽，形成凹圆弧刃 R，可增大圆弧刃处各点的前角，克服横刃附近主切削刃上前角太小的缺点。

② 修磨横刃，把横刃长度减少到 1/7～1/5，可克服横刃过长带来的不利影响。

③ 单边磨出分屑槽，把切屑分成几段，有利于排屑和注入切削液，减小切削力和孔的表面粗糙度。

凹圆弧刃 R　分屑槽　横刃

图 2.61　加工钢材用的群钻

（2）钻孔的方法

1）钻头的装夹　直柄钻头的直径小，切削时扭矩较小，可用钻夹头装夹，如图 2.62 所示。钻夹头用固紧扳手拧紧，钻夹头再和钻床主轴配合，由主轴带动钻头旋转。这种方法简便，但夹紧力小，容易产生跳动。

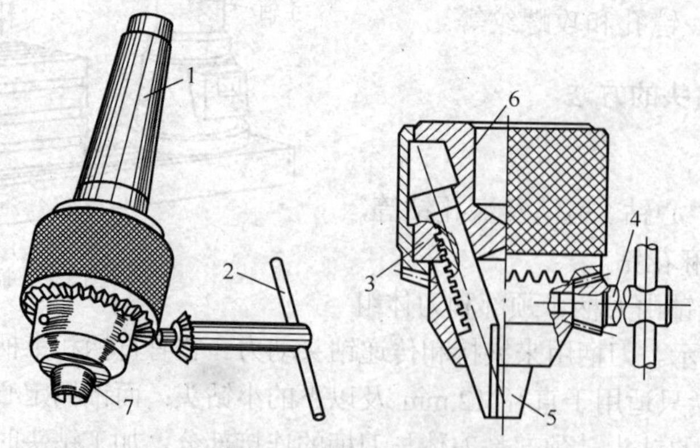

图 2.62　钻夹头及其应用

1—锥柄　2—扳手　3—环形螺纹　4—扳手　5、7—自动定心夹爪　6—锥柄安装孔

锥柄钻头可直接或通过钻套将钻头和钻床主轴锥孔配合，如图 2.63 所示，这种方法配合牢靠，同轴度高。锥柄末端的扁尾用以增加传递的力量，避免刀柄打滑，并便于卸下钻头。

特别注意的是，换钻头时，一定要停车，以确保安全。

2）工件的装夹 为保证工件的加工质量和操作的安全，钻削时工件必须牢固地装夹在夹具或工作台上，常用的装夹方法如图 2.64 所示。

3）钻孔的操作方法 钻孔前，要在工件上打上样冲眼作为加工界线，中心眼应打大些，如图 2.65 所示。钻孔时先用钻头在孔的中心锪一小窝（约占孔径 1/4），检查小窝与所划圆是否同心。如稍有偏离，可用样冲将中心冲大矫正或移动工件借正。如偏离较多，可用窄錾在偏斜相反方向凿几条槽再钻，便可以逐渐将偏斜部分矫正过来，如图 2.66 所示。

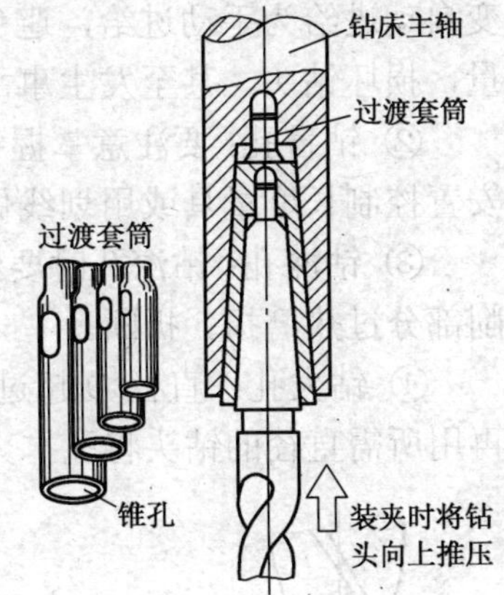

图 2.63 锥柄钻头装夹

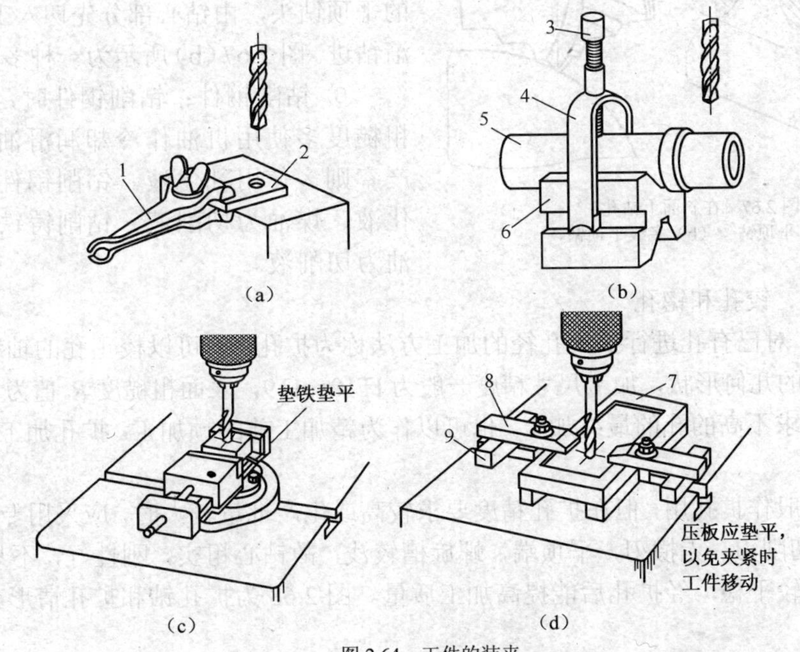

图 2.64 工件的装夹

（a）用手虎钳装夹 （b）用 V 形铁装夹 （c）用平口钳装夹 （d）用压板，螺钉装夹

1—手虎钳 2—工件 3—压紧螺钉 4—弓架 5—工件 6—V 形铁 7—工件 8—压板 9—垫铁

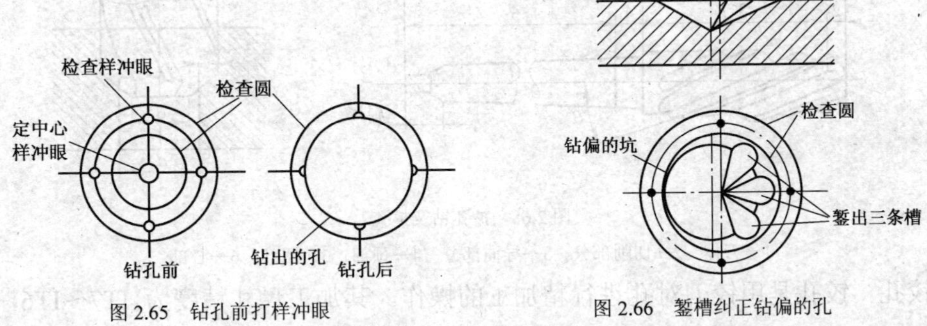

图 2.65 钻孔前打样冲眼

图 2.66 錾槽纠正钻偏的孔

① 钻通孔：工件下面应放垫铁或把钻头对准工作台空槽。在孔将被钻透时，进给量要小，变自动进给为手动进给，避免钻头在钻穿的瞬间抖动．出现“啃刀”现象，从而影响加工质量，损坏钻头，甚至发生事故。

② 钻盲孔：要注意掌握钻孔深度。控制钻孔深度的方法有：调整好钻床上深度标尺挡块；安置控制长度量具或用划线做记号。

③ 钻深孔：钻深孔时要经常退出钻头及时排屑和冷却，否则易造成切屑堵塞或使钻头切削部分过热磨损、折断。

④ 钻大孔：直径 D 超过 30 mm 的孔应分两次钻。第一次用（0.5～0.7）D 的钻头先钻，再用所需直径的钻头将孔扩大。这样，既利于钻头负荷分担，也有利于提高钻孔质量。

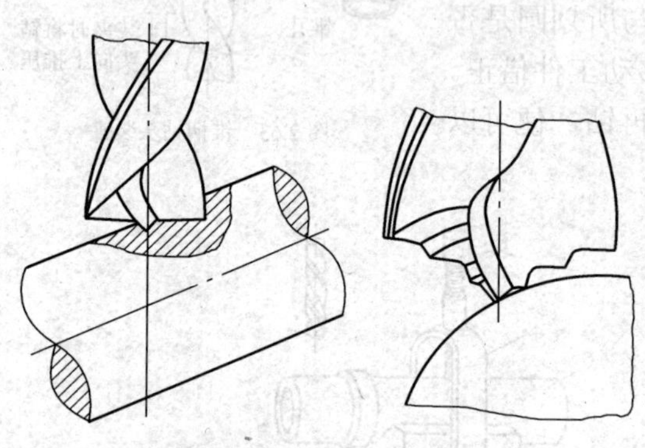

图 2.67　在斜面上钻孔
（a）平顶钻　（b）多级平顶钻

⑤ 斜面钻孔：在圆柱和倾斜表面钻孔时最大的困难是“偏切削”，切削刃上的径向抗力使钻头轴线偏斜，不但无法保证孔的位置，而且容易折断钻头。对此一般采取图 2.67（a）所示的平顶钻头，由钻心部分先切入工件，而后逐渐钻进。图 2.67（b）所示为一种多级平顶钻头。

⑥ 钻削钢件：钻削钢件时，为降低表面粗糙度多使用机油作冷却润滑油；为提高生产率则多使用乳化液。钻削铝件时，多用乳化液、煤油为切削液。钻削铸铁件时，用煤油为切削液。

（3）扩孔、铰孔和锪孔

1）扩孔　对已有孔进行扩大孔径的加工方法称为扩孔：它可以校正孔的轴线偏差，并使其获得较正确的几何形状，加工尺寸精度一般为 IT10～IT9，表面粗糙度 R_a 值为 3.2～6.3 μm。扩孔可作为要求不高的孔的最终加工，也可以作为精加工前的预加工。扩孔加工余量为 0.5～4 mm。

麻花钻一般作扩孔用，但在扩孔精度要求较高或生产批量较大时，应采用专用的扩孔钻。它有 3～4 条切削刃，无横刃，平顶端，螺旋槽较浅，故钻心粗实，刚性好，不易变形，且导向性好，切削较平稳，经扩孔后能提高加工质量。图 2.68 为扩孔钻和扩孔情形。

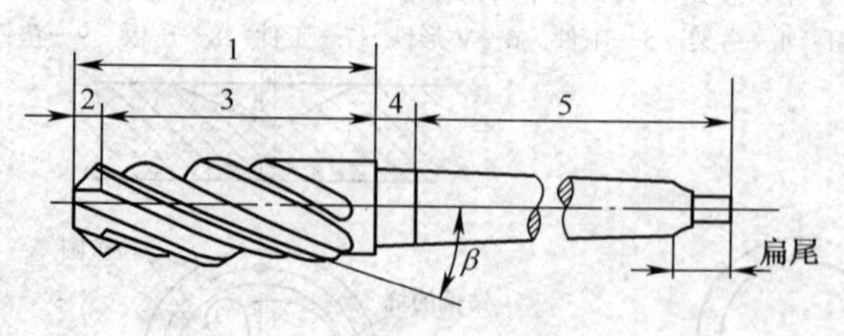

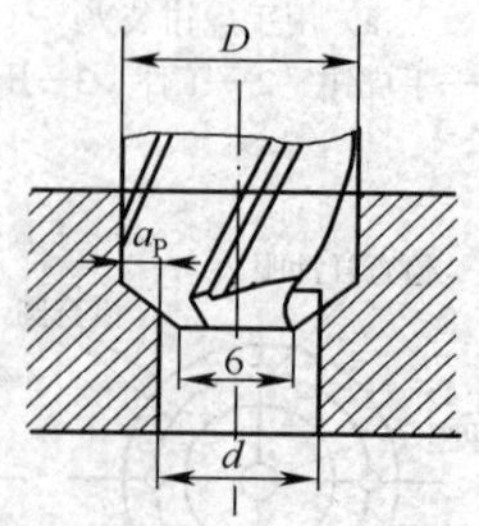

图 2.68　扩孔钻及扩孔
1—刀体　2—切削部分　3—导向部分　4—颈部　5—柄部　6—心部

2）铰孔　铰孔是用铰刀对孔进行精加工的操作。其加工尺寸精度为 IT7～IT6，表面粗

糙度 R_a 值为 0.8 μm，加工余量很小，一般粗铰 0.15～0.5 mm，精铰 0.05～0.25 mm。

铰刀是用于铰削加工的刀具。它有手用铰刀（直柄，刀体较长）和机用铰刀（多为锥柄，刀体较短）之分。铰刀比扩孔钻切削刃多（6～12 个），且切削刃前角 $\gamma_0=0°$，并有较长的修光部分，因此加工精度高，表面粗糙度值低。

铰刀多为偶数刀刃，并成对地位于通过直径的平面内，便于测量直径的尺寸。

手铰切削速度低，不会受到切削热和振动的影响，故是对孔进行精加工的一种方法。

铰孔时铰刀不能倒转，否则，切屑会卡在孔壁和切削刃之间，划伤孔壁或使切削刃崩裂。铰通孔时，铰刀修光部分不可全露出孔外，以免把出口处划伤。

铰刀和铰孔时的情形如图 2.69 所示。

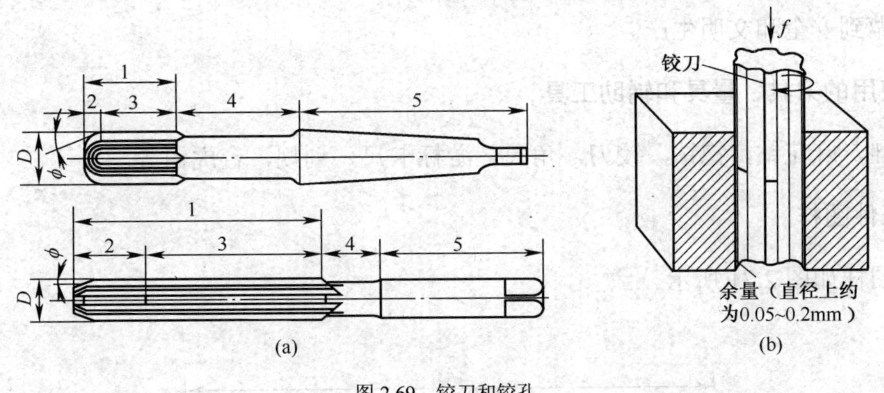

图 2.69　铰刀和铰孔

（a）铰刀　（b）铰孔

1—刀体　2—切削部分　3—修光部分　4—颈部　5—柄部

3）锪孔　用锪钻进行孔口形面的加工称为锪孔。在工件的连接孔端锪出柱形或锥形埋头孔，以埋头螺钉埋入孔内把有关的零件联接起来，使外观整齐，装配位置紧凑；将孔口端面锪平并与孔中心线垂直，能使联接螺栓或螺母的端面与联接件接触良好。

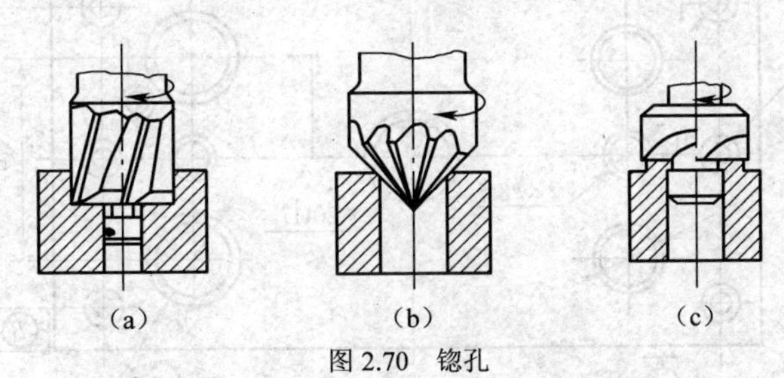

图 2.70　锪孔

（a）锪圆柱形埋头孔　（b）锪锥形埋头孔　（c）锪孔的端平面

锪孔的形式有：

① 锪圆柱形埋头孔：如图 2.70（a）所示。圆柱形埋头孔锪钻的端刃起主要切削作用，周刃为副切削刃起修光作用。为保持原有孔与埋头孔的同轴度，锪钻前端带有导柱，与已有孔相配，起定心作用。

② 锪锥形埋头孔：如图 2.70（b）所示，锪端面锥顶角多为 90°，并有 6～12 个刀刃。

③ 锪孔端平面：如图 2.70（c）所示，端面锪钻用于锪与孔垂直的孔口端面，也有导柱起定心作用。

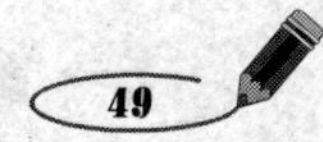

锪孔时，切削速度不宜过高，锪钢件时需加润滑油，以免锪削表面产生径向振纹或出现多棱形等质量问题。

活动二　练习加工孔

1．技能训练要求

（1）了解台钻、立钻规格及其使用方法；

（2）掌握麻花钻正确刃磨方法；

（3）初步掌握钻、锪和铰孔的基本操作技能；

（4）做到安全和文明生产。

2．使用的刀具、量具和辅助工具

钳工锉，麻花钻，锪钻，铰刀，角尺，游标卡尺，划规，台虎钳等。

3．工件图样

工件图样如图 2.71 所示。

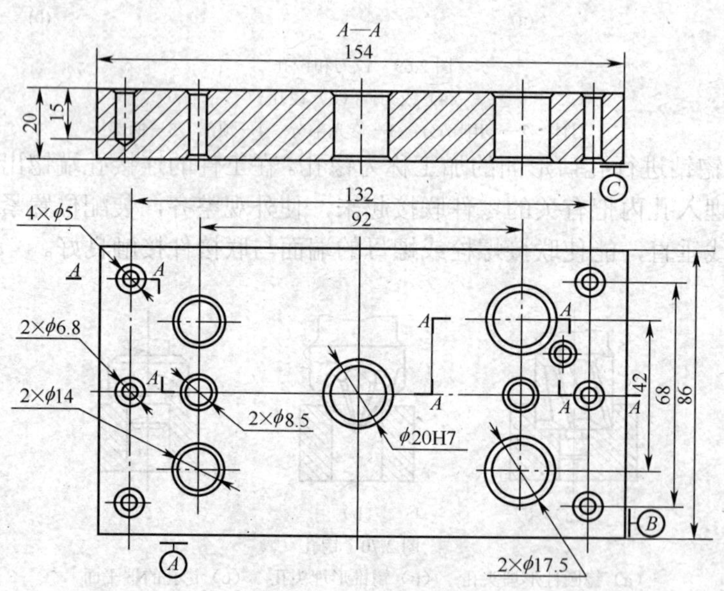

图 2.71　钻孔、锪孔和铰孔

4．参考步骤

（1）按挫削平行面和垂直面的方法使长方铁达到尺寸的 154 mm×86 mm，垂直度、平行度 0.05 mm 要求，并去毛刺。

（2）以长度和宽度方向的对称中心线为基准，划出各孔的中心线，用样冲在孔的中心（十字线交点）打样冲眼。

（3）用夹具将工件装夹在钻床上，并将其夹紧，确定工件与机床的相对正确位置。

（4）用划规分别划出 4×ϕ5 mm、2×ϕ6.8 mm、2×ϕ8.5 mm、2×ϕ14、2×ϕ17.5 mm 和ϕ19.8 mm 孔的圆。还应划几个检查圆线，以便借正、准确落钻定心。

（5）装上中心钻钻孔，换上ϕ5 mm 麻花钻钻孔 4×ϕ5 mm，保证深度为 15 mm。

（6）用ϕ6.8 mm、ϕ8.5 mm、ϕ14、ϕ17.5 麻花钻，加工 2×ϕ6.8 mm，2×ϕ8.5 mm，2×ϕ14、2×ϕ17.5 mm 的通孔，达到尺寸精度和孔与孔之间距离。

（7）加工ϕ20H7 的孔时，用ϕ14 mm 麻花钻钻孔，换ϕ19.8 mm 扩孔钻扩孔，最后换装ϕ20 手铰刀铰ϕ20H7 通孔。

（8）用 90°锥形锪钻锪 90°孔。将零件翻转 180°按上述方法锪另一面。

5. 注意事项

（1）在刃磨麻花钻时，做到姿势动作正确，钻头的几何形状和角度正确。

（2）用钻夹头装夹钻头时，要用钻头钥匙，不可用扁铁和锤子敲击。

（3）钻孔时，手动进给压力应根据钻头工作情况，以目测和感觉来控制，钻头用钝后应及时修磨。

（4）锪孔时，要先调整好工件的通孔与锪钻的同轴度，再夹紧工件。工件夹紧要稳固以减少振动。

（5）锪孔的切削速度应比钻孔低，手动进给压力不宜过大，并要均匀。

（6）铰孔时，由于铰刀排屑功能差，需要经常取出切屑，以免铰刀被卡住。铰定位锥销时，因锥度小有自锁性，其进给量不能太小，以免铰刀卡死或折断。

表 2.6 评 分 表

项目	序号	考 核 要 求	配分	评 分 标 准	检测结果	得分
钻孔	1	孔距 132±0.03×68±0.03 mm	4	误差在 0.03 内不扣分 超差 0.01 扣 1 分		
	2	4×ϕ5 mm 深 15 mm	4×3	超差一处扣 3 分		
	3	孔距 92±0.03×42±0.03 mm	4	误差在 0.03 内不扣分 超差 0.01 扣 1 分		
	4	2×ϕ14 mm	2×3	超差一处扣 2 分		
	5	2×ϕ17.5 mm	2×3	超差一处扣 2 分		
	6	2×ϕ6.8 mm，尺寸要求 132 mm	4×3	超差一处扣 2 分		
	7	2×ϕ8.5 mm，尺寸要求 92 mm	4×3	超差一处扣 2 分		
铰孔	8	ϕ20*H7*	5	误差在 0.03 内不扣分 超差 0.01 扣 1 分		
锪孔	9	4×ϕ5 mm、2×ϕ6.8 mm、2×ϕ8.5、2×ϕ14 mm 2×ϕ17.5 mm、ϕ20*H7*	1×13	超差一处扣 1 分		
安全文明生产	10	按达到规定的标准程度评定	6	违反有关安全生产规定扣 2～6 分		

思考与练习

1．试标注出图 2.72 中引线所指的钻头在工作时的各个面和刃的名称。

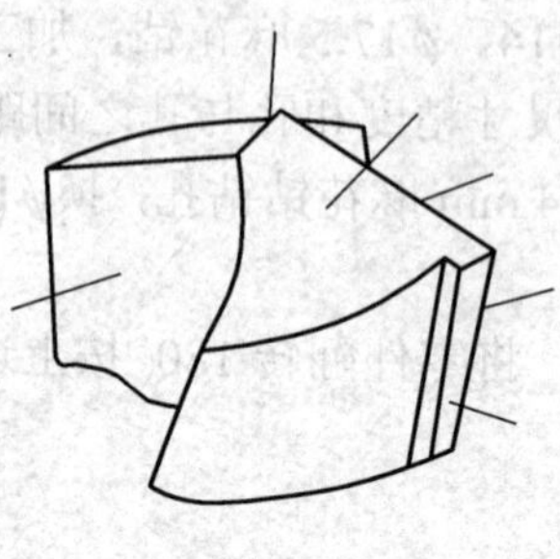

图 2.72

2．试指出图 2.73 所示钻头各个面、刃和角度的名称和位置。

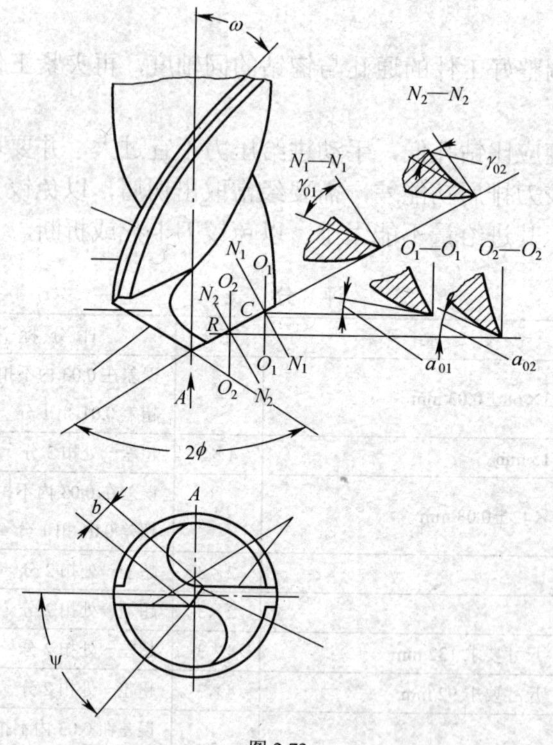

图 2.73

3．钻头用钝后，对其刃磨的部位和刃磨后必须作哪些方面的检查？

4．为什么要使麻花钻的钻心直径向柄部逐渐增大，而要将棱边磨成倒锥？

5．麻花钻的顶角大小对钻削工作有何影响？

6．麻花钻的前角、后角是怎样变化的？它对钻削工作有何影响？

7．麻花钻的横刃长度对钻削工作有何影响？标准麻花钻的横刃长度应为多少？

8．标准群钻最大的特点是什么？它有何意义？标准群钻与标准麻花钻有哪些不同？

9．为什么扩孔时的进给量可以比钻孔时大？

10．钻孔时，选择切削用量的基本原则是什么？

11．机铰刀和手铰刀的校准部分结构分别如何？为什么？

12．为什么手铰刀刀齿的齿距在圆周上不均匀分布？

13．铰孔时，为什么铰削余量不宜太大或太小？

14．怎样按铰孔尺寸来选用铰刀？

15．怎样解决锪孔时容易产生振痕的问题？

任务六 加工螺纹

活动一 加工内螺纹

用丝锥在圆孔内表面加工内螺纹的方法称为攻螺纹。

1．了解攻螺纹的工具

攻螺纹要用丝锥、铰杠和保险夹头等工具。

（1）丝锥

1）丝锥的结构 手用丝锥的构造如图 2.74 所示。丝锥由工作部分和柄部组成。工作部分包括切削部分和校准部分。

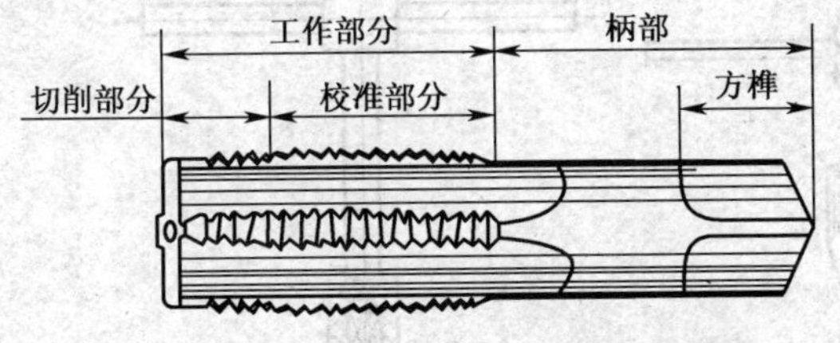

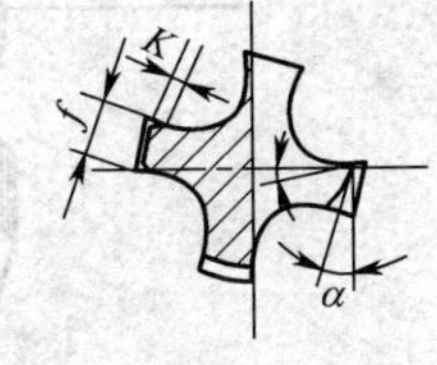

图 2.74 丝锥的构造

切削部分主要承担切削工作，切削部分沿轴向开有几条容屑槽，形成切削刃和前角，同时也能容纳切削，在切削部分前端磨出锥角，使切削负荷分布在几个刀齿上，这不仅可使工作省力，同时不易产生崩刃或折断，而且攻螺纹时引导作用较好，也保证了螺孔的表面粗糙度。

校准部分具有完整的齿形，用来校准已切出的螺纹，并引导丝锥沿轴向前进。丝锥校正部分有 0.05～0.12 mm/100 mm 的倒锥，以减小与螺孔的摩擦。

柄部有方榫，用来传递切削扭矩。

2）丝锥的类型 常用丝锥主要有手用丝锥、机用丝锥和管螺纹丝锥。手用丝锥如图 2.75

（a）所示，常用于单件小批生产及各种修配工作中。机用丝锥如图 2.75（b）所示，是装夹在机床上使用的。它的柄部除铣有方樟外，还割有一条环槽。管螺纹丝锥用于攻管螺纹，有圆柱形、圆锥形两种。

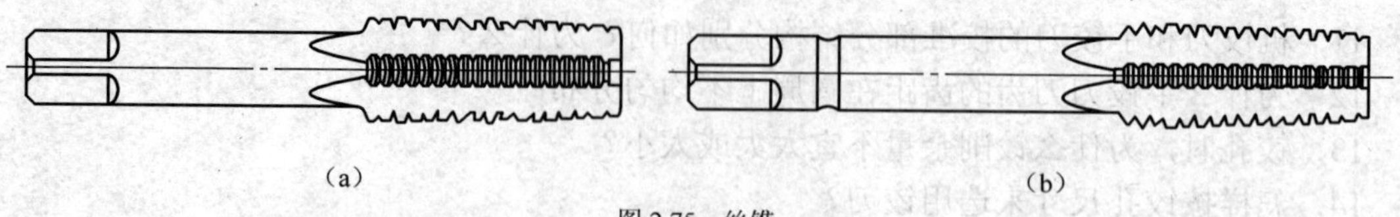

图 2.75　丝锥
（a）手用丝锥　（b）机用丝锥

机用丝锥也有两支一组。攻通孔螺纹时，一般都用切削部分较长的头锥一次攻出。只有攻不通孔螺纹时才用末锥再攻一次，以增加螺纹的有效长度。

（2）铰杠

铰杠是手工攻螺纹时，用来夹持丝锥柄部的方榫，带动丝锥旋转切削的工具。铰杠分普通铰杠和丁字形铰杠两类，如图 2.76、图 2.77 所示。每类铰杠又有固定铰杠和活络铰杠两种。

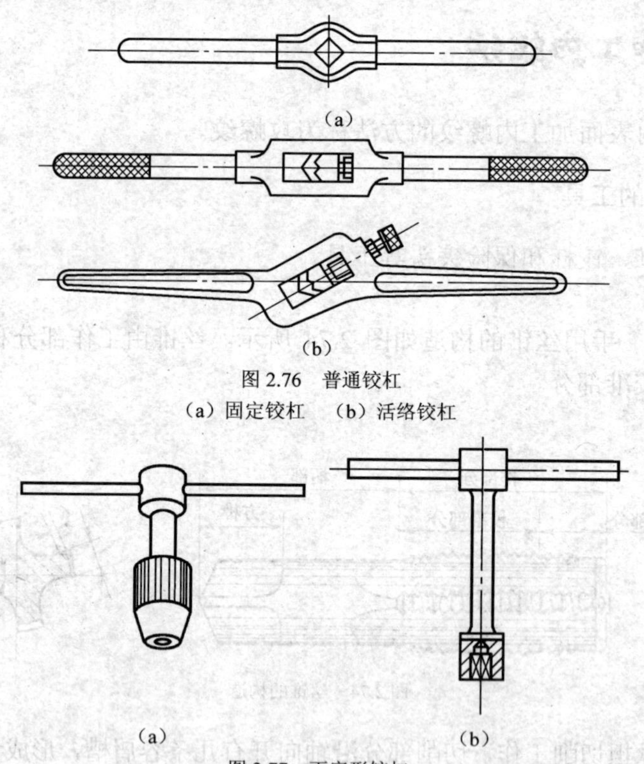

图 2.76　普通铰杠
（a）固定铰杠　（b）活络铰杠

（a）　（b）

图 2.77　丁字形铰杠
（a）可调节丁字铰杠　（b）固定丁字铰杠

常用的是活络铰杠，转动一端手柄，可调节方孔大小，以便夹持各种不同尺寸的丝锥，应用范围较广。

丁字形铰杠用于攻制带有台阶工件侧边的螺纹孔或攻制机体内部的螺纹。可调节丁字形铰杠下面的一个四爪弹簧夹头，一般用于夹持 M6 以下的丝锥。大尺寸的丁字形铰杠一般都是固定式的，它通常按实际需要制成专用的。

2．攻螺纹的操作方法

攻螺纹前首先应确定螺纹底孔直径和掌握正确的操作。

（1）螺纹底孔直径的确定

底孔直径的大小，应根据工件材料的塑性大小和钻孔的扩张量来考虑，使攻螺纹时既有足够的空间来容纳被挤出的金属材料，又能保证加工出的螺纹有完整的牙型。

在钢和塑性较大材料上攻制普通螺纹时，钻孔用钻头的直径应为

$$D_0 = D - P$$

式中：D——内螺纹大径（mm）；

P——螺距（mm）。

在铸铁和塑性较小的材料上攻制普通螺纹时，钻孔用钻头的直径为

$$D_0 = D-（1.05\sim1.1）P$$

例　在中碳钢和铸件的工件上，分别攻制 M14 的螺纹，求钻孔用的钻头直径分别是多少。

解：中碳钢属塑性较大材料，钻头的直径为 $D_0 = D - P =（14-2）\text{mm} = 12\text{ mm}$

铸铁属塑性较小的材料，钻头的直径为 $D_0 = D-（1.05\sim1.1）P =（14-1.1\times2）\text{mm} = 11.8\text{ mm}$

螺纹底孔的钻头直径也可在相关的表格中查得。

攻不通孔螺纹时，由于丝锥切削部分不能切出完整的螺纹牙形，为了保证螺孔的有效深度，所以钻孔深度一定要大于所需的螺孔深度。其计算为

$$钻孔深度 = 所需螺孔深度 + 0.7D$$

式中：D——螺纹大径（mm）。

（2）攻螺纹的操作要点

1）准备工作　攻螺纹前螺纹底孔口要倒角，使丝锥容易切入，并防止攻螺纹后孔口的螺纹崩裂。工件的装夹位置要正确，应尽量使螺孔中心线置于水平或垂直位置，其目的是攻螺纹时便于判断丝锥是否垂直于工件平面。

2）用头锥起攻螺纹　起攻时应把丝锥放正，用右手掌按住铰杠中部沿丝锥中心线用力加压，此时左手配合作顺向旋进；或两手握住铰杠两端平衡施加压力，并将丝锥顺向旋进，保持丝锥中心与孔中心线重合，不能歪斜，如图 2.78 所示。当切削部分切入工件 1～2 圈时，用目测或角尺检查和校正丝锥的位置，如图 2.79 所示。当切削部分全部切入工件时，应停止对丝锥施加压力，只须平稳的转动铰杠靠丝锥上的螺纹自然旋进。经常将丝锥反方向转动 1/2 圈左右，使切屑碎断后容易排出，避免切屑过长咬住丝锥。

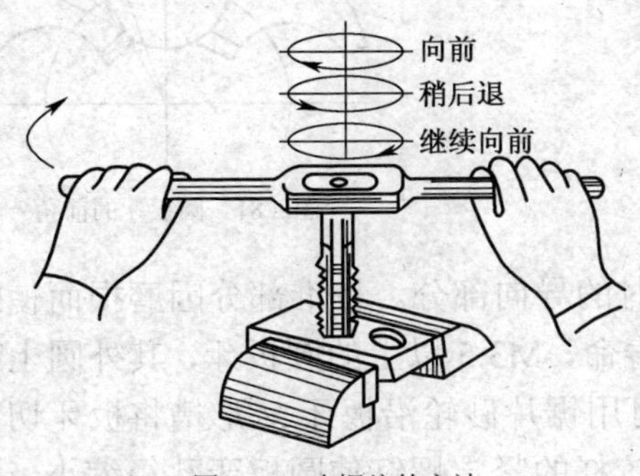

图 2.78　攻螺纹的方法

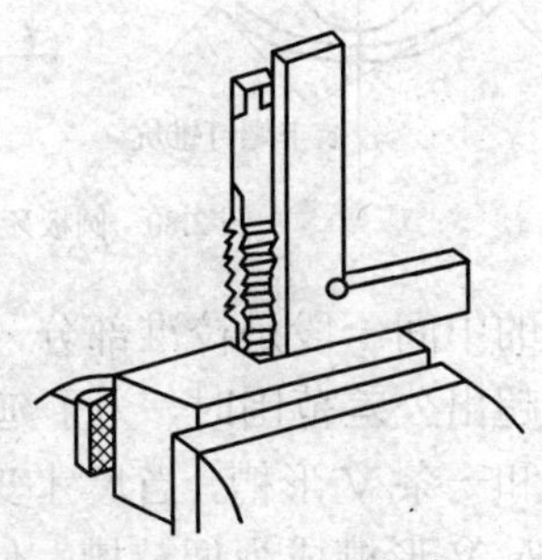
图 2.79　垂直度的检查

3）用二锥攻螺纹　先用手将丝锥旋入已攻出的螺孔中，直到用手旋不动时，再用铰杠进行攻螺纹，这样可以避免损坏已攻出的螺纹和防止烂牙。

4）攻不通孔螺纹　攻不通孔螺纹时，在丝锥上做好深度标记，经常退出丝锥，排除孔中的切屑。当将要攻到孔底时，更应及时排出孔底积屑，以免攻到孔底丝锥被轧住。

5）攻通孔螺纹　丝锥校准部分不应全部攻出头，否则会扩大或损坏孔口最后几牙螺纹。

6）退出丝锥　退出丝锥应先用铰杠带动螺纹平稳地反向转动，当能用手直接旋动丝锥时，应停止使用铰杠，以防铰杠带动丝锥退出时产生摇摆和振动，破坏螺纹表面粗糙度。

7）攻不同材料工件上的螺孔　在攻材料硬度较高的螺孔时，应头锥、二锥交替攻削，这样可减轻头锥切削部分的载荷，防止丝锥折断。攻塑性材料的螺孔时，要加切削液，以减少切削阻力和提高螺孔的表面质量，延长丝锥的使用寿命。一般用机油或浓度较大的乳化液，要求高的螺孔也可用菜油或二硫化钼等。

活动二　加工外螺纹

用板牙在圆杆或管子上切削加工外螺纹的方法称为套螺纹。

1．套螺纹的工具

（1）圆板牙

圆板牙是加工外螺纹的工具，由切削部分、校准部分和排屑孔组成。其外形像一个圆螺母，在它上面钻有几个排屑孔并形成切削刃，如图 2.80 所示。

圆板牙两端的锥角 2ϕ 部分是切削部分。切削部分不是圆锥面，而是经过铲磨而成的阿基米德螺旋面，形成后角 α =7°～9°。锥角的大小一般是 ϕ =20°～25°。圆板牙的前刀面为曲线形，因此，前角大小沿着切削刃而变化，在内径处前角 γ_d 最大，外径处前角 γ_{d0} 最小，如图 2.81 所示。一般 γ_d =8°～12°。圆板牙切削部分一端磨损后可换另一端使用。

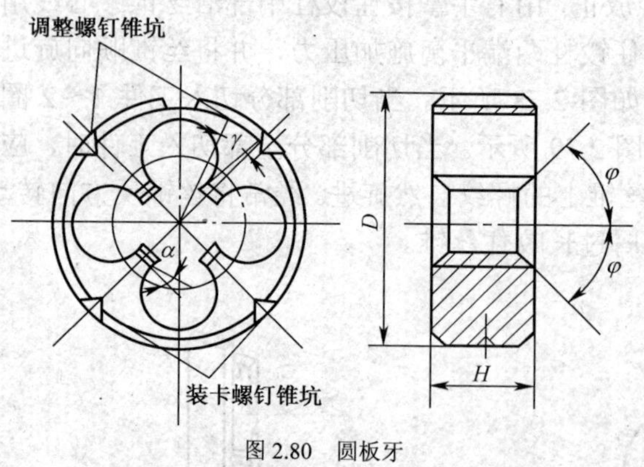

图 2.80　圆板牙

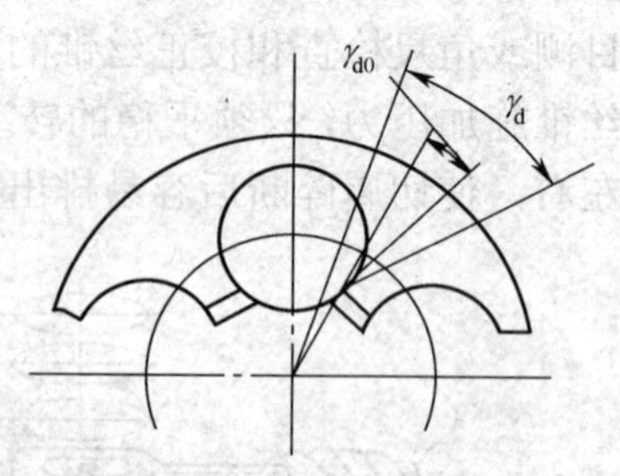

图 2.81　圆板牙的前角

板牙的中间一段是校准部分，也是套螺纹时的导向部分。校准部分因磨损而使螺纹尺寸变大以致超出公差范围时，为了延长牙的使用寿命，M3.5 以上的圆板牙，其外圆上有四个紧定螺钉坑和一条 V 形槽，当尺寸变大超差时，可用锯片砂轮沿板牙 V 形槽将板牙切割出一条通槽，此时 V 形槽成为调整槽。使用时可通过铰杠的紧定螺钉使圆板牙孔径缩小。由于受结

构的限制，螺纹孔径的调整量一般 0.10～0.25 mm。

板牙下面两个轴线通过板牙直径线的螺钉坑，是将圆板牙固定在铰杠中用来传递扭矩的。

（2）板牙铰杠

板牙铰杠是手工套螺纹时的辅助工具，如图 2.82 所示。

板牙铰杠的外圆旋有四个紧定螺钉和一个调松螺钉，使用时，紧定螺钉将板牙紧固在铰杠中，并传递套螺纹时的扭矩。当使用的圆板牙带有 V 形调整槽时，通过调节上面两个紧定螺钉和调整螺钉，可使板牙螺纹直径在一定范围内变动。

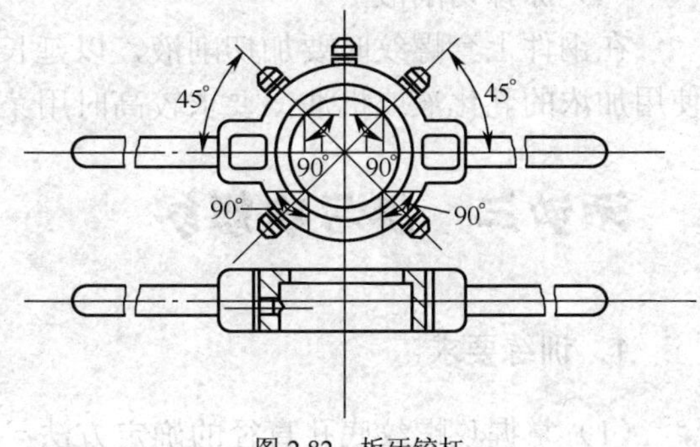

图 2.82 板牙铰杠

2. 套螺纹的方法

（1）圆杆直径的确定

与攻螺纹一样，用圆板牙在钢料上套螺纹时，材料同样受到挤压而变形，螺孔牙尖要被挤高一些，所以，圆杆直径应小于螺纹的大径（公称直径）。

圆杆直径可用下列公式计算

$$d_0=d-0.13P$$

式中：d——外螺纹的大径（mm）；

P——螺距（mm）。

例 在钢的圆杆上套 M16 螺纹，此时圆杆直径应为多少？

解：P =2 mm　　圆杆直径 d_0 =（16−0.13×2）=15.7 mm。

为了便于板牙对准工件和切入工件，圆杆端部倒角为 15°～20°如图 2.83 所示。锥体小端可以略小于螺纹小径，可避免出现锋口和卷边而影响螺母的拧入。

（2）圆杆的装夹

圆杆应装夹在用硬木制成的 V 形钳口或原铜板制成的衬垫中，如图 2.84 所示，并尽量靠近钳口。主要是因为套螺纹时，切削力矩很大，圆杆不易夹持牢固而出现偏斜和夹出痕迹。

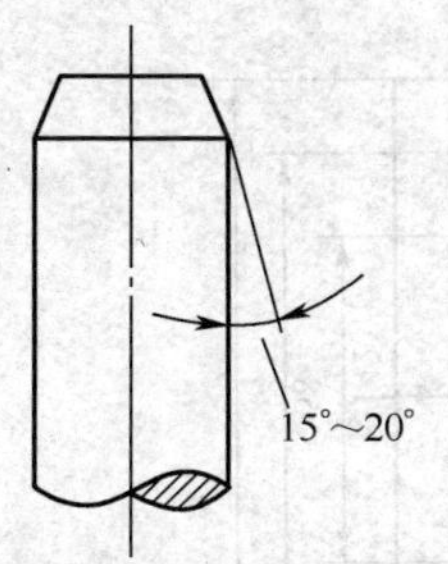

图 2.83 套螺纹时圆杆的倒角

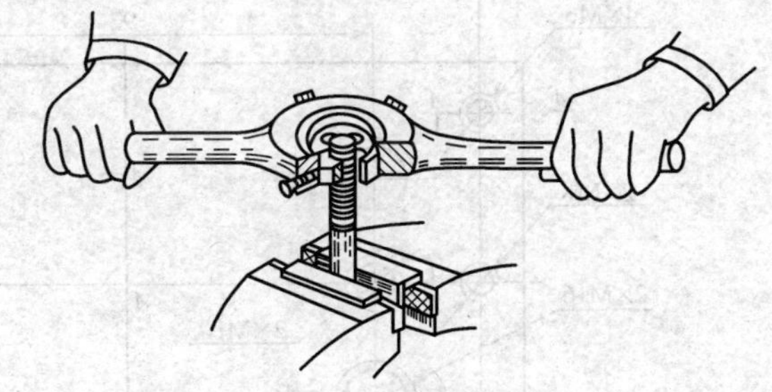

图 2.84 夹紧圆螺杆的方法

（3）套螺纹的操作

开始套螺纹时，应使板牙端面与圆杆垂直，右手握住板牙架中部适当施加压并转动铰杠。当板牙切入圆杆 1～2 圈时，应目测检查和校正板牙的位置。当板牙切入圆杆 3～4 圈时，应停止施加压力。而仅平稳地转动铰杠，靠板牙螺纹自然旋进套螺纹。套螺纹时应保持板牙端面与圆杆轴线垂直，避免套出的螺纹两面有深浅，甚至烂牙。为了避免切屑过长，套螺纹过程中板牙应经常倒转。

（4）涂抹切削液

在钢件上套螺纹时要加切削液，以延长板牙的使用寿命，减小螺纹的表面粗糙度。一般使用加浓的乳化液或机油，要求较高时用菜油或二硫化钼。

活动三　练习攻螺纹

1．训练要求

（1）掌握攻螺纹底孔直径的确定方法；

（2）掌握攻螺纹方法；

（3）掌握丝锥折断和攻螺纹中产生废品的原因和防止方法；

（4）提高麻花钻的刃磨技能。

2．使用的工具、量具

方箱、高度游标卡尺、样冲、麻花钻（ϕ5 mm，ϕ6.8 mm，ϕ8.5 mm，ϕ4 mm，ϕ7.5 mm）、90°圆锥锪钻、90°角尺、钢直尺、丝锥（M6、M8、M10、M16、M20）、铰杠。

3．工件图样

攻 M20 以下螺纹，如图 2.85 所示。

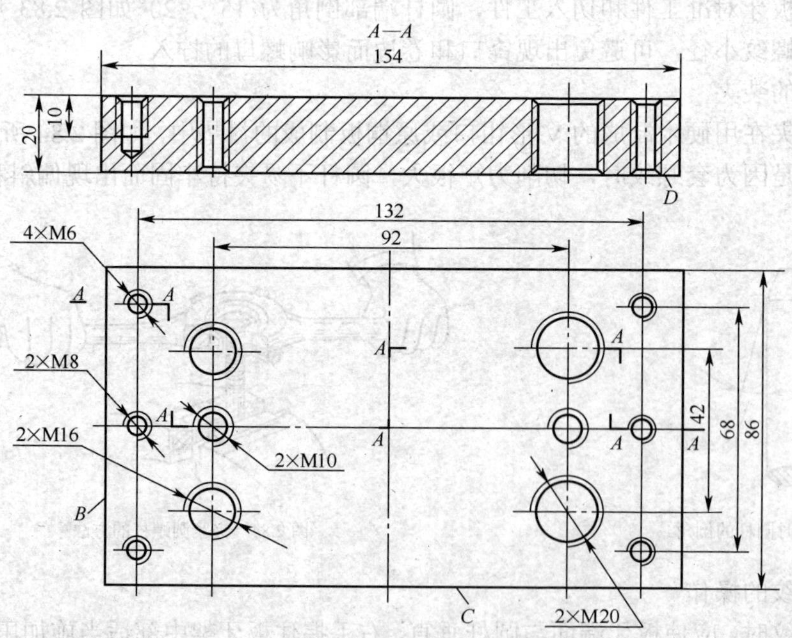

技术要求：1．螺纹没有明显歪斜；
2．材料 Q235。

图 2.85　攻螺纹练习

4．操作要领

（1）螺纹底孔直径要倒角，通孔倒两端，倒角直径要稍大于螺纹直径。

（2）工件的装夹位置要正确，使上、下两面处于水平位置，以便于判断丝锥轴线是否垂直于工件表面。

（3）开始攻螺纹时，要尽量把丝锥放正，然后对丝锥施加轴向压力，并转动铰杠。当切入 1～2 圈后，从前后、左右用 90° 角尺检查丝锥与工件平面是否垂直，并及时校正。

（4）丝锥切削部分旋入孔中后，就不要再施加轴向力，而靠丝锥旋进切削。此时，两手用力要均匀，每攻 1/2～1 圈时适当倒转 1/4～1/2 圈，使切屑碎断后易于排除。

（5）攻 M6 不通孔螺纹时，应在丝锥上做好深度标记，并适当退出丝锥，清除留在孔内的切屑。

（6）攻螺纹时应用全损耗系统用油或浓度大的乳化液（攻铸铁螺纹时用煤油）冷却润滑。

（7）攻完头锥改攻二锥时，要徒手将丝锥旋入已攻过的螺孔中，再套上铰杠攻，退出时，要避免快速转动铰杠。

（8）铰杠的长短和所攻螺纹的规格应相适应，不准攻小规格螺纹而选用长铰杠。

（9）丝锥用好后，应用防锈油将其擦拭干净，妥善保管。

（10）攻螺纹时常会出现螺纹烂牙、滑牙、螺纹歪斜、螺纹高度不够、丝锥崩牙或折断的问题，要会分析产生的原因，掌握处理方法，以便在练习中及时加以注意。

（11）严格执行企业安全文明生产规定，做到工作场地整洁，工具、工件、量具摆放整齐。

5．评分表

攻螺纹练习的评分表见表 2.7。

表 2.7　　评　分　表

项目	序号	考 核 要 求	配分	评 分 标 准	检测结果	得分
4×M6	1	（1）螺纹轴线不准有明显的偏斜 （2）不准烂牙 （3）不准滑牙 （4）螺纹表面粗糙度值为 R_a25 μm	90	（1）螺纹轴线有明显的偏斜不得分 （2）烂牙不得分 （3）滑牙不得分 （4）螺纹表面粗糙度超差不得分		
2×M8	2					
2×M10	3					
2×M16	4					
2×M20	5					
安全文明生产	6	遵守安全操作规程，正确使用工、量具，操作现场整洁	10	按达到规定的标准程度评定，一项不符合要求从总分中扣去 2～5 分，总扣分不得超过 10 分		
		安全用电，防火，无人身、设备事故		因违规操作发生重大人身或设备事故者，此题按零分计		
总分			100			

思考与练习

1．试述丝锥各组成部分的名称、结构特点及其作用。

2．试用计算法和查表法确定在钢料和铸铁上攻 M16 和 M12×1 螺纹前钻底孔的钻头直径。

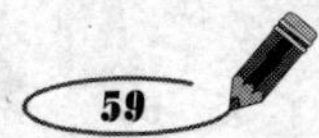

3．试述攻螺纹的操作要点。

4．丝锥用钝后可用手工刃磨什么部位？怎样刃磨？

5．套螺纹时圆杆上端倒角有何作用？套螺纹前圆杆直径是否等于螺纹大径？为什么？

6．套 M12 和 M16 螺纹时圆杆直径应为多少？

任务七　刮　　削

活动一　了解刮削和刮削工具

1．概述

用刮刀刮去工件表面薄层，从而达到工件精度要求的方法叫刮削。

刮削属于精加工。将工件与标准工具或与其配合的工件之间涂上一层显示剂，经过对研，使工件上较高的部位显示出来，然后用刮刀进行微量切削，刮去较高部位的金属层。刮削后的表面具有良好的平面度，表面粗糙度 R_a 值可达 1.6 μm 以下。刮削具有切削余量较小、切削力较小、产生热量少及装夹变形小等特点，但也存在劳动强度大、生产率低等缺点。

刮削常用于一般机械加工手段难以达到，必须采用刮削的方法来进行加工。如机床导轨和滑动轴承的接触面、工具和量具的接触面及密封表面等。

2．刮刀

刮刀是用以刮削的主要工具，刀头应具有较高的硬度，刃口必须保持锋利。一般多采用 T10A～T12A 或轴承钢锻制而成。并经刃磨和热处理淬硬。刮削硬工件时，也可焊上硬质合金刀头。

3．刮刀的种类

根据用途不同，刮刀可分为平面刮刀和曲面刮刀两大类。

（1）平面刮刀

平面刮刀如图 2.86（a）所示，主要用来刮削平面，如平板、工作台等。

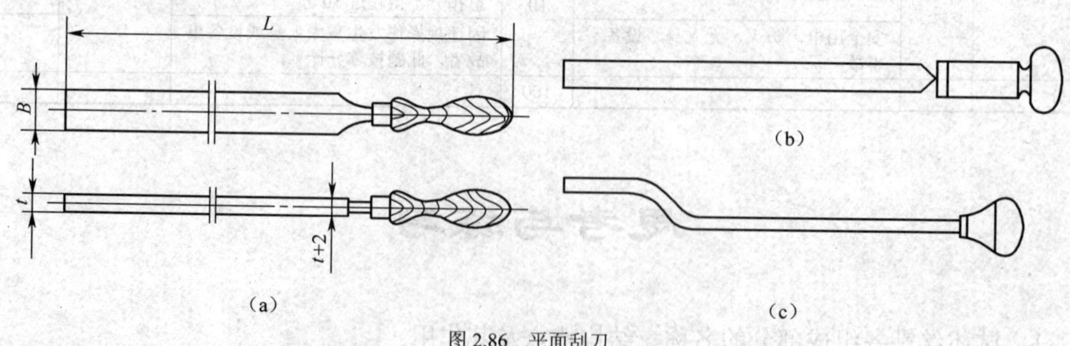

图 2.86　平面刮刀

（a）平面刮刀　（b）直头刮刀　（c）弯头刮刀

（2）曲面刮刀

曲面刮刀主要用来刮削内曲面，如滑动轴承的内孔等。曲面刮刀的种类较多，常用的有三角刮刀和蛇头刮刀两种，如图 2.87 所示。

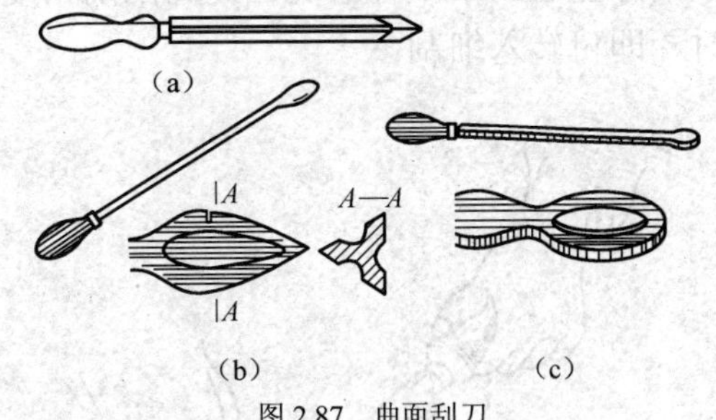

图 2.87 曲面刮刀

（a）三角刮刀 （b）三角刮刀 （c）蛇头刮刀

三角刮刀断面为三角形，其三条尖棱就是三个成弧形的切削刃。在三个面上有三条凹槽，刃磨时用来存油并减少刃磨面积。常用于刮削曲面及去除毛刺等，用途较广。

蛇头刮刀刀头部具有四个带圆弧形的切削刃，两平面内边磨有凹槽。这种刮刀，可利用两个圆弧切削刃交替刮削内曲面，由于楔角较大，刮削时不易产生振动，开出的凹槽便于修磨，故常用于刮削轴瓦、轴套，使用方便、灵活，刮削效果较好。

活动二 刮削平面

1．刮削前的准备工作

（1）放稳工件

对于刚性好、质量大、面积大的工件（如机器底座、大型平板等），应该用垫铁三点支承；对于细长易变形工件，可用垫铁两点支承。工件刮削面位置的高低要方便操作，便于发挥力量。

（2）刮削工具的准备

根据刮削要求应准备所需的粗、细、精刮刀及校准工具和有关量具等。

2．平面刮削方法

（1）平面刮削的姿势

1）手刮法　手刮的姿势，如图 2.88 所示，刮削时右手握刀柄，左手四指向下倦曲握住刮刀离刃部约 50 mm 处，刮刀和刮面成 25°～30°角。左脚向前跨一步，上身随着推刮而向前倾斜，以增加左手压力，以便于看清刮刀前面的研点情况。右手利用上身摆动使刮刀向前推进，左手下压，引导刮刀前进，当推进到所需距离后，左手迅速提起，这样就完成了一个手刮动作。这种刮削方法动作灵活、适应性强，应用于各种工作位置，对刮刀长度要求不太严格，姿势可合理掌握，但手较易疲劳，故不宜在加工余量较大的场合采用。

2）挺刮法　挺刮的姿势，如图 2.89 所示，刮削时将刮刀柄放在小腹右下侧，双手握住刀身，左手在前，握于距切削刃约 80 mm 处，右手在后；切削刃对准研点，左手下压，利用腿部和臀部力量将刮刀向前推进。当推进到所需距离后，用双手迅速将刮刀提起，这样就完成了一个挺刮动作。由于挺刮法用下腹肌肉施力，每刀切削量较大，所以适合大余量的刮削，工作效率较高，但需要弯曲身体操作，腰部易疲劳。

（2）平面刮削的步骤

1）粗刮　粗刮是用粗刮刀在刮削面上均匀地铲去一层较厚的金属，使其很快去除刀痕、锈斑或过多的余量。刮削时采用连续推铲方法，刀迹宽度为刮刀宽度的 1/2～3/4，连成长片，纹路交叉。整个刮削面上要均匀地刮削，不能出现中间低，边缘高的现象，如果刮削面有平行度要求时，刮削前应先测量一下，根据前道加工所遗留的误差情况，进行不同量的刮削，以消除显著的不平行情况，提高刮削精度。当刮到每 25 mm×25 mm 方框内有 4～6 个研点时，即可转入细刮。

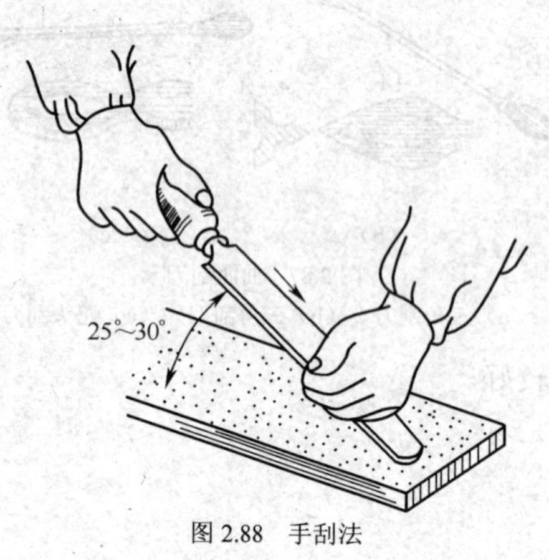

图 2.88　手刮法

图 2.89　挺刮法

2）细刮　细刮是在粗刮基础上，将大块稀疏的刮点刮削成较细密分布均匀的研点。细刮时，采用短刮法，刀迹宽度为刮刀宽度的 1/3～1/2，长度约为刮刀宽度，随着研点的增多刀迹逐步缩短。在刮第一遍时，须保持一定方向，刮第二遍时要交叉刮削，形成 45°～60°的网纹，以消除原方向的刀迹，达到精度要求。当整个刮削面上，在每 25 mm×25 mm 内出现 8～12 个研点时，即可进行精刮。

3）精刮　精刮是在细刮的基础上增加研点和提高刮削面的表面质量。精刮时用精刮刀采用点刮法，刀迹的长度和宽度均小于 5 mm，若刮面越狭小，精度要求就越高，刀迹则越短。刮削时，落刀要轻，起刀要迅速挑起，在每个研点只能刮一刀，不应重复，并始终交叉地进行刮削。当研点逐渐增加到精刮要求时，即可分三类区别对待。最大最亮的研点全部刮去；中等研点在其顶点刮去一小片；小研点留着不刮。在刮到最后两三遍时，交叉刀迹应大小一致，排列整齐，美观。精刮要求的研点数达到每 25 mm×25 mm 内出现 20 个研点以上。

4）刮花　刮花是在刮削面上用精刮刀刮出装饰性花纹，以增加刮削面的美观，并能使滑动件之间造成良好的润滑条件。同时，还可以根据花纹的消失情况来判断平面的磨损程度。常见的花纹有斜纹花、鱼鳞花和半月花三种，如图 2.90 所示。此外，还有其他多种花纹可根据需要，自行设计、刮出。

（a）

（b）

a k b c d e f g

（c）

图 2.90　刮花的花纹

（a）叙纹花　（b）鱼鳞花　（c）斗月花

3．原始平板的刮削方法

校准平板是检验、划线及刮削中的基本工具，要求非常精密。刮削平板可以用已有的校准平板作基准，进行研点刮削。如果没有校准平板，则可用三块平板按一定的互研互刮的方法，刮成的精密平板称为原始平板。刮削原始平板要经过正研和对角研两个步骤进行，如图2.91所示。

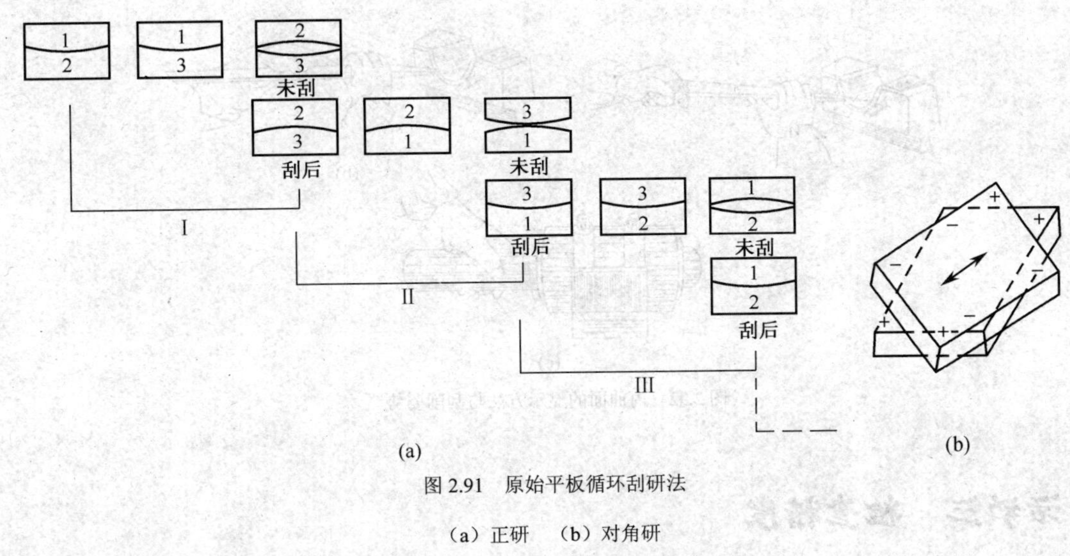

图2.91 原始平板循环刮研法

（a）正研 （b）对角研

（1）正研

如图2.91（a）所示，先将三块平板单独进行粗刮，去除机械加工的刀痕和锈斑等。然后将原始平板分别编号为1、2、3，采用1与2、1与3、3与2合研。

1）一次循环 以1为过渡基准；1与2互研互刮，至贴合。再将3与1互研，单刮3使3与1贴合。然后2与3互研互刮，至贴合。此时2与3的平直度略有改进。

2）二次循环 在上一循环基础上，按顺序以2为过渡基准，1与2互研，单刮1，然后3与1互研互刮至全部贴合，这样平直度又有所提高。

3）三次循环 在上一循环基础上按顺序以3为过渡基准，2与3互研，单刮2，然后1与2互研互刮至全部贴合，则1与2的平直度进一步提高。

重复上述三个顺序依次循环进行刮削，循环次数越多则平板的平直度越高，直到三块平板中任取两块对研，显点基本一致，即在每25 mm×25 mm内达到12个研点左右，正研即告完成。

（2）对角研

在正研过程中出现三块平板的对角位置上有扭曲现象，这种现象是因为两块平板互研时，高处（+）正好和低处（−）重合造成的。而且越刮扭曲越严重。为此平板在正研后需要进行对角研，如图2.91（b）所示。直至研点分布均匀和消除扭曲，使三块平板相互之间，无论是正研、对角研，调头研，研点情况完全相同，研点数符合要求为止。

4．曲面刮削方法

曲面刮削一般是指内曲面刮削。如对于某些要求较高的滑动轴承的轴瓦、衬套等为了得到良好的配合也要进行刮削。内曲面的刮削姿势有两种，如图 2.92（a）、（b）所示。

内曲面刮削时，应根据形状和刮削要求，选择合适的刮刀和显点方法。一般是以标准轴（也称工艺轴）或与其相配合的轴作为内曲面研点的校准工具。研合时将显示剂涂在轴的圆周上，使轴在内曲面中旋转显示研点，如图 2.92（c）所示，然后根据研点进行刮削。如用三角刮刀刮削轴瓦，研点的方法是在轴上涂色，然后用其与轴瓦配研。刮削还能使工件表面和整机增加美观。

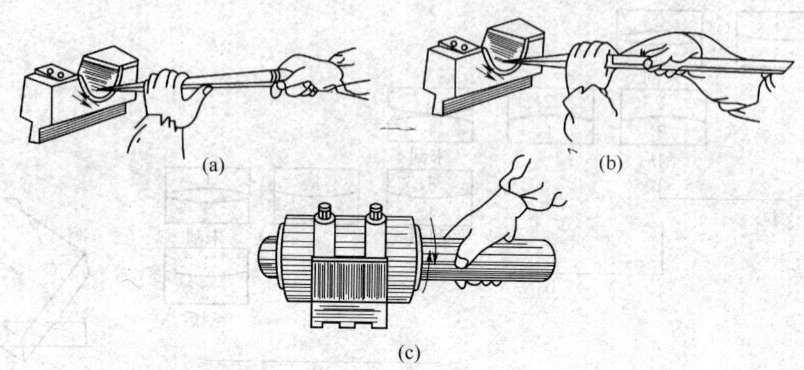

图 2.92　内曲面的显示方法与刮削姿势

活动三　检查精度

刮削表面的精度通常是以研点法来检验的。将工件刮削表面擦净，均匀涂上一层很薄的显示剂，然后与校准工具相配研。工件表面上的凸起点经配研后被磨去显示剂而显出亮点（即贴合点），可用贴合点的数量与分布稀疏程度来表示刮削表面的精度。

1．显示剂

（1）显示剂的种类

常用的显示剂有红丹粉和蓝油。红丹粉成分为氧化铁或氧化铅，使用时加机油调和而成。前者呈紫红色，后者呈橘黄色。红丹粉显点清晰，没有反光，广泛用于铸铁件和钢件。蓝油由蓝色加蓖麻油调和而成，呈深蓝色。研点小而清楚，多用于精密工件和有色金属及其合金的工件。

（2）显示剂的使用

刮削时，显示剂可涂在工件上或涂在标准研具上。精刮时显示剂涂在工件上，呈红底黑点，没有闪光，容易看清。粗刮时涂在标准研具上，铁屑不易粘在刀口上，刮削比较方便。但显点呈灰白底，黑红色点子，有闪光，不易看清楚。

调和显示剂时应注意：粗刮时，显示剂可调得稀一些，以便于涂抹，涂层可厚些，显示的研点也大；精刮时，应调得稠一些，涂层应薄而均匀，使显示出的点子细小而清晰。当刮削到即将符合要求时，显示剂涂层应更薄，只把工件上在刮削后的剩余显示剂涂抹均匀即可。

2．校准工具

校准工具是用来合磨研点和检验刮削面准确性的工具。常用的有标准平板、校准直尺、

角度直尺等几种。标准平板主要用来检验较宽的平面，选用时，它的面积一般应不大于刮削面的 3/4。它的结构和形状如图 2.93 所示。校准直尺主要用来检验狭长的平面，如图 2.94（a）、（b）所示。角度直尺主要用来校验两个刮面成角度的组合平面，如燕尾导轨的角度等，其结构和形状如图 2.94（c）所示。

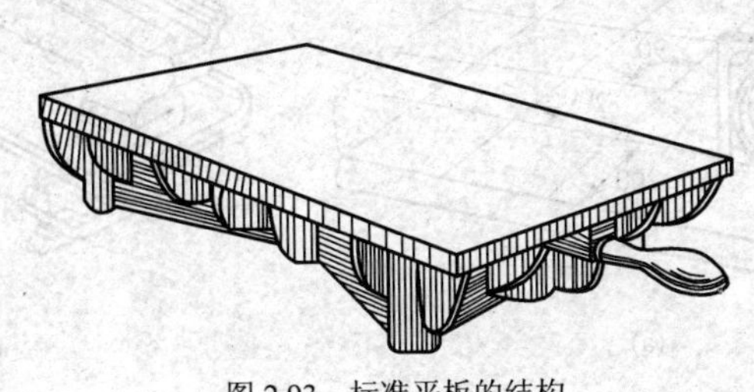

图 2.93 标准平板的结构

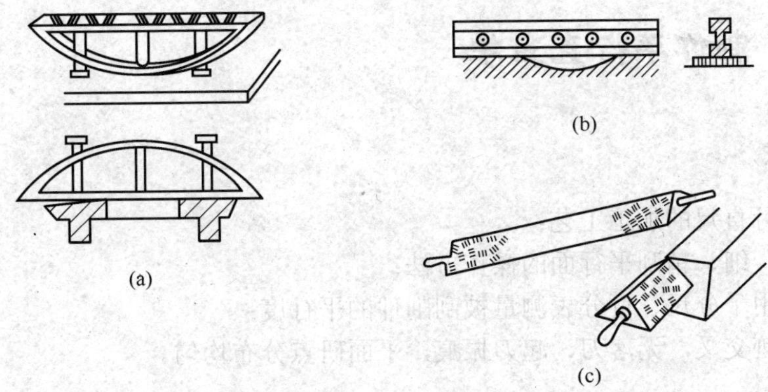

图 2.94 校准直尺和角度直尺

（a）桥式直尺 （b）工字形直尺 （c）角度直尺

各种直尺不用时，应将其吊起。不便吊起的应安放平整，以防变形。

检验各种曲面时，多数是用与其相配合的零件作为校准工具。如齿轮和蜗轮的齿面，则用与宰相啮合的齿轮和蜗杆作为校准工具。

3．刮削精度的检查

对刮削面的质量要求，一般包括形状和位置精度、尺寸精度、接触精度及贴合程度、表面粗糙度等。根据工件的工作要求不同，检查刮削精度的方法主要有下列两种。

（1）用贴合点的数目表示

刮削表面的精度是即以边长为 25 mm×25 mm 的正方形内含研点数目与分布稀疏程度来表示，如图 2.95 所示。普通机床导轨面为 8～10 点，精密机床导轨面为 12～15 点。

图 2.95 用方框检查研点

（2）用允许的平面度和直线度表示

工件大范围平面内的平面度以及机床导轨面的直线度等，可用方框水平仪检查，如图 2.96 所示。精度较低的机件，其配合面的精度可用塞尺来检查。

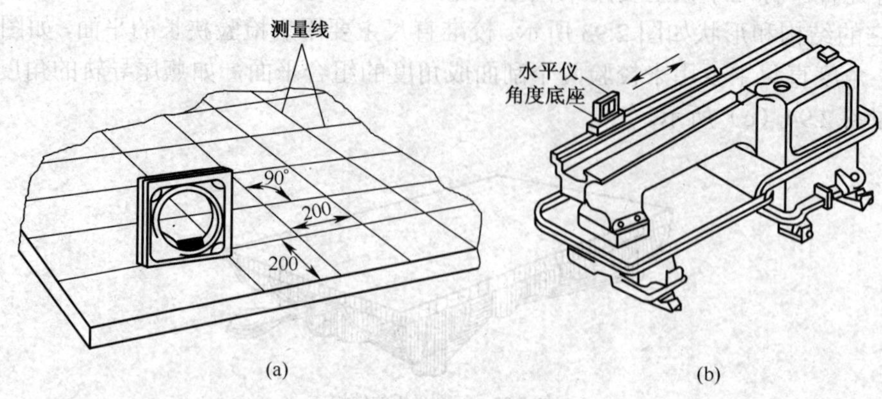

图 2.96 用水平仪检查精度

（a）检查平面度 （b）检查直线度

活动四 制作平行直角块

1．训练要求

（1）懂得平行直尺的加工工艺；
（2）掌握粗、细、精刮平行面的操作方法；
（3）学会应用千分尺、百分表测量被刮削件的平行度；
（4）要求刀迹交叉，无落刀、起刀振痕，平面研点分布均匀。

2．使用的刀具、量具和辅助工具

平行刮刀、千分尺、百分表、校准平板、显示剂等。

3．工件图样

工件图样如图 2.97 所示。

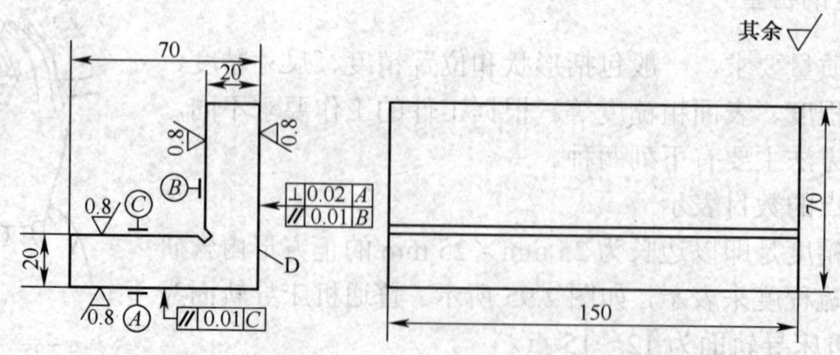

图 2.97 平行直角块

4. 参考步骤

（1）检查来料尺寸和各面的位置误差，各棱边倒角 C1。

（2）确定 *A* 面为基准面，对其进行粗刮、细刮、精刮。

粗刮采用连续推铲刮削，达到 2～3 点/25 mm×25 mm 要求。细刮采用短刮法，第二遍刮削时要交叉刮削，达到 12～15 点/25 mm×25 mm 要求。精刮采用点刮法，刀迹长度约 5 mm，始终交叉刮削，达 18 点/25 mm×25 mm 以上的要求。

（3）刮削与 *A* 面垂直的 *D* 面

刮削前，首先用百分表测量其对基准面的垂直度误差，确定刮削量。在保证达到平面度的同时，粗刮达到垂直度和研点数要求后转入细刮，此时结合千分尺进行垂直度测量，以作必要的修正。精刮后垂直度达 0.01 mm，研点数达 20 点/25 mm×25 mm 以上。

（4）刮削与 *A* 面平行的 *C* 面

首先用百分表测量其对基准面的平行度误差，确定刮削量。在保证达到平面度的同时，粗刮达到平行度和研点数要求后转入细刮，此时结合千分尺进行平行度测量，以作必要的修正。精刮后平行度达 0.02 mm，研点数达 20 点/25 mm×25 mm 以上。

（5）刮削与 *D* 面平行的 *B* 面

首先用百分表测量其对基准面 *A* 的垂直度误差，对 *D* 面的平行度误差，确定刮削量。在保证达到平面度的同时，粗刮达到垂直度、平行度和研点数要求后转入细刮，此时结合千分尺进行垂直度、平行度测量，以作必要的修正。精刮后垂直度达 0.01 mm，平行度达 0.02 mm，研点数达 20 点 25 mm×25 mm 以上。

（6）全面复检修整、送验，评分细则见表 2.8。

5. 注意事项

（1）刮削姿势要正确，重视粗、细、精刮刀的刃磨和修磨。

（2）不要因为接触点不均匀，就在研点时不适当的增加局部压力，使显点不正确。有时为了工件显点正确，可在工件上压一个适当的重物，采取自重力研点，保证研点的准确性。

（3）粗刮时一般要刮去较多的金属，所以刮削要有力，每刀刮削量要大，不可在平板还没达到粗刮要求的情况下，过早地转入细刮。

（4）要掌握好接触显点的分布误差与平行度误差，防止刮削修正的盲目性和片面性。

（5）刮削第二面时要考虑到第一面，避免修正某部位时只注意到平面度而影响到平行度、垂直度的误差。

（6）掌握好从粗刮到精刮的过渡，以提高刮削效率。

（7）测量时要认真细致，测量面和被测表面必须擦拭干净，保证测量的可靠性和准确性。

表 2.8　　　　评　分　表

项　　目	序号	考 核 要 求	配分	评 分 标 准	检测结果	得分
两相邻平面的垂直度	1	1．垂直度误差±0.01 mm	20	1．垂直度误差每超差±5′扣 5 分；超差±20′扣 20 分		
两平行平面的平行度	2	2．平行度误差 0.02 mm	20	2．平行度误差每超差 0.01 mm 扣 10 分；超差 0.02 扣 20 分		

续表

项　目	序号	考核要求	配分	评分标准	检测结果	得分
刮削平面的显点数	3	3．每 25 mm×25 mm 面积内显点数不少于 20 点	20	3．显点数在 15～20 点者扣 10 分；在 10～15 点者扣 15～20 分		
刮削面表面粗糙度	4	4．表面粗糙度要求在 R_a0.8 μm	10	4．表面粗糙度在 R_a0.8～1.6 μm 内扣 5 分；大于 R_a1.6 μm 扣 10 分		
刮削姿势和刮削方法	5	5．刮削姿势正确，刮削方法合理	10	5．刮削姿势不正确扣 1～5 分，刮削方法不合理扣 1～5 分		
刮刀刃磨	6	6．刮刀几何角度正确，表面粗糙度较细	10	6．刮刀几何角度不正确扣 1～5 分，刮刀表面粗糙度较粗扣 1～5 分		
安全文明生产	7	按达到规定的标准程度评定	10	违反有关安全生产规定扣 2～10 分		

思考与练习

1．什么叫刮削？刮削有何特点？刮削后的工件表面又具有什么特点？
2．刮刀有几种？各有什么特点？
3．在刮削平面时，什么是粗刮、细刮和精刮？
4．刮花的作用是什么？常见的花纹有哪几种？
5．用示意图表示并说明原始平板的刮削过程。
6．说明原始平板正研刮削的方法及产生扭曲的原因，应用什么方法来消除。
7．什么叫显示剂？刮削质量要求有哪些？接触精度如何检验？

任务八　研　　磨

活动一　了解研磨和研磨工具

1．研磨

使用研具和研磨剂，从工件表面上去除一层极薄的金属，使工件达到精确的尺寸、准确的几何形状和很小的表面粗糙度值。这种精加工方法称为研磨。研磨是一种微量的金属切削运动，它包含着物理和化学的综合作用。

（1）研磨的特点

1）得到较小的表面粗糙度　经过研磨加工后的表面粗糙度最小，一般情况表面粗糙度为 R_a0.1～1.6 μm，最小可达到 R_a0.012 μm。

2）达到精确的尺寸 通过研磨后的工件，尺寸精度可达到 0.001～0.005 mm。

3）提高工件的形位精度 工件在一般机械加工方法中产生的形状误差，可以通过研磨的方法来校正。经研磨后的工件，形位误差可小于 0.005 mm。

4）延长工件使用寿命 由于经过研磨后的工件，表面粗糙度值很小，形状准确，所以工件的耐蚀性、抗腐蚀能力和抗疲劳强度也相应得到提高，从而延长了零件的使用寿命。

（2）研磨的余量

研磨的切削量很小，一般每研磨一遍所能磨去的金属层不超过 0.002 mm，研磨余量不能太大，否则会使研磨时间增加而缩短研磨工具的使用寿命。通常研磨余量在 0.005～0.03 mm 范围内比较适宜。

2．研磨剂

研磨剂是由磨料和研磨液调和而成的混合剂。

（1）磨料

磨料在研磨中起切削作用，应根据工件的材料和加工要求来选择。粗研钢件或铸铁件时，可用棕刚玉或白刚玉，精研时可用氧化铬。粗研硬质合金时应选用绿色碳化硅，精研时最好采用金刚石磨料。

（2）研磨液

研磨液在研磨中起调和磨料、冷却和润滑的作用。常用的研磨液有煤油、汽油、L-AN15 全损耗系统用油等，经调和而成。另外根据需要加入适量的石蜡、油酸、硬脂酸等，可提高研磨效果。

3．研磨工具

研磨工具是研磨加工中保证被研零件几何精度的重要因素，因此对研具的材料、精度和粗糙度都有较高的要求。

（1）研具的材料

研磨工具的材料应比工件软，使磨料能嵌入研具，材料的组织要细密而均匀，并有较好的耐磨性。

常用的研具材料有灰铸铁、球墨铸铁、低碳钢和铜。灰铸铁具有润滑性能好、耐磨、研磨效果较好等优点，故应用广泛。球墨铸铁比灰铸铁更容易嵌存磨粒。能增加研具的耐用度，精度保持性更好。低碳钢的韧性较好，不易折断，常用来做小型的研具。铜的性质较软，表面容易被磨料嵌入，适用于研磨低碳钢工件。

（2）研具的类型

1）研磨平板 如图 2.98 所示，主要用来研磨平面，如块规、精密量具的测量面等。它分有槽的和光滑的两种。有槽的用于粗研，研磨时易于将工件压平，防止将工件磨成凸起的弧面。精研时，则应在光滑的平板上进行。

2）研磨环 如图 2.99 所示，主要用来研磨外圆柱表面。

3）研磨棒 如图 2.100 所示，主要用来研磨圆柱孔。带槽研磨棒用于粗研，光滑研磨棒用于精研。多用于单件研磨或机修中。可调式研磨棒能在一定的尺寸范围内进行调整，适用于成批生产中工件孔位的研磨。

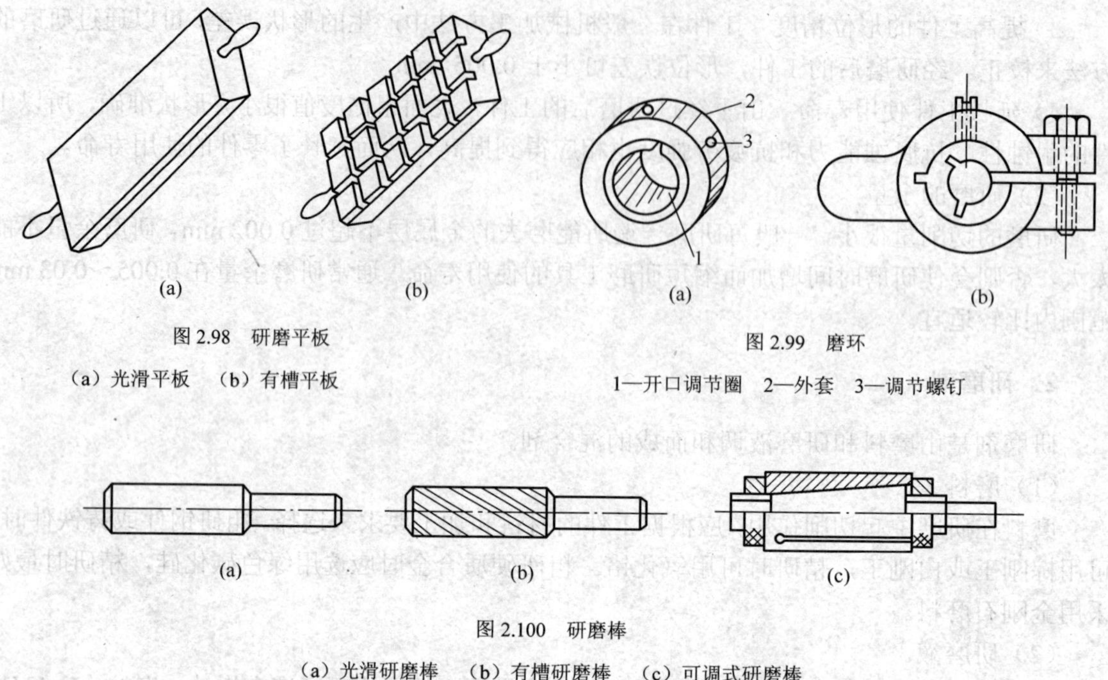

图 2.98　研磨平板

（a）光滑平板　（b）有槽平板

图 2.99　磨环

1—开口调节圈　2—外套　3—调节螺钉

图 2.100　研磨棒

（a）光滑研磨棒　（b）有槽研磨棒　（c）可调式研磨棒

活动二　研磨平面

研磨分手工研磨和机械研磨两种。手工研磨时，要使工件表面各处都受到均匀的切削，应合理选择运动轨迹，这对提高研磨效率、工件表面质量和研具的耐用度都有直接的影响。

1．研磨的运动轨迹

为了使工件能达到理想的研磨效果，并保持研具的均匀磨损，根据工件的不同形状，采用不同的研磨运动轨迹。下面介绍几种研磨平面的运动轨迹。

（1）直线研磨运动轨迹　如图 2.101（a）所示。

这种运动轨迹研磨由于不能相互交叉，容易直线重叠，使工件难以获得很小的表面粗糙度值，但可获得较高的几何精度，故常用于有阶台的狭长面上的研磨。

（2）摆动式直线研磨运动轨迹　如图 2.101（b）所示。

这种运动轨迹研磨是在作横向直线往复移动的同时，工件作前后摆动。如研磨刀形直尺、样板角尺侧面的圆弧时，由于主要是要求平直度，采用这种轨迹研磨可使研磨表面的直线度得到保证。

（3）螺旋形研磨运动轨迹　如图 2.101（c）所示。

这种运动轨迹研磨能获得较高的平面度和很小的表面粗糙度值。适于圆片或圆柱形工件端面等的研磨。

（4）8 字形或仿 8 字形研磨运动轨迹　如图 2.101（d）所示。

这种运动轨迹研磨能使研磨表面保持均匀接触，有利于提高工件的研磨质量，使研具均匀磨损。适于小平面工件的研磨和研磨平板的修整。

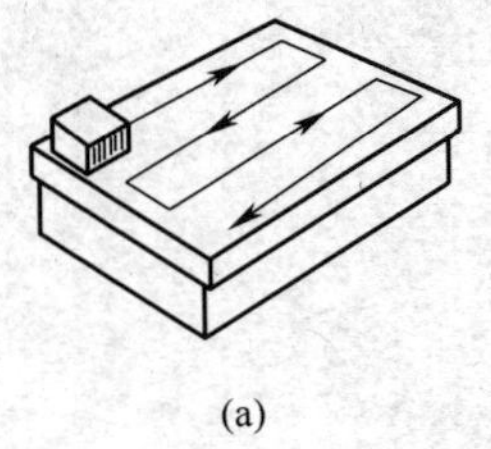

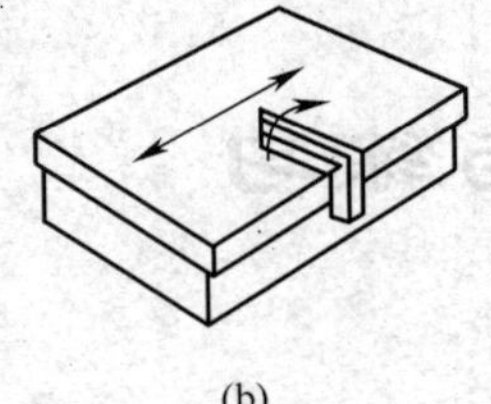

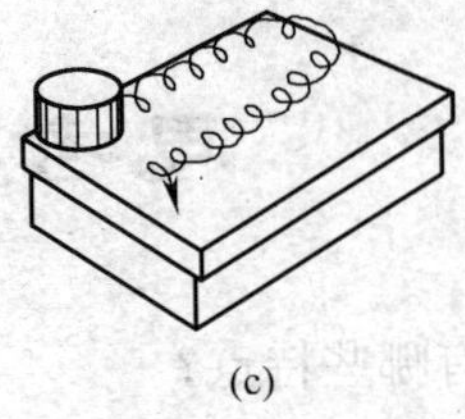

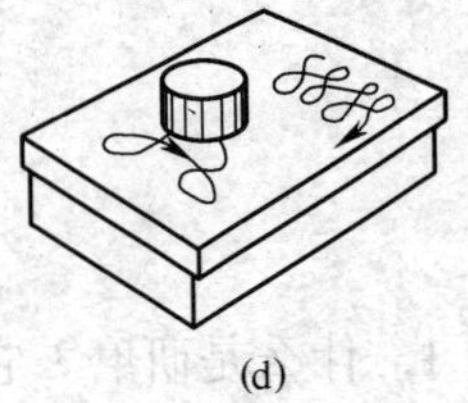

(a) (b) (c) (d)

图 2.101 研磨平面的运动轨迹

（a）直线 （b）直线摆动 （c）螺旋形 （d）8 字形

2. 研磨速度和压力

粗研时，压力以（1～2）×10^5Pa，速度以 50 次/分左右为宜；精研时，压力以（1～5）×10^4Pa，速度以 30 次/分左右为宜。对较小的硬工件或粗研时，可用较大的压力、较低的速度进行研磨。工件自身太重或接触面较大，为减小研磨时的推力，可加些润滑油或硬脂酸起润滑作用。在研磨中，应防止工件发热。若稍有发热，应立即暂停研磨，特别是薄壁和壁厚不均匀的工件，更易发生变形，而影响研磨精度。

活动三 研磨外圆柱面

圆柱面的研磨一般都采用手工与机床互相配合的方式进行研磨。

研磨外圆柱面一般是在车床或钻床上用研磨环对工件进行研磨。研磨环的内径应比工件的外径略大 0.025～0.05 mm，研磨环的长度一般为其孔径的 1～2 倍。

外圆柱在研磨时，工件可由车床或钻床带动。在工件上均匀地涂上研磨剂，套上研磨环并调整好研磨间隙（其松紧程度，应以用力能转动为宜）。通过工件的旋转运动和研磨环在工件上沿轴线方向作往返运动进行研磨，如图 2.102 所示。一般工件的转速在直径小于 80 mm 时为 100 r/min，直径大于 100 mm 时为 50 r/min。研磨环往复运动的速度，要根据工件上出现的网纹来控制，如图 2.103 所示，当往复运动的速度适当时，工件上研磨出来的网纹成 45°交叉线；太快了，网纹与工件轴线夹角较小；太慢了，网纹与工件轴线夹角就较大。

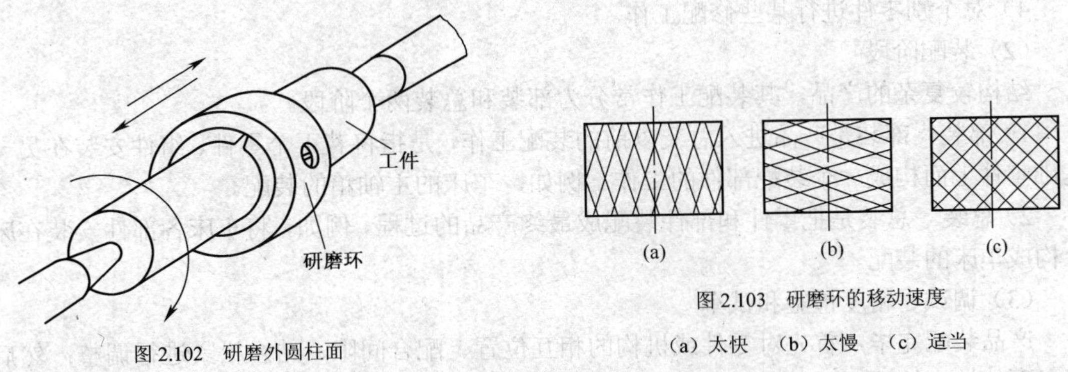

图 2.102 研磨外圆柱面

图 2.103 研磨环的移动速度

（a）太快 （b）太慢 （c）适当

在研磨过程中，由于上道工序的加工误差而造成工件直径大小不一致时，可在直径大的部位多研磨几次，一直到工件的直径尺寸相同为止。研磨一段时间后，应将工件调头再研磨，这样能使工件容易得到准确的几何形状，同时，研磨环的磨损也比较均匀。

思考与练习

1．什么是研磨？它有哪些特点？

2．磨料在研磨中作用是什么？

3．对研具材料有什么要求？常用研具材料有哪几种？各在什么场合应用？

4．用简图表示手工研磨运动轨迹的形式，并说明其应用场合。

5．在研磨过程中，研磨的压力和研磨速度对研磨的质量和效率有什么影响？如何选择？

任务九　装　配

活动一　认识装配工艺

装配是在生产过程中，按照一定的精度标准和技术要求，将若干零件结合成部件或将若干零件和部件结合成产品的工艺过程。

1．装配的工艺过程

（1）装配前的准备

1）研究和熟悉产品装配图及技术要求，了解产品结构及零件作用和相互连接的关系，并对装配零部件的品种及其数量加以检查。

2）确定装配方法、程序和所需要的工具；

3）领取零件并对零件进行清理、清洗（去掉零件上的毛刺、锈蚀、切屑、油污及其他脏物），涂防护润滑油；

4）对个别零件进行某些修配工作。

（2）装配阶段

结构较复杂的产品，其装配工作常分为部装和总装两个阶段。

1）部装　部装是产品进入总装以前的装配工作，是指将若干个零件、组件安装在另一个基础零件上而构成一个装配部件的工作。例如，车床的主轴箱的装配。

2）总装　总装是把零件和部件装配成最终产品的过程。例如，将车床各部件安装在床身上构成车床的装配。

（3）调试、精度检验和试车

产品装配完毕，首先对零件或机构的相互位置、配合间隙、结合松紧进行调整；然后进行全面的精度检验，包括几何精度检验和工作精度检验等，前者主要是检验机器静态时的精度，后者则是检验机器工作状态下的精度。最后进行试车，检验运转的灵活性，工作时的升温、密封性、转速、功率等项性能。

（4）涂装、涂油、装箱

涂装是为了防止不加工面的锈蚀和使机器外表美观；涂油是为了防止机器的加工表面生锈；装箱是为了运输方便。

2．装配的方法

为了保证机器的工作性能和精度，在装配过程中必须达到零件、部件相互配合的规定要求，一般采用以下几种装配方法。

（1）互换装配法

在装配时各配合零件不经修配、选择或调整，就可以装配成符合规定要求的装配方法，这种方法称为互换装配法。具有互换性的零件，可以用互换法进行装配，如自行车的装配方法。完全互换法操作简单，易于掌握，生产效率高，便于组织流水作业，零件更换方便。但对零件的加工精度要求比较高，一般都需要专用工、夹、模具加以保证，适合大批量生产。

（2）选配法（分组装配法）

选配法是将零件的制造公差适当放宽，然后选取其中尺寸相当的零件进行装配，以达到配合要求。这种方法称为选配法。装配前，可按零件的实际尺寸分成若干组，然后将对应的各组配合进行装配，以达到配合要求。例如柱塞泵的柱塞和柱塞孔的配合、车床尾座与套筒的配合。选配法可提高零件的装配精度，而且不增加零件的加工费用。这种方法适用于成批生产中某些精密配合处。

（3）修配法

在装配过程中，修去某配合件上预留的修配量，以消除其积累误差，使配合零件达到规定的装配精度的方法称为修配法。例如车床的前后顶尖中心不等高，装配时可将尾座底座精磨或修刮来达到精度要求。修配法可使零件的加工精度降低，从而降低生产成本，但装配难度增加，时间加长，适用于小批量生产或单件生产。

（4）调整法

装配中，用调整零件的相对位置或选用适当的调整件以达到装配精度的方法，称为调整法。例如用楔铁调整机床导轨间隙。调整法装配的零件不需要任何修配加工，同样可以达到较高的装配精度。同时还可以进行定期的再调整；这种方法用于小批量生产或单件生产。

3．装配工作的要点

（1）装配前应检查零件与装配有关的形状和尺寸精度是否合格，有无变形和损坏等，并注意零件上的标记，防止错装。

（2）装配的顺序一般是应从里到外，自下而上不影响下道工序地进行。

（3）装配高速旋转的零件（或部件）要进行平衡试验，以防止高速旋转后的离心作用而产生振动。旋转的机构外面不得有凸出的螺钉或销钉头等。

（4）固定连接的零部件，不允许有间隙，活动的零件能在正常间隙下灵活均匀地按规定方向运动。

（5）各类运动部件的接触表面，必须保证有足够的润滑。各种管道和密封部件装配后不得有渗油、漏气现象。

（6）试车前，应检查各部件连接的可靠性和运动的灵活性。试车时应从低速到高速逐步进行，根据试车的情况逐步调整，使其达到正常的运动要求。

4. 常用连接方式

零件连接的方式主要有固定联接和活动联接两种。

（1）固定联接

装配后零件间不产生相对运动，如螺纹联接、键连接和销钉联接等。

（2）活动联接

装配后零件间可以产生相对运动的联接，如轴承、螺母丝杠联接等。

（3）粘接剂的应用

粘接剂（又称胶合剂）可把不同的或相同的材料牢固地联接在一起，这种方法工艺简单，操作方便，连接可靠。近年来，利用粘接技术，以粘代铆，以粘代机械夹固，解决了过去某些联接方式所不能解决的问题，简化了复杂的机械结构和装配工艺。它可分为无机粘接和有机粘结两大类。常用的有机粘结如环氧树脂粘结剂、聚氨酯粘结剂和聚丙酸酯粘结剂等。

活动二　装配螺纹联接件

螺纹联接是机器装配中最常用的可拆卸的固定联接，它具有结构简单，联接可靠，装拆方便等优点。常用的螺纹联接件是由螺钉或螺栓构成，称为普通螺纹联接。

螺钉头部形状除六角形外，还有圆柱头内六角、圆柱头、半圆头、沉头、十字槽等形状。用于螺纹联接的螺母种类很多，常用的有六角螺母、带槽六角螺母、方螺母、圆螺母、蝶形螺母等。

1. 装拆工具

螺纹联接装拆的主要工具是扳手和旋具。根据使用场合和部位的不同，可选用各种不同类别的工具。

（1）扳手

用来拧转六角形、正方形螺钉和各种螺母。

1）活扳手　如图 2.104（a）所示，使用时可根据螺母的大小调节开口，使用比较方便。它的规格一般以长度来表示。活扳手使用时，应让固定钳口受主要作用力，如图 2.105 所示，否则会损坏扳手。

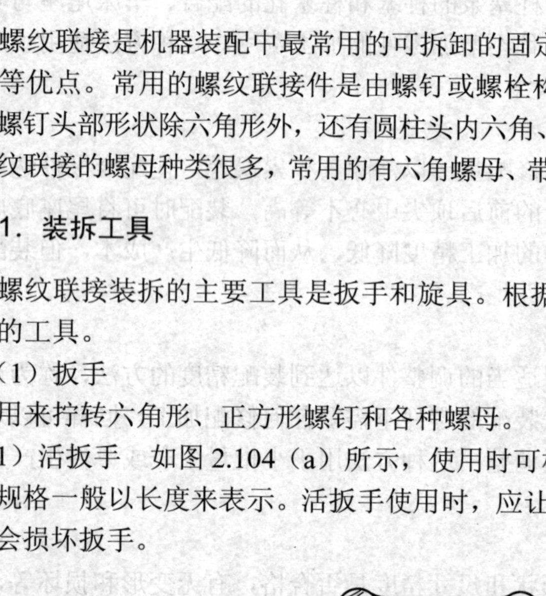

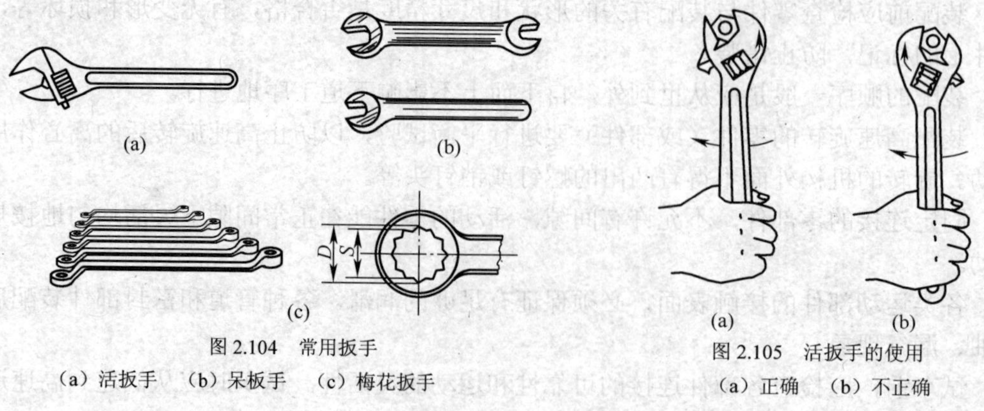

图 2.104　常用扳手

（a）活扳手　（b）呆板手　（c）梅花扳手

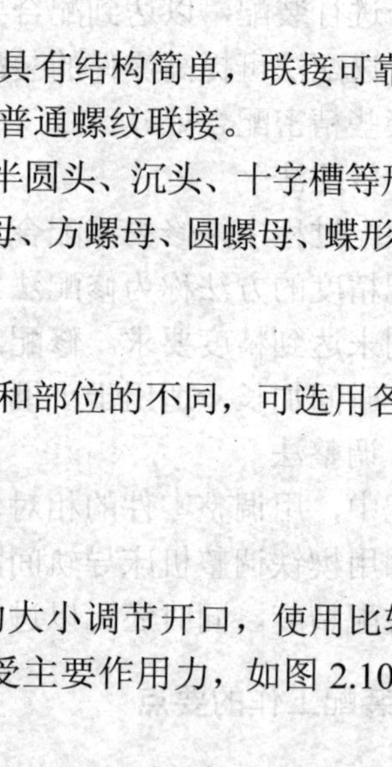

图 2.105　活扳手的使用

（a）正确　（b）不正确

2）呆扳手　如图 2.104（b）所示。呆扳手，有单头和双头两种。其规格是以开口的尺寸表示，使用时扳手开口的尺寸一定要符合螺母的尺寸，否则会损坏螺母。

3）梅花扳手　如图 2.104（c）所示。梅花扳手的内孔为 12 边形，它只要转过 30°就能调换方向，所以用于狭窄的地方比较方便。

4）套筒扳手　如图 2.106（a）所示。套筒扳手是由一套尺寸不等的梅花套筒及扳手柄组成。

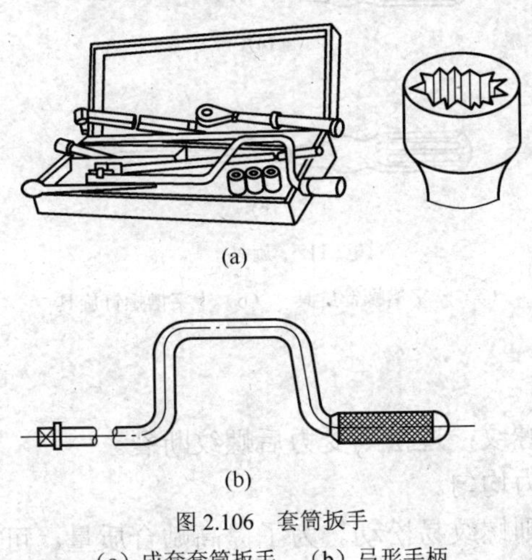

图 2.106　套筒扳手
（a）成套套筒扳手　（b）弓形手柄

在成套套筒扳手中，使用如图 2.106（b）所示的弓形手柄，可连续转动手柄，加快扳转速度。使用如图 2.107 所示的棘轮扳手，在正转手柄时，可使螺母被扳紧，而在反转手柄时，由于棘轮在斜面的作用下，从套筒的缺口内退出打滑，因而不会使螺母随着反转。旋松螺母时，只要将扳手翻身使用即可。

5）内六角扳手　如图 2.108 所示。这种扳手用于装拆内六角螺钉，也由一套不同规格的扳手组成，使用时根据螺纹规格采用不同的内六角扳手。

6）锁紧扳手　如图 2.109 所示。这种扳手主要用来装拆圆螺母。

7）管子扳手　如图 2.110 所示。这种扳手用来装拆使用其他扳手无法夹持的光滑圆形工件。如带管螺纹的管子等。

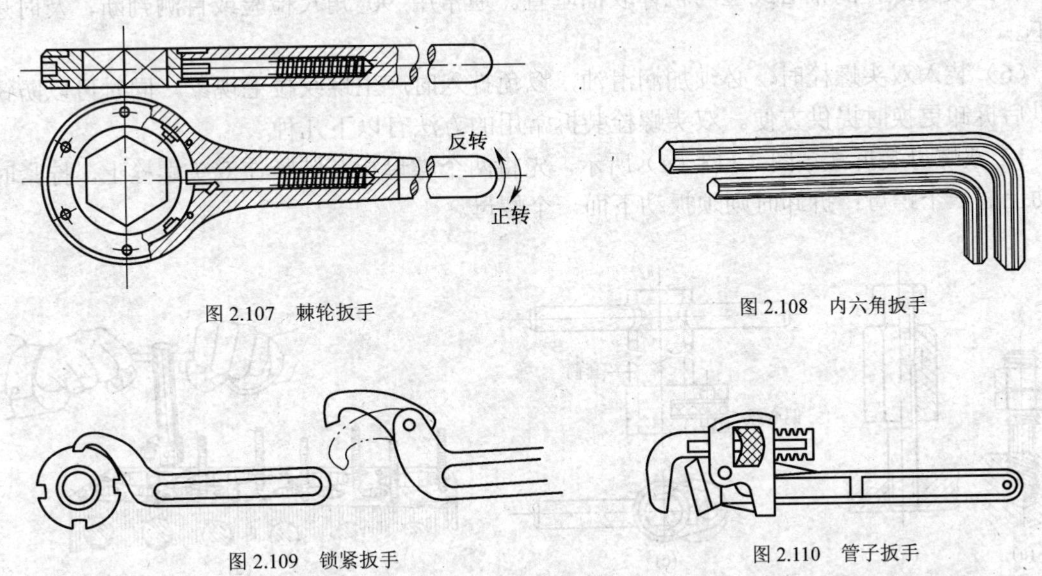

图 2.107　棘轮扳手

图 2.108　内六角扳手

图 2.109　锁紧扳手

图 2.110　管子扳手

8）指针式力矩扳手　如图 2.111 所示。对于要求严格控制拧紧力矩的重要螺纹联接，可采用指针式扭力扳手。

（2）旋具

除了各种扳手外，在装拆头部带槽的螺钉时，还常用各种旋具。如图 2.112（a）所示，

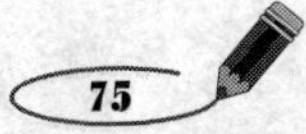

为一字槽螺钉旋具；如图 2.112（b）所示为十字槽螺钉旋具，其规格是用旋具的长度来表示。常用的有 100 mm、150 mm、200 mm 等，可根据螺钉直径的大小来选用。

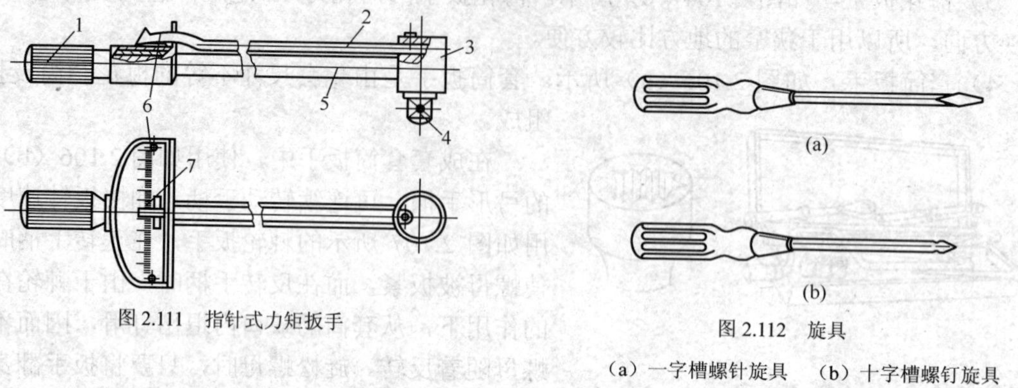

图 2.111 指针式力矩扳手

图 2.112 旋具

（a）一字槽螺钉旋具 （b）十字槽螺钉旋具

2．螺纹联接的装配要点

（1）螺纹配合应做到手能自由旋动，过紧会咬坏螺纹；过松则受力后螺纹断裂。

（2）螺帽、螺母端面应与螺纹轴线垂直，以使受力均匀。

（3）零件与螺帽、螺母的配合面应平整光洁，否则螺纹易松动。为了提高贴合质量，可加垫圈。

（4）必须保证双头螺柱与机体螺纹的配合有足够的紧固性，在装拆螺母过程中，螺栓不能有任何松动现象，否则容易损坏螺孔。

（5）双头螺柱的轴心线应与机体表面垂直。通常用 90°角尺检验或目测判断，及时进行纠正。

（6）装入双头螺栓时，必须加润滑油，以免拧入时产生螺纹拉毛现象，同时可以防锈，为以后拆卸更换时提供方便。双头螺栓装拆常用的方法有以下几种

1）双螺母装拆法，图 2.113（a）所示，先将两个螺母相互锁紧在双头螺栓上，拧紧时可扳动上面一个螺母；拆卸时则须扳动下面一个螺母。

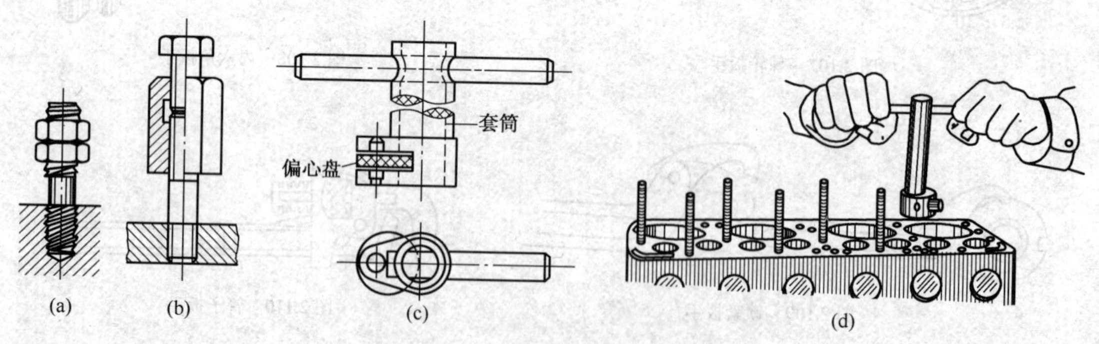

图 2.113 螺母装拆法

2）长螺母装拆法，如图 2.113（b）所示，使用时先将长螺母旋在双头螺栓上，然后拧紧顶端止动螺钉。装拆时只要扳动长螺母，即可使双头螺栓旋紧。装配后应先将止动螺钉回松，然后再旋出长螺母。

3）用带有偏心盘的旋紧套筒装配双头螺栓，如图 2.113（c）、（d）所示。

（7）装配成组螺钉螺母时，为了保证零件的贴合面受力均匀，应按一定顺序拧紧，如图 2.114 所示。而且不要一次完全旋紧，应按图中顺序分两次或三次旋紧。

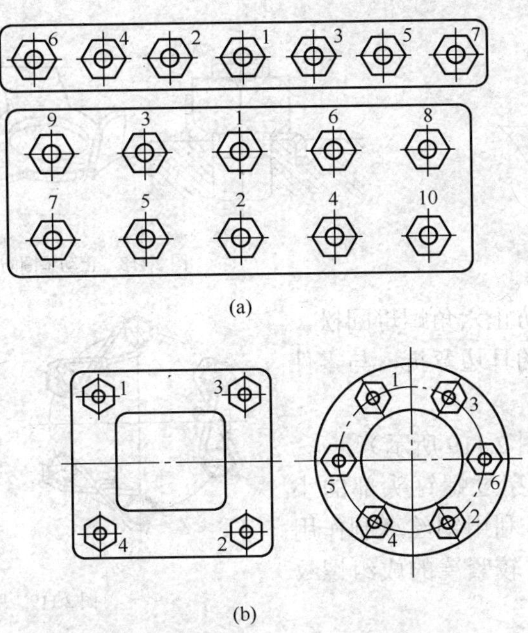

图 2.114　成组螺钉螺母的装配顺序

3．螺纹联接的防松装置

对在振动状态下工作的螺纹联接要有防松措施，以防止螺钉和螺母回松。常见的防松装置有以下几种：

（1）锁紧螺母（如图 2.115 所示）

这种装置使用了主、副两个螺母。装配时先将主螺母拧紧至预定位置，然后再拧紧副螺母锁紧，依靠两螺母之间产生的摩擦力来达到防松的目的。

（2）弹簧垫圈（如图 2.116 所示）

装配时将弹簧垫圈放在螺母下，当拧紧螺母时，垫圈受压，由于垫圈的弹性作用把螺母顶住，从而在螺纹间产生附加摩擦力。同时弹簧垫圈斜口的尖端抵住螺母和支承面，用弹簧垫圈防松也有利于防止回松。这种装置容易刮伤螺母和支承面，因此不宜多次拆装。

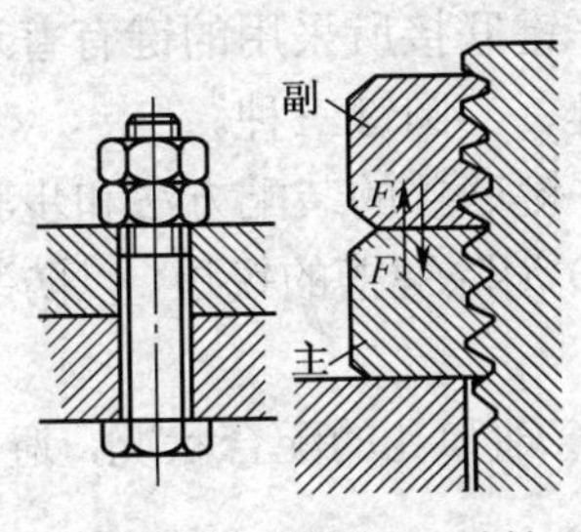

图 2.115　用锁紧螺母防松

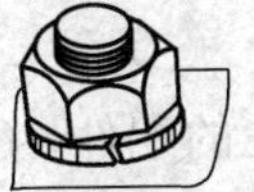
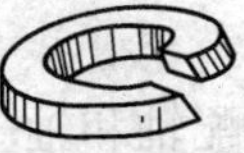

图 2.116　用弹簧垫圈

（3）开口销与带槽螺母（如图 2.117 所示）

这种装置是把螺母直接锁在螺栓上，它防松可靠，但螺杆上的销孔位置不易与螺母最佳锁紧位置相吻合。

（4）止动垫圈（如图 2.118 所示）

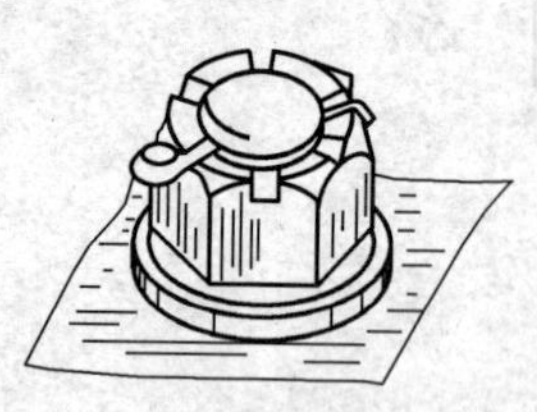
图 2.117 开口销防松

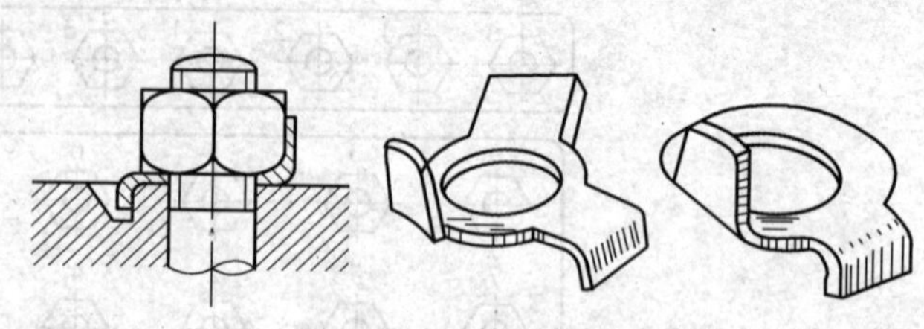
图 2.118 止动垫圈防松

带耳止动垫圈可以防止六角螺母回松，当拧紧螺母后，将垫圈的耳边弯折，与零件及螺母的边缘贴紧。

（5）串联钢丝（如图 2.119 所示）

这种装置是用钢丝穿过螺钉头部的小孔或螺栓与螺母的小孔，利用钢丝牵制作用来防止回松，适用于布置较紧凑的成组螺纹连接。

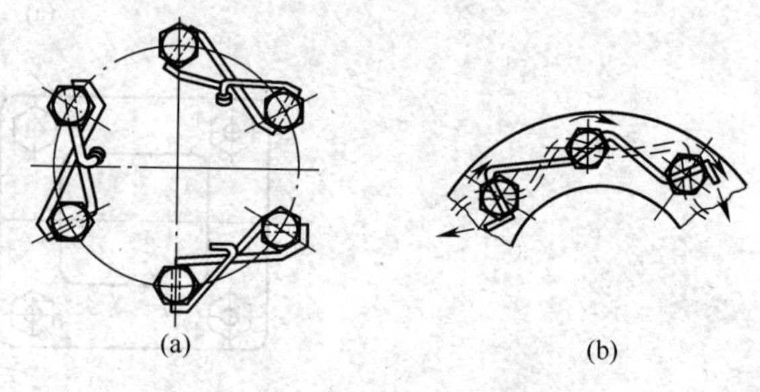

图 2.119 用串联钢丝防松

活动三 装配键、销联接件

1．键联接件的装配

键是用来联接轴和轴上的零件 （如齿轮、带轮、联轴器等），通过键能够传递转矩。其结构简单、工作可靠、装拆方便等优点，所以应用很广泛。常用的键联接有平键、楔键和花键等。

（1）平键件的装配

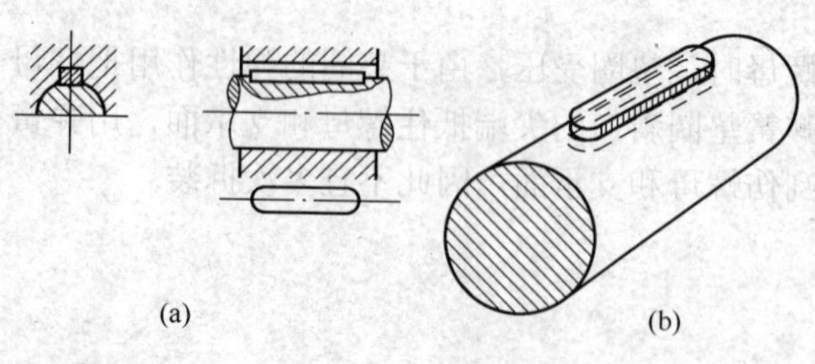

图 2.120 平键联接

平键联接的形式，如图 2.120 所示。装配时要求：键的两侧面为过渡配合，键的底面应与槽底接触，顶面应留有较大的间隙，在键的长度方向也应留有一定的间隙。平键联接所采用的键有普通平键、导向平键、半圆键三种。

平键联接的装配方法和步骤

1）消除键槽的锐边，以防装配时造成过大的过盈。

2）试装配轴和轴上的配件 （先不装入平键），以检查轴和孔的配合状况，避免装配时轴与孔配合过紧。

3）修配平键与键槽宽度的配合精度，要求配合稍紧，不得有较大间隙，若配合过紧，则将键侧面稍作修整。

4）修锉平键、半圆键与轴上键槽间留有 0.1 mm 左右的间隙。

5）将平键安装于轴的键槽中，在配合面上应加机械油，用台虎钳夹紧（钳口必须垫铜片）或用铜棒敲击，将平键压入轴上键槽内，并与槽底接触。

6）试配并安装配件，键顶面与配件槽底面应留有 0.3～0.5 mm 间隙。若侧面配合过紧，则应拆下配件，根据键槽上的接触印痕，修整配件的键槽两侧面，但不允许有松动，以避免传递动力时产生冲击及振动。

（2）楔键件的装配

楔键的形状与平键形状相似，但顶面有 1:100 的斜度，一端有钩头，主要为了便于键的拆卸，如图 2.121 所示。楔键连接的装配主要是保证键的上下结合面配合良好，其装配步骤如下。

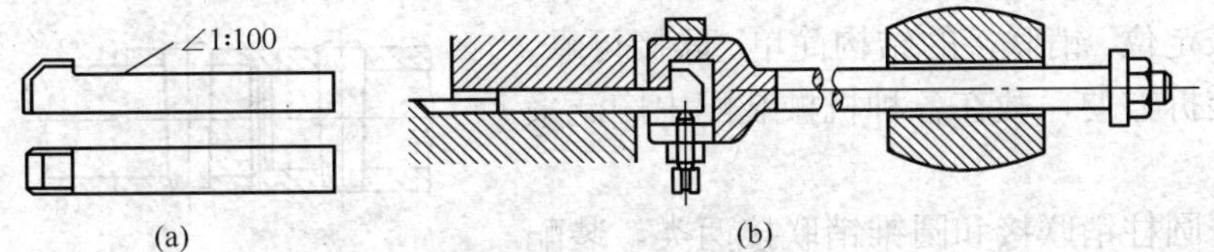

图 2.121 斜键与拆卸工具

1）锉配键宽，使其与键槽之间保持一定的配合间隙。

2）将轴上配件的键槽与轴上键槽对正，在斜键的斜面上涂色后敲入键槽内，根据接触斑点来判别斜度配合是否良好。然后用锉削或刮削法进行修整，使键与键槽的上下结合面紧密贴合，清洗楔键和键槽，最后将楔键涂油后敲入键槽中。

3）对于钩头楔键，不能使钩头紧贴套件的端面，必须留有一定的距离，以便拆卸。

（3）花键件的装配

花键联接用于传递较大的转矩，如机床的传动轴等。按其齿形的不同，可分为矩形、渐开线形、三角形等几种，其中最常用的是矩形花键，如图 2.122 所示。花键轴与花键孔多为间隙配合，装配后应能相对滑动。

1）花键的预装　花键轴一般经滚切或铣削、磨削加工后，比较精确。装配前只需用油石将棱边倒角；花键孔一般用拉刀拉削而成，也很精确。但对于花键孔齿轮，由于齿部经高频淬火，会使花键孔的直径缩小，需经试装后用油石或整形锉进行修整。

2）用着色法进行修整　将齿轮固定在台虎钳上，两手将轴托住，伸入花键孔中，找到误差最小的位置，同时在齿轮和花键轴端面作出标记，以后需按标记装配，不得误装。在齿轮花键孔内涂色，将花键轴用锤子轻轻敲入，如图 2.123 所示。退出轴后，根据色斑分布来修整键槽的两肩，反复数次直到合格为止。合适的尺度掌握在花键轴能在轮中沿轴向滑动自如，不忽松忽紧；转动轴时，不应感觉到有较大的间隙。

3）装配　修正好后就可进行装配。由于花键联接的精度较高，故在装配过程中对各种因素都要考虑周密并且需要格外细心。

需要注意的是，各种键联接装配时，必须考虑到拆卸方便，特别是需要经预装配的组件。不能只图装配方便，将键和配件不经修配就强行压入，而造成拆卸困难，情况严重时甚至会使组件损坏而带来不必要的损失。

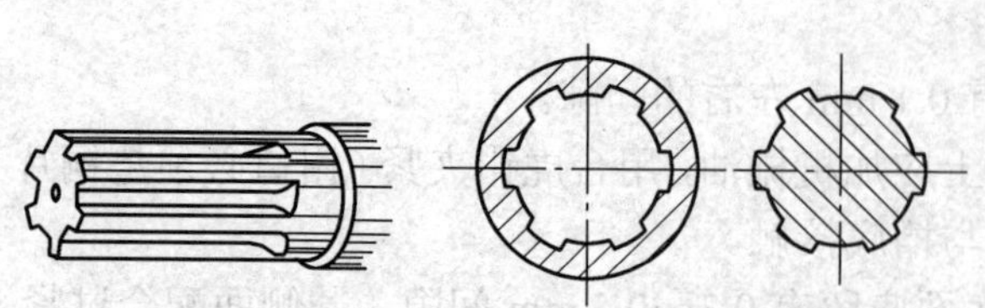

图 2.122　矩形花键

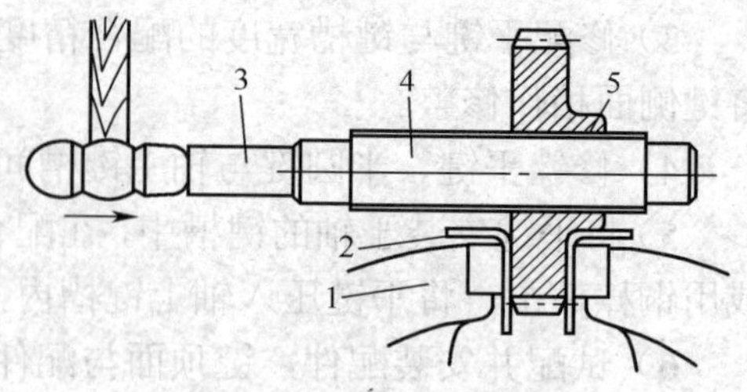

图 2.123　花键装配前的试装

2．销联接件的装配

销联接在机械中，起联接、定位和保险作用，如图 2.124 所示。如箱盖与箱体、箱体与床身或机体等都用销来定位。销联接的结构简单、联接可靠、定位准确、装拆方便，故在各种机械装配中广泛采用。

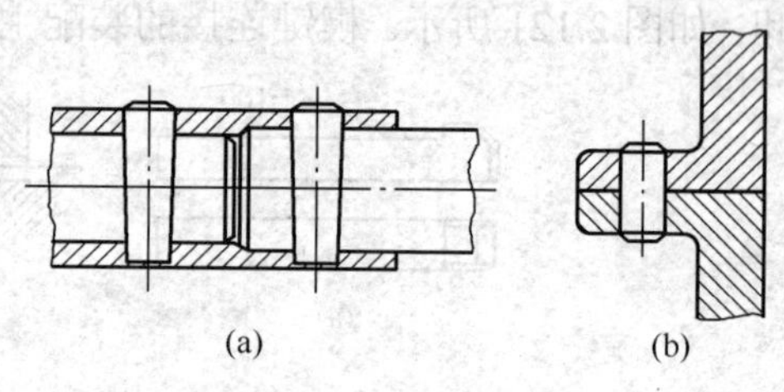

图 2.124　销的连接与定位

销联接分圆柱销联接和圆锥销联接两类。装配时要求：销与销孔必须达到准确的配合，以保证被联接零件联接的可靠性，并具有正确的相对位置。

（1）销的装配

圆柱销可以用来固定零件、传递动力或作为定位件。圆柱销联接一般不宜多次装拆，否则会降低配合精度。这种联接都有一定的过盈量，一经拆卸就必须调换新的销子。装配时，两个联接件的销孔要同时钻出并铰孔，在销子表面涂些润滑油，用铜棒将销子打入孔中；或将铜棒垫在销子端面上，用锤子敲入。

标准圆锥销具有 1:50 的锥度，装拆方便、定位准确，且可以多次装拆而不影响其定位精度，故主要用于定位。圆锥销的规格是以小端直径和长度来表示。装配时，两被联接件的销孔也必须同时钻铰，钻孔时须按小端直径选用钻头。铰孔时必须控制铰孔深度，销子插入孔内的深度，应占销子长度的 80%～85%为宜。当用铜棒敲入后，应保证销子的倒角部分伸出在所联接件的平面外。

（2）销的拆卸

拆卸圆柱销或圆锥销时，若销孔为通孔，则用一个直径略小于销孔的金属棒在销子的底端顶住，用锤子敲出。若销孔为不通孔，则必须使用带内螺纹或螺尾的销子进行拆卸或利用拔销器将销子拔出，如图 2.125 所示。

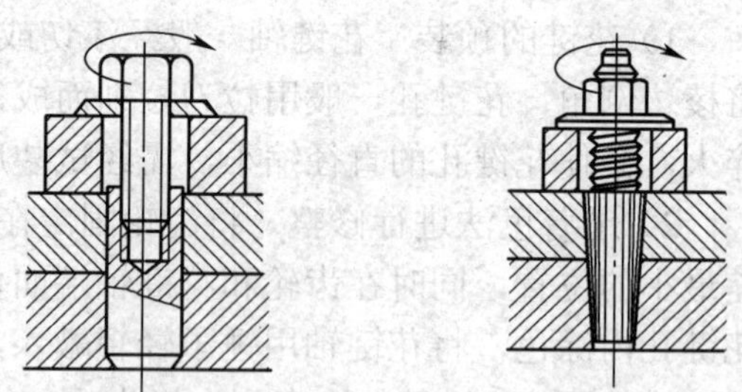

图 2.125　内螺纹圆柱销、螺尾圆柱销的拆卸

活动四　装配过盈联接件

过盈联接是依靠轴和孔的过盈量，装配后轴的直径被压缩，孔的直径被扩张，使配合表面产生弹性压力，而使联接件固定并传递转矩，如图 2.126 所示。

过盈联接的装配方法一般有锤击装配、压合装配和温差装配等方法。

1．锤击装配

用来装配过盈量较小的配合件。装配前，应对配合件在孔口及轴端进行倒角，并在联接表面涂润滑油。锤击时，应在工件锤击部位垫上软金属，锤击力不可偏斜，四周用力要均匀，如图 2.127 所示。

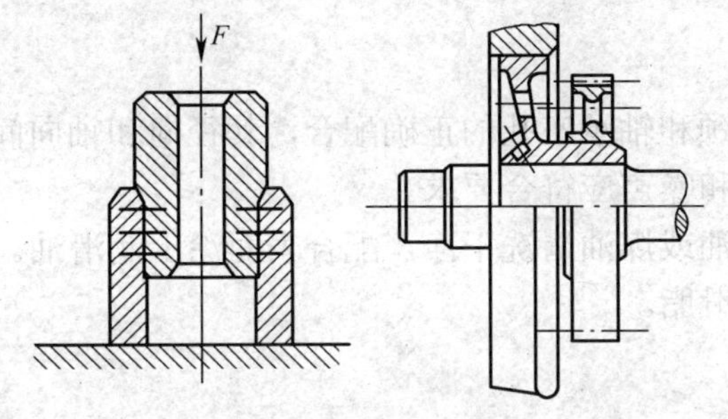

图 2.126 过盈联接的装配

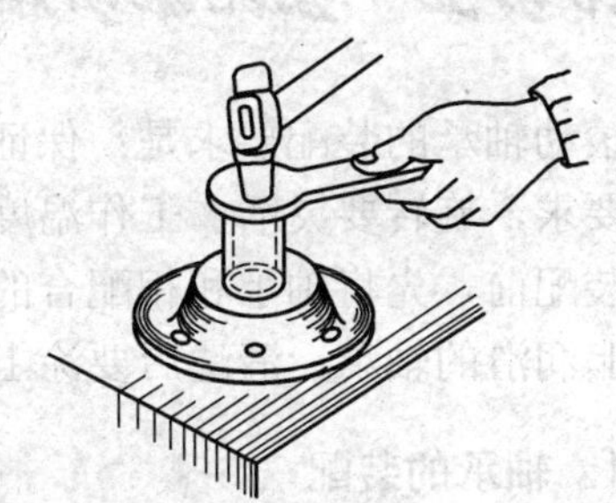

图 2.127 锤击装配

2．压合装配

这种装配法是用压力机械将过盈联接的配合件压入，如图 2.128 所示。与用锤击装配相比，具有导向性好，配合件受力均匀，能装配尺寸较大和过盈量较大的零件的特点。对于薄壁轴套，在压合时为了防止变形，并保证轴与孔的轴心线一致，可用心轴导向，如图 2.129 所示。

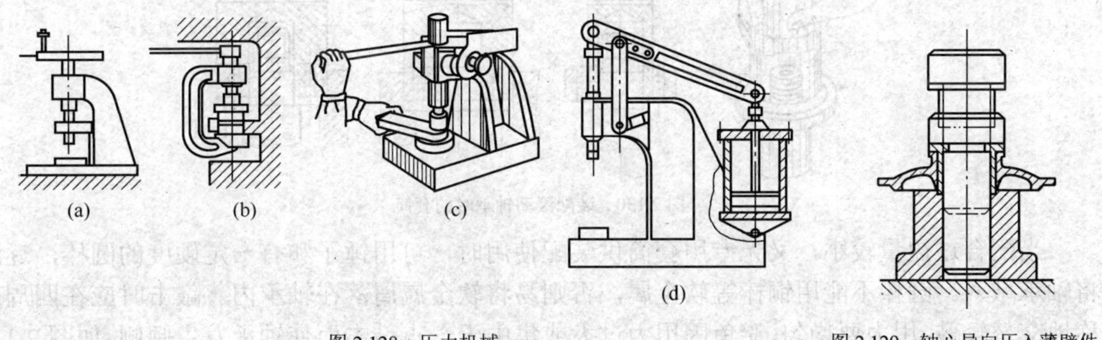

图 2.128 压力机械

（a）螺旋压力机 （b）专用螺旋 （c）形夹头齿条压力机 （d）气动压力机

图 2.129 轴心导向压入薄壁件

3．温差装配

这种装配方法多用于大型零件、过盈量大无法用锤击或压合的场合，也用于装配时不允许锤击或压合的特别精密零件。温差装配的原理是利用金属零件所具有的热胀冷缩特性，在装配时将套加热使孔径增大，或是将轴冷却使轴颈缩小，这样可使装配时的过盈量减小甚至产生间隙，比较容易装配。装配后配合件恢复到室温，配合面间就能得到很大的过盈量。

热胀法装配比较方便，中小型零件可浸在油中用电炉加热 80℃～120℃，大型零件可采

用感应加热器进加热。经过热处理的零件或是尺寸较大加热不方便的零件，可采用冷缩法装配。过盈量较大时，可同时将套类零件加热，轴类零件冷却到一定温度时进行装配。零件冷却可放入工业冰箱中进行，可冷却到−50℃。不能放入冰箱的零件，则用固体二氧化碳（即干冰）冷却，冷却温度可达−70℃以下。冷缩法与热胀法相比，收缩变形量较小，因而多用于过渡配合，有时也用于过盈配合。

活动五　装配滚动轴承

滚动轴承的装配要求是：保证轴承与轴颈和轴承座孔的正确配合，其径向和轴向间隙应符合要求，旋转要灵活，工作温度、温升值和噪声应符合要求。

装配前，先将轴承和相配合的零件用汽油或煤油清洗干净，配合表面涂上润滑油。需用润滑脂润滑的轴承，清洗后要涂上洁净的润滑脂。

1．轴承的装配

深沟球轴承的内、外圈是不能分离的，所以装配时应注意不能使滚动体承受装配力。当安装内圈时，装配力应直接作用在内圈上；安装外圈时，装配力应直接作用在外圈上；内、外圈同时装配时，装配力应同时作用在内、外圈上。装配时可采用专用套筒，如图 2.130 所示。

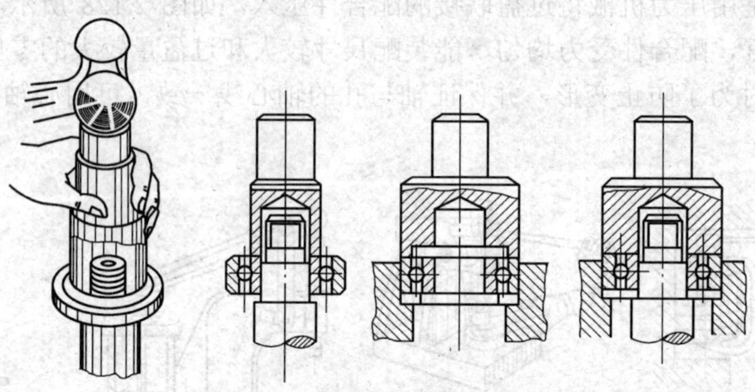
图 2.130　装配滚动轴承时的套筒

当配合过盈量较小，又无专用套筒供装配使用时，可用锤子和有一定硬度的圆棒，逐渐将轴承敲入。圆棒不能用铜棒等软金属，否则易将软金属屑落在轴承内。敲击时应在四周对称地交替轻敲，用力要均匀，避免因用力过大或集中于一点敲击而使轴承发生倾侧，如图 2.131 所示。装配轴端处滚动轴承时，可在轴承内圈端面处垫软金属，不可用锤子直接敲击轴承表面，如图 2.132 所示。同时，在装配过程中应注意不能使轴承产生歪斜和卡住等现象。

当配合过盈量较大时，轴承可用压力机压入；也可将轴承放在可自动调温的电烘箱内或油箱中加热至 80℃～100℃后，使轴承内圈稍微胀大后进行装配，加热时应避免将轴承直接与比油温高得多的箱底接触，以免轴承发生局部过热。对于内部已充满润滑油脂，或带防尘盖、密封圈的轴承，则不能用加热法进行装配。

深沟球轴承常用的拆卸方法：

1）用心轴拆卸法　如图 2.133 所示。

2）用拉出器拆卸法　如图 2.134 所示。

利用拉出器拆卸装在轴端位置的轴承，拉卸时，拉出器的拉钩应保持平行，钩子与轴承接触要平整，否则容易打滑。

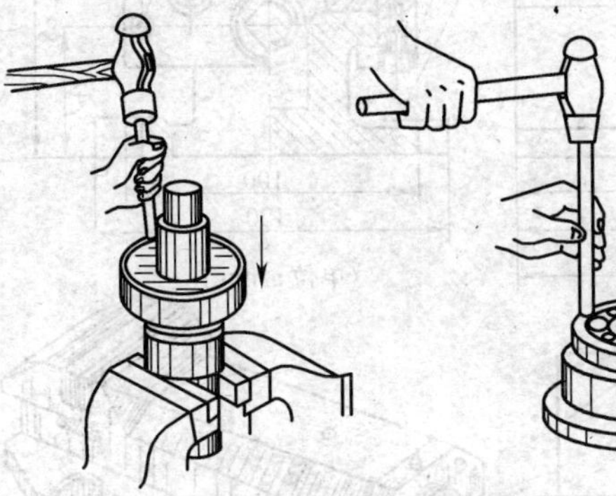

图 2.131 敲入法装轴承

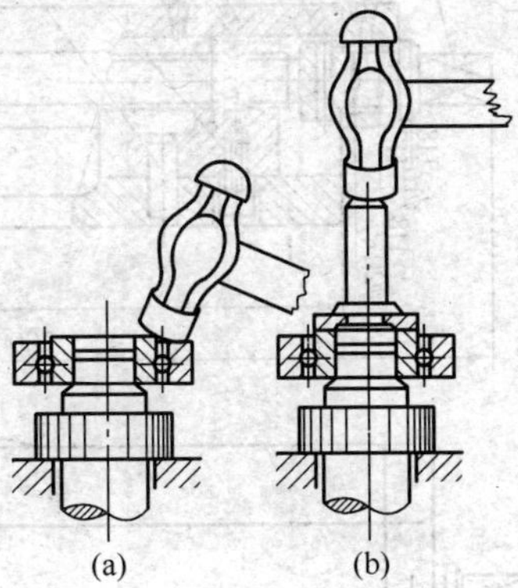

(a) (b)

图 2.132 装入轴承的敲击方法

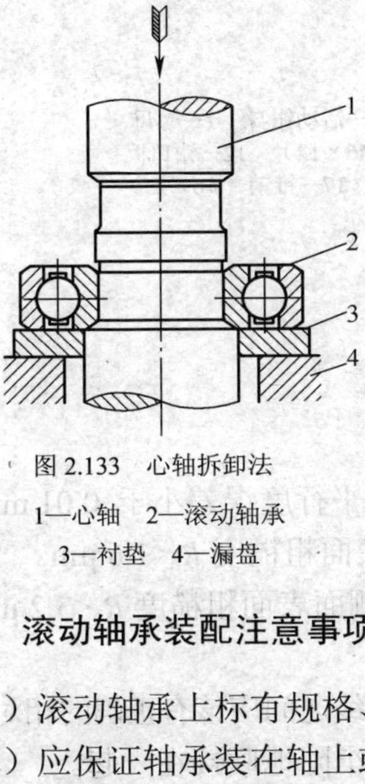

图 2.133 心轴拆卸法

1—心轴 2—滚动轴承

3—衬垫 4—漏盘

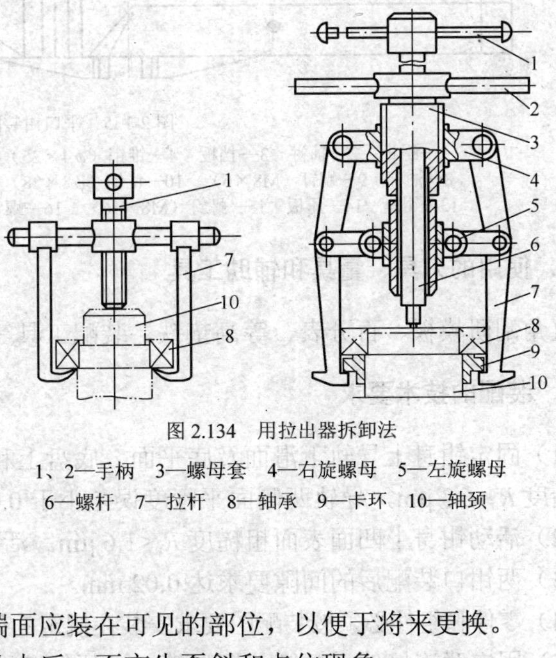

图 2.134 用拉出器拆卸法

1、2—手柄 3—螺母套 4—右旋螺母 5—左旋螺母

6—螺杆 7—拉杆 8—轴承 9—卡环 10—轴颈

2. 滚动轴承装配注意事项

（1）滚动轴承上标有规格、牌号的端面应装在可见的部位，以便于将来更换。

（2）应保证轴承装在轴上或轴承座孔中后，不产生歪斜和卡住现象。

（3）装配后，轴承运转应灵活、无噪声、工作时温度不超过轴承的容许工作温度。

（4）严格避免铜、铁屑进入轴承内，轴承内要保持清洁。根据需要涂润滑脂或凡士林润滑，并用密封盖或密封圈防止漏油。

（5）转速很高的滚动轴承，应留有一定的热膨胀量，在同轴的两个轴承中，必须有一个轴承的外圈（或内圈）可以在热胀时产生轴向位移，以免轴承或轴产生热变形。

活动六 装配平口钳

1. 装配图样

平口钳装配图如图 2.135 所示。

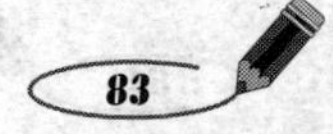

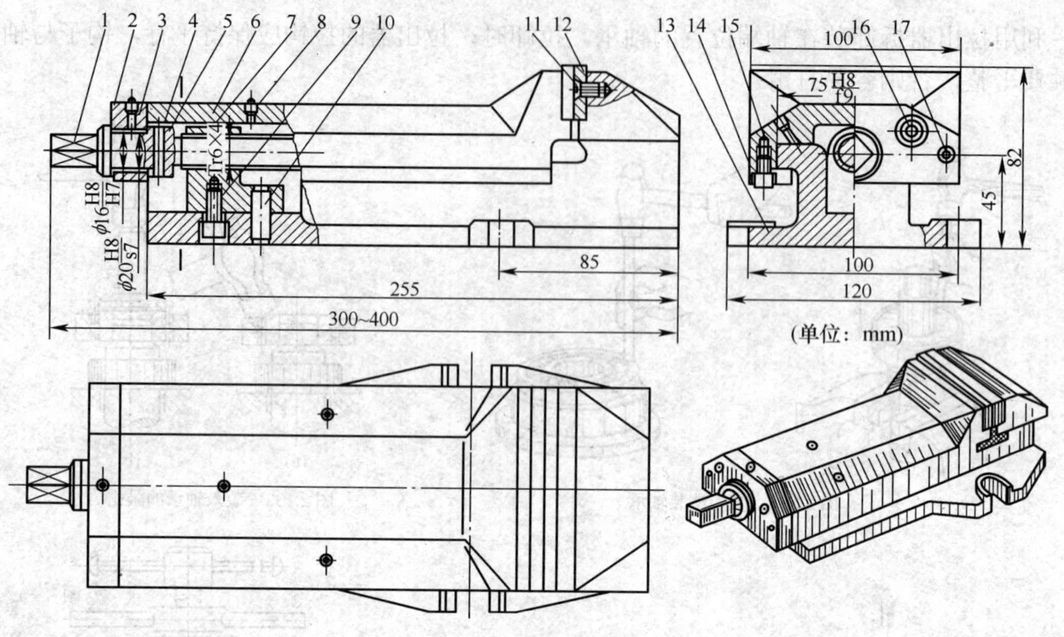

图 2-135　平口钳装配图

1—螺杆　2—轴衬　3—挡板　4—锥销（ϕ4×25）　5—挡圈　6—活动钳身　7—螺母
8—油杯　9—螺钉（M8×6）　10—锥销（ϕ8×28）　11—螺钉（M6×12）　12—钳口板
13—钳座　14—压板　15—螺钉（M8×16）　16—螺钉（M8×20）　17—锥销（ϕ6×25）

2．使用的刀具、量具和辅助工具

直角刮研模板、百分表、等高垫铁、装配工具等。

3．装配的技术要求

（1）固定钳身上导轨下滑面及底平面、底盘上和下表面的平行度误差小于 0.01 mm，表面粗糙度 R_a<6.3 μm，导轨两侧面平行度误差小于 0.01 mm，表面粗糙度 R_a<1.6 μm。

（2）活动钳身上凹面表面粗糙度 R_a<1.6 μm。活动钳身两侧面表面粗糙度 R_a<3.2 μm。

（3）两钳口装配后的间隙要求达 0.02 mm。

（4）零件和组件必须按装配图要求安装在规定的位置，各轴线之间应该有正确的相对位置。

（5）固定联连接件（螺钉、螺母等）必须保证零件或组件牢固地联接在一起。

（6）活动钳身与滑板装配后滑动要轻快、无松动感。

4．平口钳装配的操作过程

平口钳在装配时，带有一定的加工工作量，即固定钳身及活动钳身的刮削工作。所以在装配前先要做此工作。

（1）刮削固定钳身

使用直角刮研模板，刮削要求是每 25 mm×25 mm 面积上有 16～18 研点，刮研操作过程，如图 2.136 所示。然后以上平面为基准，刮导轨下滑面及底平面，达到平行度误差小于 0.01 mm，在每 25 mm×25 mm 面积上有 6～8 研点就可以了。再刮导轨两侧面，达到相互平行度误差小于 0.01 mm（只许钳口处大），在每 25 mm×25 mm 面积上有 12～16 研点。

图 2.136 刮研过程

（2）底盘加工

刮研底盘上、下表面，达到研点和平行度误差要求后，装定位块，可用等高垫铁和百分表测量，达到定位块与孔的对称度要求则可。

（3）活动钳身加工和配刮

1）检查来料尺寸，进行倒角、倒棱。

2）按尺寸划线，钻铰$\phi 3$～$\phi 6$ 油杯孔。

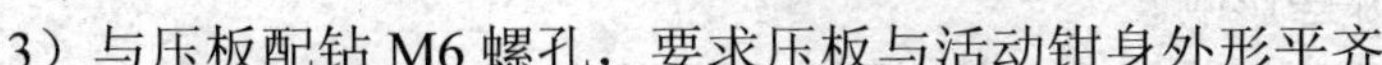

3）与压板配钻 M6 螺孔，要求压板与活动钳身外形平齐。

4）按图开油槽。

5）用刮研模板研刮凹面，达到每 25 mm×25 mm 面积上有 12～16 研点。

6）研刮活动钳身两侧面，达到配入钳座内滑动轻便均匀，用 0.04 mm 塞尺在端部检查，其塞入深度不超过 10 mm，且要求接触点在每 25 mm×25 mm 面积上有 8～12 研点。

（4）试装

以钳口铁、滑板配作各连接孔，试装活动钳身与滑板，达到滑动轻快，无向上或左右的松动感。试装钳口铁，以一块钳口铁为基准，修整另一块钳口铁与钳身的接触面，达到两钳口铁装配后的间隙要求，如图 2.137 所示。

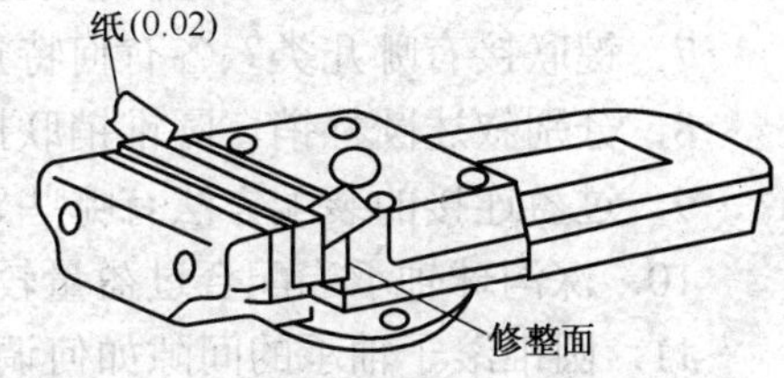

图 2.137 试刮滑板与钳口铁

（5）装配的顺序

装配的顺序为：传动螺母—螺杆—活动钳身—滑板—垫圈—钳口铁，再将钳口铁重合配作挡圈锥销孔，然后装入锥销—摇动螺杆，达到活动钳身滑动轻快—精修两钳口间隙，达到活动钳身移动到任意位置时两钳口保持平行—全部拆卸清洗，涂油后再重新组装—以定位块为基准靠紧工作台 T 形槽内一侧，用百分表找正钳口铁，打 0 线，如图 2.138（d）所示。

图 2.138 所示为平口钳装配的主要顺序。

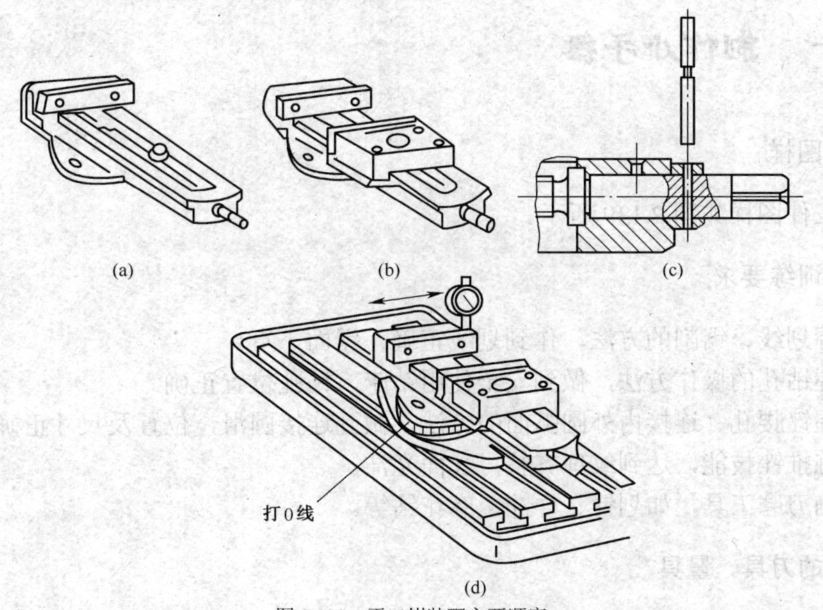

图 2.138 平口钳装配主要顺序

（a）装螺杆和传动螺母 （b）装活动钳身、滑板 （c）配装挡圈 （d）打 0 线

装配结束后，整理并擦干净工具和量具，然后清洁装配平台和场地。

思考与练习

1. 装配工作对产品质量有哪些影响？
2. 产品的装配工艺过程由哪几部分组成，其主要内容是什么？
3. 常用的达到装配要求的装配方法有哪些？各有何特点？
4. 装配工作的要点是什么？
5. 装配双头螺柱、螺钉、螺母都有什么要求？
6. 螺纹联接常采用哪些防松装置？其工作原理是什么？
7. 键联接有哪几类？各有何特点？有哪些装配要求？
8. 分别叙述圆柱销、圆锥销联接的装配技术要求。
9. 过盈连接的装配方法有哪些？有哪些装配要求？
10. 深沟球轴承当配合过盈量较小或较大时，如何装配？
11. 圆锥滚子轴承的间隙如何调整？
12. 滚动轴承装配时应注意哪些？

任务十　钳工综合训练

活动一　制作小手锤

1. 工件图样

小手锤工件图样如图 2.139 所示。

2. 技能训练要求

（1）掌握划线、锯削的方法，作到划线正确，锯面平直。
（2）掌握钻孔的操作方法，做到安全使用钻床，钻孔位置正确。
（3）掌握锉腰孔、连接内外圆弧面的方法，做到连接圆滑，位置及尺寸正确。
（4）熟练推锉技能，达到纹理齐整，表面光洁。
（5）正确刃磨工具，如划针、样冲、麻花钻等。

3. 使用的刀具、量具

钳工锉，整形锉，手锯，麻花钻，划针，样冲，游标卡尺，千分尺，异形锉，钻床等。

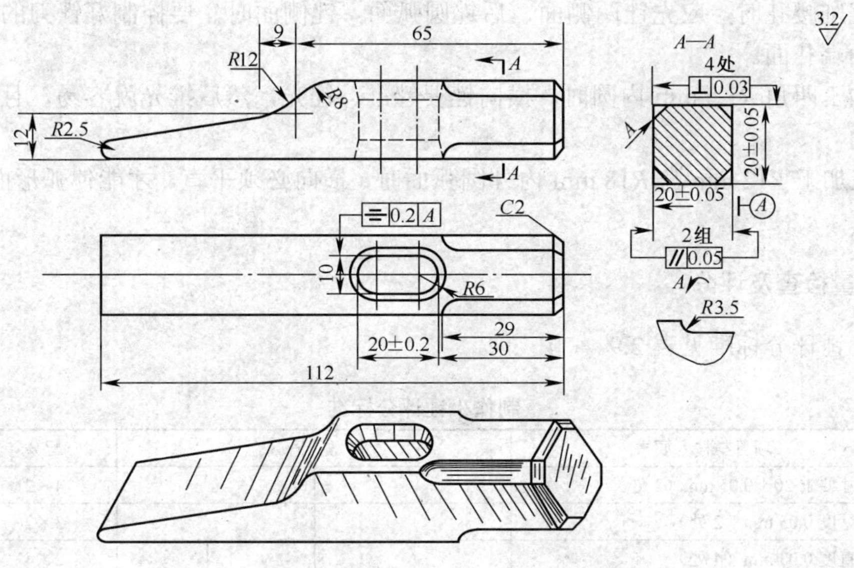

图 2.139 小手锤工件图样

4．参考步骤

（1）根据图样要求落料。

（2）按照图样尺寸锉出 20 mm×20 mm 的长方体。

（3）以长面为基准锉一端面，达到基本垂直，表面粗糙度 R_a≤3.2 μm。

（4）以一长面及端面为基准，划出形体加工线（两面同时划出），并按尺寸划出 4×C3.5 倒角加工线。

（5）锉 4×C3.5 倒角达要求。先用异形锉粗锉出 *R*3.5 mm 圆弧，然后分别用粗、细钳工锉锉到角，再用异形锉细加工 *R*3.5 mm 圆弧，最后用推挫法修整，并用砂纸打光。

（6）按图划出腰孔加工线及钻孔检查线，并用ϕ9.8 mm 钻头钻孔。

（7）用异形锉锉通两孔，然后按图样要求锉好腰孔。

（8）按划线在 *R*12 mm 处钻ϕ5 mm 孔，用手锯按加工线锯去多余部分（留余量）。

（9）用异形锉锉 *R*12 mm 内圆弧面，用钳工锉粗锉斜面与 *R*8 mm 圆弧面至划线线条。后用细钳工锉细锉斜面，用异形锉细锉 *R*12 mm 内圆弧面，再用细钳工锉细锉 *R*8 mm 外圆弧面。最后毛细钳工锉及异形锉作推锉修整，达到各形面连接圆滑、光洁、纹理齐整。

（10）锉 *R*2.5 mm 圆头，并保证工件总长 112 mm。

（11）八角端部棱边倒角 *C*2。

（12）用砂布将各加工面全部打光，交件待验。

（13）工件检验后，再将腰孔各面倒出 1 mm 弧形喇叭口；20 mm 端面锉成略呈凸弧形面，后将工件两端热处理淬硬。

5．注意事项

（1）钻孔时，要求孔位置正确，孔径没有明显扩大，以免加工余量不足，影响腰孔的正确加工。

（2）锉削腰孔时，应先锉两侧面，后锉圆弧面。锉侧面时，要控制好锉刀的横向移动，防止锉坏两端孔面。

（3）加工四角 *R*3.5 mm 内圆时，横向锉要锉准、锉光，然后推光就容易，且圆弧夹角处也不易坍角。

（4）在加工 *R*12 mm 与 *R*18 mm 内外圆弧面时，横向必须平直，才能使弧形面连接正确，外形美观。

6．质量检查及评分

制作小锤评分标准见表 2.9。

表 2.9　　制作小锤评分标准

项目	项目与技术要求	实测记录	配分	得分
1	尺寸要求 20±0.05 mm（2 处）		4×2	
2	平行度 0.05 mm（2 处）		3×2	
3	垂直度 0.03 mm（4 处）		2×4	
4	*C*3.5 倒角尺寸正确（4 处）		2×4	
5	*R*3.5 内圆弧连接圆滑、尖端无坍角（4 处）		2×4	
6	*R*12 与 *R*8 圆弧面连接圆滑		12	
7	舌部斜面平直度 0.03 mm		10	
8	腰孔长度要求 20±0.2 mm		10	
9	腰形孔对称度 0.2 mm		8	
10	*R*2.5 圆弧面圆滑		7	
11	倒角均匀、各棱线清晰		5	
12	表面粗糙度 R_a≤3.2 μm，纹理齐整		5	
13	安全文明生产		5	

活动二　加工六角螺母

1．技能训练要求

（1）掌握具有角度、平行度要求工件的加工和测量方法，提高学生综合操作能力；
（2）掌握攻螺纹时底孔直径的确定方法和攻螺纹方法；
（3）提高锉锯、钻的技能，并达到一定的加工精度要求。

2．使用的刀具、量具和辅助工具

高度游标尺 0～300；游标卡尺 0～150；千分尺 0～25、50～75；90°角尺；120°角样板；120°角与边长综合样板（自制）；钻头ϕ8.5；丝锥 M10；铰杠；90°圆锥锪钻；整形锉；异型锉；钳工锉等。

3．技能训练的内容

（1）工件图样
六角螺母工件图样如图 2.140 所示。

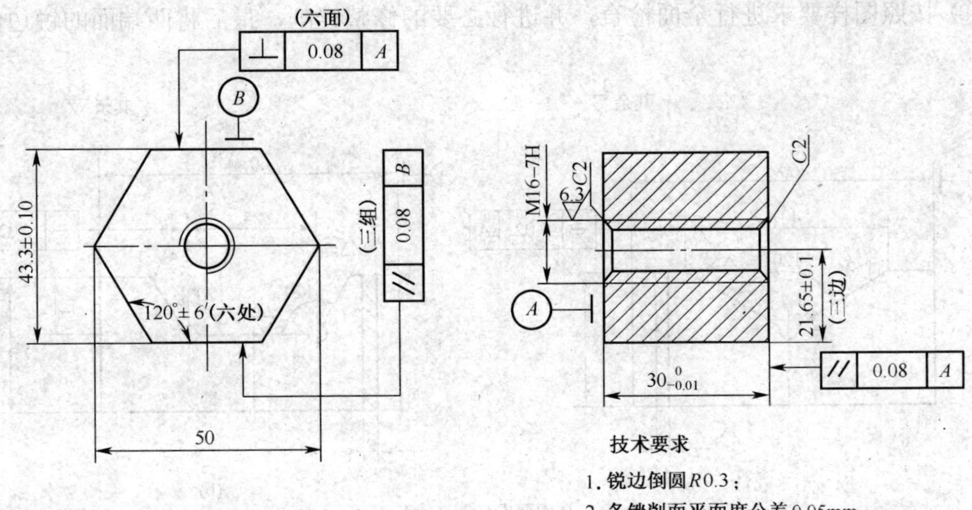

图 2.140 六角螺母

（2）参考步骤

1）备料准备ϕ51×30 的材料一块，并留有 0.5～1 的加工余量。

2）加工步骤

① 在圆柱体两端面和圆柱面上划出锉削加工线，并仔细检查划线的正确性。

② 锉削基准面 1，如图 2.141 所示达到尺寸 46.65 mm 以及平面度、垂直度和粗糙度要求。

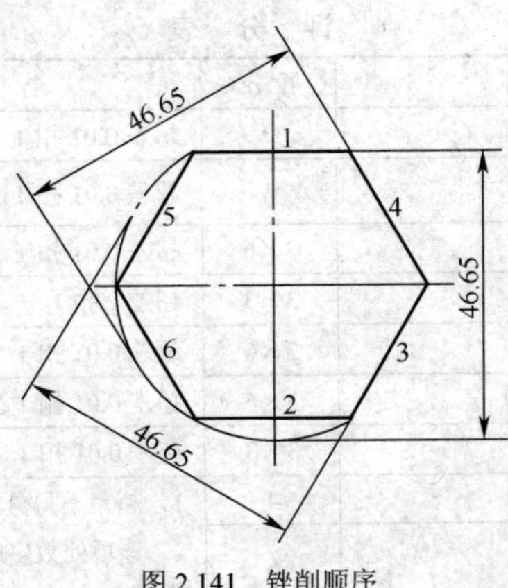

图 2.141 锉削顺序

③ 以面 1 为基准锉削面 2，必须注意保证两面间的尺寸 43.3±0.1 mm 和平行度要求。

④ 锉削面 3 时要同时保证和面 2 间的夹角 120°（用图 2.142（a）所示的角度样板测量）与圆柱面母线间的距离 46.65 mm，两面的宽度及其要求，要统筹兼顾，切勿顾此失彼。

⑤ 锉削面 4 的要领与锉削面 3 基本相同。这时可用图 2.142（b）所示的“120°角与边长综合样板”检测控制。

⑥ 面 5、面 6 的锉削要领与面 2 的锉削要领相同。

⑦ 钻螺纹底孔ϕ14 mm，用丝锥攻 M16 的螺纹，再用 90°圆锥锪钻进行两端锪孔。

⑧ 按照图样要求进行全面检查，并进行必要的修整锉削，最后将两端面的锐边倒棱。

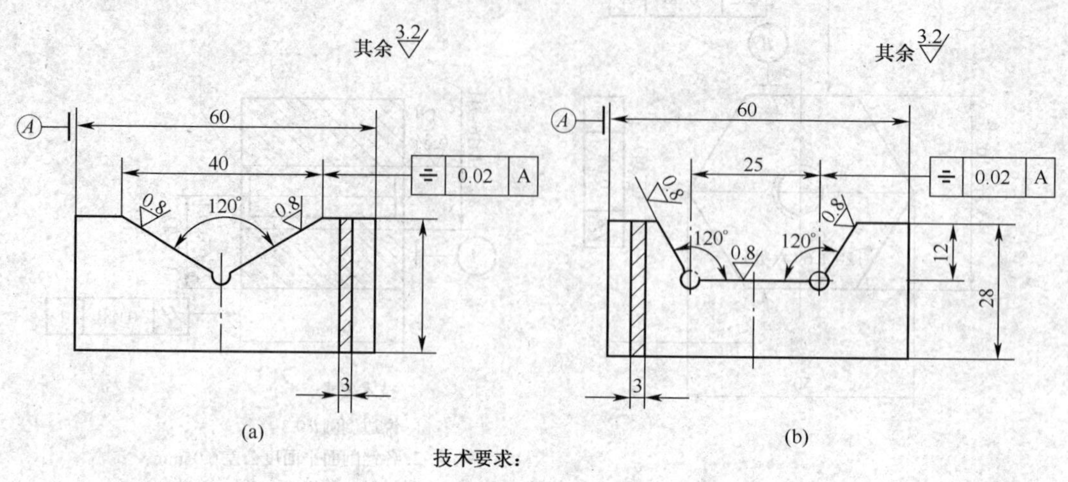

技术要求：

1.热处理 38~42HRC；
2.夹角倒钝 0.2×45°；
3.45钢。

图 2.142 样板
（a）120° 样板 （b）120° 角与边长综合样板

4．评分表

制作六角螺母工件评分表见表 2.10。

表 2.10 评 分 表

项目	序号	考核要求	配分	评分标准	检测结果	得分
主要项目	1	43.3±0.1（3 处）	3	超差 0.01 扣 1 分		
	2	$30_{-0.1}^{0}$	3	超差 0.01 扣 1 分		
	3	120°±6′（6 处）	3×6	超差 0.01 扣 1 分		
	4	21.65±0.1（3 处）	3×3	超差 2′扣 1 分		
	5	平行度公差 0.08（6 处）	3×6	超差 0.01 扣 1 分		
	6	垂直度公差 0.08（6 处）	3×6	超差 0.01 扣 1 分		
	7	形位公差 0.08（3 组）	3×3	超差 0.01 扣 1 分		
一般项目	8	M10-7H R_a 6.3 μm	4	1．超差不得分 2．该项处数多时，超出 3 处扣本项配分		
	9	表面粗糙度 R_a3.2 μm	6			
安全文明生产	10	按达到规定的标准程度评定	6	违反有关安全生产规定扣 2～6 分		

活动三 加工圆弧燕尾角内配工件

1．技能训练要求

（1）圆弧燕尾角内配形状复杂，尺寸精度高，加工难度较大，通过对内配件的加工，提

高学生综合操作能力。

（2）增强对内配件工艺要求的理解能力。

（3）掌握对有对称度要求的工件的加工和测量方法。

（4）提高锉、锯、钻的技能，并达到一定的加工精度要求。

2．使用的刀具、量具和辅助工具

高度游标尺 0～300；游标卡尺 0～150；千分尺 0～25、50～75；90°角尺；小平板；塞尺；粗糙度样板；钻头ϕ8；尺规；整形锉；异型锉；钳工锉等。

3．技能训练的内容

（1）工件图样

圆弧燕尾角内配工件图样如图 2.143 所示。

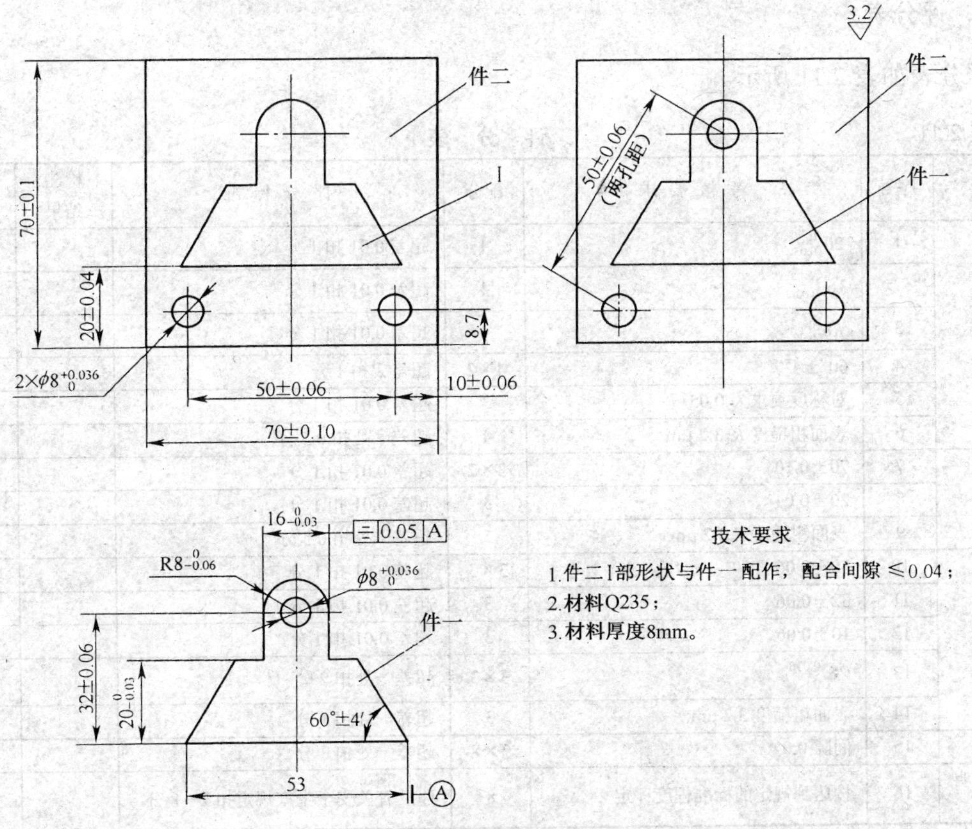

图 2.143　圆弧燕尾角内配

（2）参考步骤

1）备料　准备 70 mm×70 mm、40 mm×53 mm 材料各一块，并留有 0.5～1 mm 的加工余量。

2）加工件一

① 加工基准面和垂直面，以达到要求。

② 以基准面划出 32、20 尺寸，以垂直面划出中心线、53、16 尺寸及 $R8$、60° 角度线。

③ 加工 $20_{-0.03}^{0}$、$16_{-0.03}^{0}$、$R8_{-0.06}^{0}$ 尺寸及角度 60°±4′，达到精度要求。

3）加工件二

① 加工基准面和垂直面，达到要求。

② 以基准面划出 20、70 尺寸，以垂直面划出中心线、70 尺寸及与件一配合的形面尺寸线。

③ 加工 70±0.10、20±0.04 尺寸，达到精度要求。

4）组合加工　件二与件一配作，配合间隔 0.04。

5）孔加工

① 划出边距、中心距、孔距，并定中心；

② 先用 $\phi 3$ 钻孔定位，再用 $\phi 7.8$ 钻头钻孔，后用 ϕ° 8H7 绞刀绞孔，达到精度要求。

6）交验　清理工件、去毛刺、检查各部尺寸、交检。

4. 评分表

评分表如表 2.11 所示。

表 2.11　评　分　表

项目	序号	考 核 要 求	配分	评 分 标 准	检测结果	得分
件一	1	$20_{-0.03}^{0}$	4	超差 0.01 扣 1 分		
	2	$16_{-0.03}^{0}$	4	超差 0.01 扣 1 分		
	3	$R8_{-0.06}^{0}$	4	超差 0.01 扣 1 分		
	4	60°±4′	4×2	超差 2′扣 1 分		
	5	对称度要求为 0.05	3	超差 0.01 扣 1 分		
	6	表面粗糙度 R_a 3.2 μm	4	超差一处扣 0.5 分		
件二	7	70±0.10	3×2	超差 0.01 扣 1 分		
	8	20±0.04	3	超差 0.01 扣 1 分		
	9	表面粗糙度 R_a3.2 μm	5	超差一处扣 0.5 分		
孔加工	10	50±0.06	3×3	超差 0.01 扣 1 分		
	11	32±0.06	3	超差 0.01 扣 1 分		
	12	10±0.06	3	超差 0.01 扣 1 分		
	13	$\phi 8_{0}^{+0.036}$	3×3	超差一处扣 2 分		
	14	表面粗糙度 3.2 μm	3	超差一处扣 1 分		
配合	15	间隙 0.04	3×8	超差一处扣 3 分		
安全文明生产	16	按达到规定的标准程度评定	8	违反有关安全生产规定扣 2～8 分		

活动四　加工角度凹凸组合配

1. 技能训练要求

（1）通过对角度凹凸组合配的加工，提高学生对较复杂工件的加工能力，增强学生的操

作技能；

（2）提高学生对工件分别计算、测量和控制的方法；

（3）增强学生对组合课题中出现的问题进行处理的能力。

2．使用的刀具、量具和辅助工具

高度游标尺 0～300；游标卡尺 0～150；90°角尺；塞尺；粗糙度样板；量块；百分表；钻头；直铰刀ϕ10H7；铰杠；整形锉；钳工锉等。

3．技能训练的内容

（1）工件图样

角度凹凸组合配工件图样如图 2.144 所示。

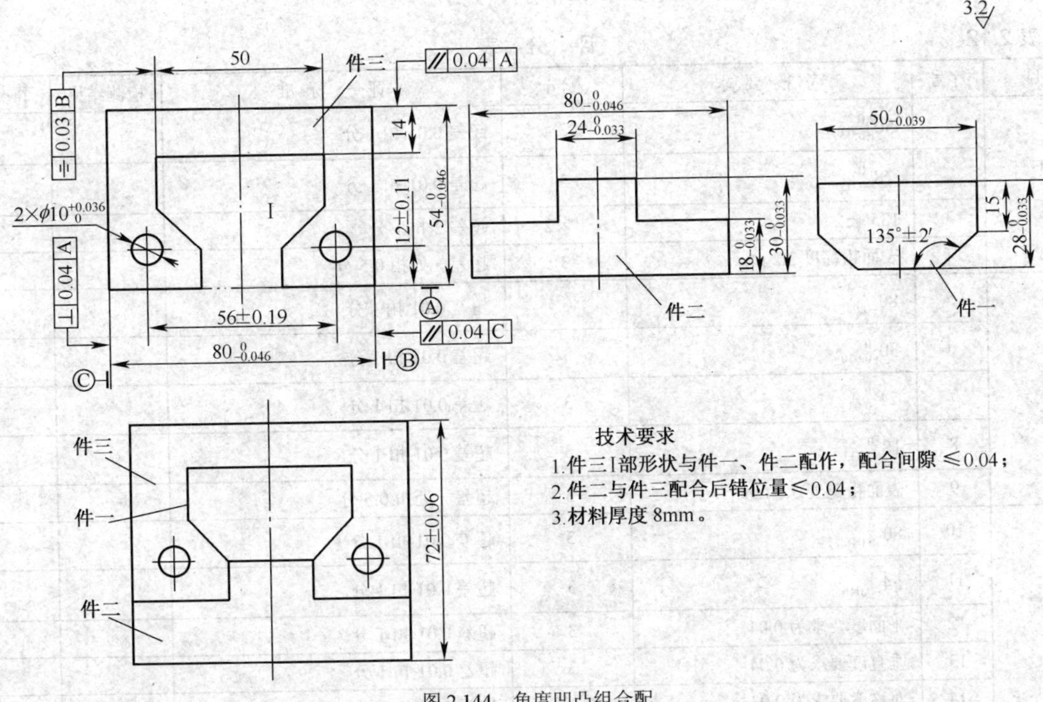

图 2.144　角度凹凸组合配

（2）参考步骤

1）备料　准备 80×54 mm、80×30 mm、50×28 mm 材料各一块，并留有 0.5～1mm 加工余量。

2）加工件一

① 加工基准面和垂直面，达到要求；

② 以基准面和垂直面划出 50、28、15 尺寸及 135°角度线；

③ 加工 $50_{-0.039}^{\ 0}$、$28_{-0.033}^{\ 0}$ 尺寸、135°±2′角度，达到精度要求。

3）加工件二

① 加工基准面和垂直面，达到要求；

② 以基准面和垂直面划出中心线、80、30、24、18 尺寸；

③ 加工 $80_{-0.046}^{\ 0}$、$30_{-0.030}^{\ 0}$、$24_{-0.033}^{\ 0}$、$18_{-0.033}^{\ 0}$ 尺寸，达到精度要求。

4）组合加工

① 件三与件一、件二配作，配合间隙 0.04，错位量 0.04。

② 组合尺寸 72±0.06 应达到精度要求。

5）孔加工

① 划出边距、中心距、孔距、尺寸线；并定中心；

② 用钻头 ϕ9.7 钻头钻孔，再用 ϕ10H7 铰刀铰孔，达到精度要求。

6）交验　清理工件、去毛刺，复查尺寸，交验。

4. 评分表

加工角度凹凸组合工件评分表如表 2.12 所示。

表 2.12　评 分 表

项目	序号	考核要求	配分	评分标准	检测结果	得分
件一	1	$50_{-0.039}^{\ 0}$	3	超差 0.01 扣 1 分		
	2	$28_{-0.033}^{\ 0}$	3	超差 0.01 扣 1 分		
	3	135°±2′	3×2	超差 2′扣 1 分		
	4	表面粗糙度 3.2 μm	3	超差一处扣 0.5 分		
件二	5	$80_{-0.046}^{\ 0}$	3	超差 0.01 扣 1 分		
	6	$30_{-0.030}^{\ 0}$	3	超差 0.01 扣 1 分		
	7	$24_{-0.033}^{\ 0}$	3	超差 0.01 扣 1 分		
	8	$18_{-0.033}^{\ 0}$	3	超差 0.01 扣 1 分		
	9	表面粗糙度 3.2 μm	3	超差一处扣 0.5 分		
件三	10	$80_{-0.046}^{\ 0}$	3	超差 0.01 扣 1 分		
	11	$54_{-0.046}^{\ 0}$	3	超差 0.01 扣 1 分		
	12	平面度要求为 0.04	3	超差 0.01 扣 1 分		
	13	垂直度要求为 0.04	3	超差 0.01 扣 1 分		
	14	对称度要求为 0.03	3	超差 0.01 扣 1 分		
	15	表面粗糙度 3.2 μm	3	超差一处扣 0.5 分		
孔加工	16	56±0.19	3	超差 0.01 扣 1 分		
	17	12±0.11	3	超差 0.01 扣 1 分		
	18	$2\times\phi10_{\ 0}^{+0.036}$	3×2	超差一处扣 3 分		
	19	表面粗糙度 3.2 μm	2	超差一处扣 1 分		
配合	20	72±0.06	3	超差一处扣 1 分		
	21	间隙 0.04	2×10	超差一处扣 1 分		
	22	错位量 0.04	3	超差 0.01 扣 1 分		
安全文明生产	23	按达到规定的标准程度评定	10	违反有关安全生产规定扣 2～10 分		

项目三

车工实训

本项目主要介绍刃磨刀具、车削台阶轴、锥度、车削内孔、切槽、车削螺纹等车工常用的工艺知识与加工方法。重点掌握车削台阶轴、车削内孔、车削螺纹等方法；熟悉车床的结构特点和安全操作方法；了解刀具刃磨的基本知识和方法要领；了解车削锥度和切槽的方法；了解测量和校正的基本知识。

通过本项目的学习与训练，学会使用车工工具进行刃磨刀具、车削台阶轴、锥度、车削内孔、切槽、车削螺纹等，学会对车刀和工件进行正确装夹，初步掌握车削加工工艺的制订方法，能对简单轴类零件进行车削加工。

知识目标

- 了解车工工作的特点及其在机械加工中的作用。
- 了解刀具刃磨的基本知识和方法要领。
- 掌握车削台阶轴、车削内孔、车削螺纹的基本知识和操作方法。
- 熟悉车床的结构特点，掌握车床的安全操作方法。
- 了解车削锥度和切槽的方法。
- 了解测量和校正的基本知识。

技能目标

- 能正确使用砂轮进行刀具刃磨。
- 能对工件、刀具进行正确装夹。
- 能对台阶轴、内孔、螺纹进行车削加工。
- 初步学会锥度、槽的车削方法。
- 初步学会轴类零件的工艺编制方法。

任务一　车工入门

活动一　了解车床

车床是对工件进行车削加工的设备，是工厂的常用设备之一。

1．知道车床各部分的名称及功用

车削是在车床上利用工件的旋转运动和车刀的直线（或曲线）运动，来改变毛坯的尺寸、形状，使之成为合格工件的一种金属切削方法。

车床主要由主轴箱、交换齿轮箱（又称挂轮箱）、进给箱、溜板部分（包括溜板箱、床鞍、中滑板、小滑板和刀架）、床身、尾座和冷却、照明部分等。车床各部分的名称如图 3.1 所示。

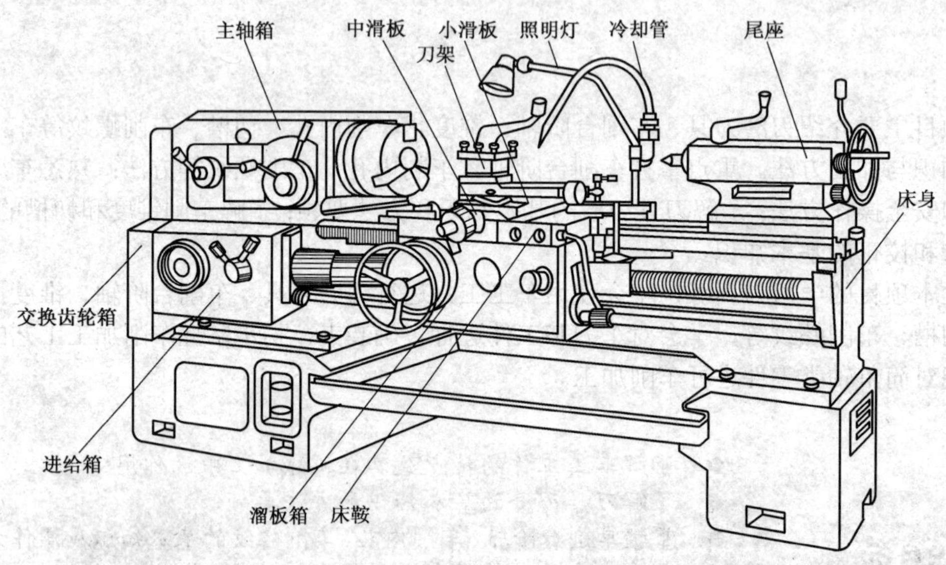

图 3.1　车床各部分的名称

主轴箱的功用是使主轴获得不同的转速。主轴用来装夹卡盘，卡盘用以装夹工件。

交换齿轮箱的功用是把主轴箱内的运动传给进给箱。通过改变交换齿轮箱内齿数不同的齿轮，配合进给箱以满足车削螺纹和机动进给的需要。

进给箱的功用是把交换齿轮箱传来的运动，经变速后传给光杠、丝杠，再由丝杠、光杠带动溜板部分，以满足车削螺纹和机动进给的需要。

溜板箱是车床进给运动的操纵箱。它可以实现手动与机动的转换，可将光杠、丝杠传来的运动分别传递给中滑板或床鞍。丝杠传来的运动供车螺纹时使用；光杠传来的运动供纵、横向机动进给时使用。

床鞍用来支承中滑板和实施纵向进给或车削螺纹；中滑板用来支承小滑板和实施横向进给；小滑板用来支承刀架、对刀、车圆锥和短距离的纵向进给等；刀架用来装夹刀具。

床身是车床上精度要求较高的大型零件。它用来支承和安装其他部件，并是纵向进给和尾座移动的基准导轨面。

尾座应用广泛，装上顶尖可支顶工件；装上钻头可以钻孔；装上铰刀可以铰孔；装上丝锥、板牙可以攻螺纹和套螺纹等。

冷却部分的功用是在车削时给切削区浇注充分的切削液；照明部分的功用是保证车削时有足够的亮度。

2．熟悉车床的操作方法

车床的操作方法：起动车床之前首先将各操纵手柄放在空挡位置，然后变换主轴变速箱外的变速手柄，配以操纵杆（正、反、停手柄）的不同位置，可实现不同转速的正转、反转及停车；变换进给箱变速手柄和光杠、丝杠手柄的位置，可分别使光杠、丝杠获得不同的转速；把溜板箱上纵、横手柄扳到纵的位置上可实现纵向进给，扳到横的位置上可实现横向进给；开合螺母处于合的位置可实现车削螺纹，将开合螺母手柄扳到开的位置后方可实施进给运动。

3．了解车床的工作范围

车床的工作范围广泛，如图 3.2 所示。车削加工的精度一般为 IT9～IT6，表面粗糙度 R_a 值一般为 12.5～1.6μm。能对不易进行磨削加工的有色金属采用金刚石车刀精细车削，精度等级可达 IT6～IT5，表面粗糙度 R_a 值可达 0.4μm。

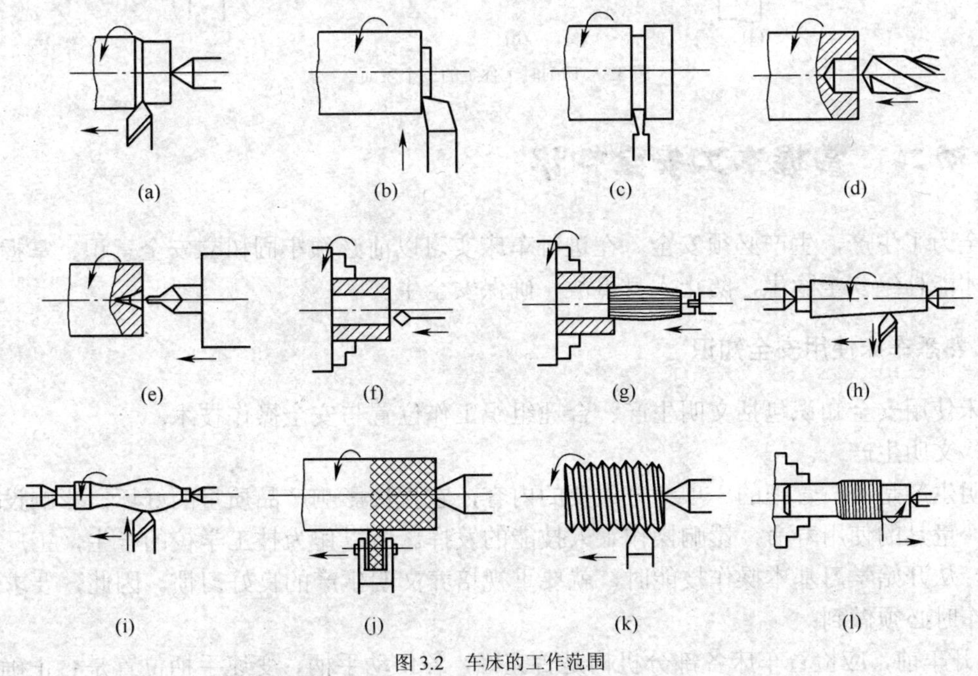

图 3.2 车床的工作范围

（a）车外圈 （b）车端面 （c）切断（车槽） （d）钻孔 （e）钻中心孔 （f）车内孔（镗孔） （g）铰孔 （h）车圆锥 （i）车成形面 （j）滚花 （k）车螺纹 （l）盘绕弹簧

4．了解车削的运动

车削加工是由工件的回转运动和刀具的进给运动叠加完成的。

（1）切削过程的运动

在切削加工中，为了切去多余的金属，必须使工件和刀具作相对的工作运动。按照在切削过程中的作用，工作运动可分为主运动和进给运动。

1）主运动 形成机床切削速度或消耗主要动力的工作运动。车削时，工件的旋转运动是主运动。通常，主运动的速度较高，消耗的切削功率较大。

2）进给运动　使工件的多余材料不断被去除的工作运动。车刀沿着所要形成的工件表面的纵向或横向移动是进给运动。

（2）切削时工件上的三个表面

车刀在切削工件时，使工件上形成三个表面，即已加工表面（工件上经刀具切削后产生的表面）、过渡表面（工件上由切削刃形成的那部分表面，它在下一切削行程，刀具或工件的下转里被切除，或者由下一切削刃切除）和待加工表面（工件上有待切除的表面），如图 3.3 所示。

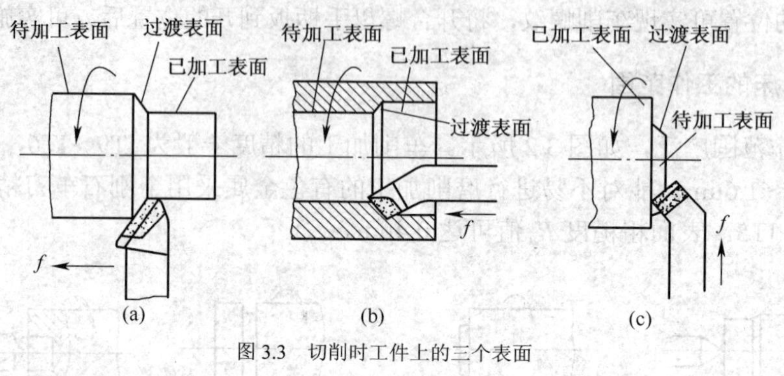

图 3.3　切削时工件上的三个表面

活动二　掌握车工安全知识

安全为了生产，生产必须安全。在进行车床实习以前必须牢固树立安全意识、掌握安全知识，才能杜绝安全隐患，防止人身事故，确保安全生产。

1．熟悉车床使用安全知识

车床使用安全知识包括文明生产、合理组织工作位置与安全操作技术。

（1）文明生产

文明生产是工厂管理的一项十分重要的内容，它直接影响产品质量的好坏，影响设备和工、夹、量具的使用寿命，影响操作工人技能的发挥。所以作为技工学校的学生，工厂的后备工人，从开始学习基本操作技能时，就要重视培养文明生产的良好习惯。因此，要求操作者在操作时必须做到：

1）开车前，应检查车床各部分机构是否完好，各传动手柄、变速手柄位置是否正确，以防开车时因突然撞击而损坏机床，起动后，应使主轴低速空转 1～2 min，使润滑油散布到各需要之处（冬天更为重要），等车床运转正常后才能工作。

2）工作中需要变速时，必须先停车。变换走刀箱手柄位置要在低速时进行。使用电器开关的车床不准用正、反车作紧急停车，以免打坏齿轮。

3）不允许在卡盘上及床身导轨上敲击或校直工件，床面上不准放置工具或工件。

4）装夹较重的工件时，应该用木板保护床面，下班时如工件不卸下，应用千斤顶支承。

5）车刀磨损后，要及时刃磨，用磨钝的车刀继续切削，会增加车床负荷，甚至损坏机床。

6）车削铸铁、气割下料的工件，导轨上润滑油要擦去，工件上的型砂杂质应清除干净，以免磨坏床面导轨。

7）使用冷却液时，要在车床导轨上涂上润滑油。冷却泵中的冷却液应定期调换。

8）下班前，应清除车床上及车床周围的切屑及冷却液，擦净后按规定在加油部位加上润滑油。

9）下班后将大拖板摇至床尾一端，各转动手柄放到空挡位置，关闭电源。

10）每件工具应放在固定位置，不可随便乱放。应当根据工具自身的用途来使用。不能用扳手代替榔头，钢尺代替旋凿（起子）等。

11）爱护量具，经常保持清洁，用后擦净、涂油，放入盒内并及时归还工具室。

（2）工、夹、量具、图样放置位置

合理组织工作位置，注意工、夹、量具、图样放置合理，对提高生产效率有很大的帮助。

1）工作时所使用的工、夹、量具以及工件，应尽可能靠近和集中在操作者的周围。布置物件时，右手拿的放在右面，左手拿的放在左边；常用的放得近些，不常用的放得远些。物件放置应有固定的位置，使用后要放回原处。

2）工具箱的布置要分类，并保持清洁，整齐。要求小心使用的物体放置稳妥，重的东西放下面，轻的放上面。

3）图样、操作卡片应放在便于阅读的部位，并注意保持清洁和完整。

4）毛坯、半成品和成品应分开，并按次序整齐排列，以便安放或拿取。

5）工作位置周围应经常保持整齐清洁。

（3）安全操作技术

操作时必须提高执行纪律的自觉性，遵守规章制度，并严格遵守安全技术要求

1）穿工作服，戴套袖。女工应戴工作帽，头发或辫子应塞入帽内。

2）戴防护眼镜，注意头部与工件不能靠得太近。

2．熟悉刀具刃磨安全知识

合理、安全地使用砂轮机对刀具进行刃磨，也是车工必备的基本功之一。安全刃磨刀具应做到以下几点

（1）车刀刃磨时，不能用力过大，以防打滑伤手。

（2）车刀高低必须控制在砂轮水平中心，刀头略向上翘，否则会出现后角过大或负后角等弊端。

（3）车刀刃磨时应作水平的左右移动，以免砂轮表面出现凹坑。

（4）在平形砂轮上磨刀时，尽可能避免磨砂轮侧面。

（5）砂轮磨削表面须经常修整，使砂轮没有明显的跳动。对平形砂轮一般可用砂轮刀在砂轮上来回修整。

（6）磨刀时要戴防护眼镜。

（7）刃磨硬质合金车刀时，不可把刀头部分放入水中冷却，以防刀片突然冷却而碎裂。刃磨高速工具钢车刀时，应随时用水冷却，以防车刀过热退火，降低硬度。

（8）在磨刀前，要对砂轮机的防护设施进行检查。如防护罩壳是否齐全；有搁架的砂轮，其搁架与砂轮之间的间隙是否恰当等。

（9）重新安装砂轮后，要进行检查，经试转后才可使用。

（10）刃磨结束后，应随手关闭砂轮机电源。

（11）车刀刃磨练习的重点是掌握车刀刃磨的姿势和刃磨方法。

3. 了解车床的润滑和维护保养

为保证车床的加工精度，延长车床的使用寿命和提高劳动生产率，必须加强对车床的维护和保养。

车床日常维护的内容主要是清洗和润滑。每天下班后应清洗机床上的切屑、切削液及杂物，当清理干净后加注润滑油。

车床的润滑方法主要有：浇油润滑、溅油润滑、油泵循环润滑及油绳润滑、压注油杯润滑和润滑脂润滑，如图 3.4 所示。

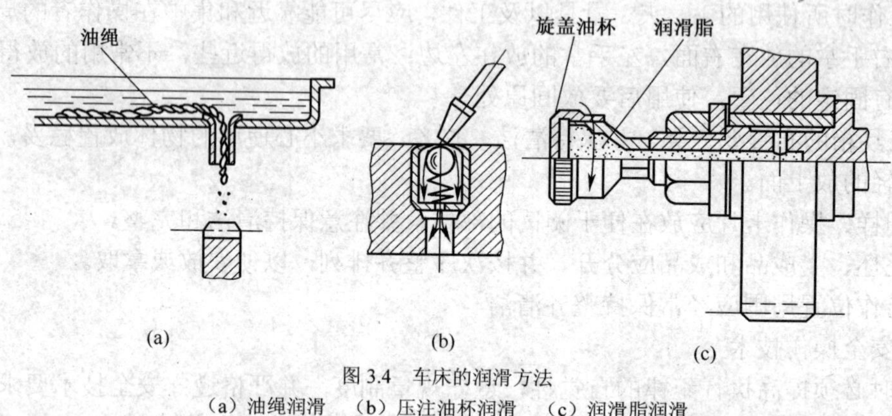

图 3.4　车床的润滑方法
（a）油绳润滑　（b）压注油杯润滑　（c）润滑脂润滑

当车床运转 500 h 后，就需要进行一级保养。一级保养的内容是：清洗、润滑和进行必要的调整。一级保养时要切断电源，以操作工人为主，维修工人配合进行。

思考与练习

1．什么是车削加工？车床能加工哪些类型的零件？
2．主轴箱有什么用途？溜板箱有什么用途？

任务二　学会刀具的刃磨

活动一　了解刀具

合理选用和正确刃磨刀具，对保证产品质量、提高生产效率有着非常重要的意义。

1. 认识常用刀具

了解车刀的种类和用途、车刀的组成、车刀的常用材料，是合理选择车刀进行车削加工

的前提。

（1）常用车刀的种类和用途

由于车削加工的内容不同，必须采用各种不同种类的车刀。如 90° 车刀、45° 车刀、切断刀、车孔刀、成形刀、车螺纹刀和硬质合金机械夹固式可转位车刀等。

1）90° 车刀（偏刀）　用来车削工件的外圆、阶台和端面。

2）45° 车刀（弯头车刀）　用来车削工件的外圆、端面和倒角。

3）切断刀　用来切断工件或在工件上切出沟槽。

4）车孔刀　用来车削工件的内孔。

5）成形刀　用来车削工件阶台处的圆角和圆槽或车削成形面工件。

6）车螺纹刀　用来车削螺纹。

7）硬质合金可转位车刀　这是国内外正在大力发展和广泛应用的先进刀具之一。刀片不需焊接，用机械夹固方式装夹在刀杆上，当刀片上的一个切削刃磨钝以后，只需松开夹紧装置，将刀片转过一个角度，即可用新的切削刃继续切削，从而大大缩短了换刀和刃磨车刀等时间，提高刀杆利用率。

硬质合金可转位车刀可根据加工内容的不同，选用不同形状和角度的刀片（如正三角形、凸三角形、五方形、正五边形等刀片）可组成外圆车刀、端面车刀、切断刀、车孔刀、车螺纹刀等。

（2）车刀的主要组成部分

车刀是由刀头（或刀片）和刀杆两部分组成。刀杆用于把车刀装夹在刀架上；刀头部分担负切削工作，所以又称切削部分。车刀的刀头由以下几部分组成，如图 3.5 所示

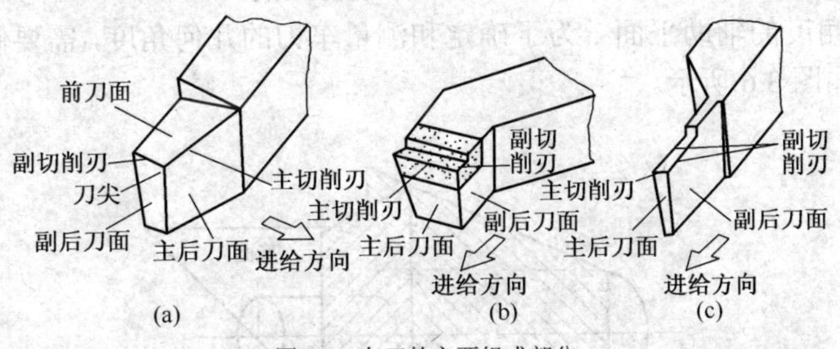

图 3.5　车刀的主要组成部分

1）前刀面　刀具上切屑流过的表面。

2）主后刀面　同工件上加工表面互相作用和相对着的刀面。

3）副后刀面　同工件上已加工表面互相作用和相对着的刀面。

4）主切削刃　前刀面和后刀面的相交部位。它担负着主要的切削工作。

5）副切削刃　前刀面和副后刀面的相交部位。它配合主功削刃完成切削工作。

6）刀尖　主切削刃和副切削刃的连结部位。为了提高刀尖的强度和使车刀耐用，很多刀在刀尖处磨出圆弧型或直线型过渡刃。

（3）车刀的常用材料

车刀切削部分在车削过程中承受着很大的切削力和冲击力，并且在很高的切削温度下工作，连续地经受着强烈的摩檫，所以车刀切削部分的材料必须具备硬度高、耐磨、耐高温、

强度好和坚韧等性能。

目前常用的车刀材料有高速工具钢和硬质合金两大类。

1）高速工具钢　高速工具钢是一种含有高成分钨和铬、钒的合金钢。高速工具钢刀具制造简单，刃磨方便，容易磨得锋利，而且韧性较好，能承受较大的冲击力，因此常用于加工一些冲击力较大、形状不规则的工件。高速工具钢也常作为精加工车刀（如宽刃大进给的车刀、梯形螺纹精车刀等）以及成型车刀的材料。但高速工具钢的耐热性较差，因此不能用于高速切削。

常用的高速工具钢牌号是 W18Cr4V（每个化学元素后面的数字，系指材料中含该元素的平均百分数）。

2）硬质合金　硬质合金是用钨和钛的碳化物粉末加钴作为结合剂，高压压制后再经高温烧结而成的。硬质合金能耐高温，即使在 1000℃左右仍能保持良好的切削性能。常温下硬度很高，而且具有一定的使用强度。缺点是韧性较差、性脆、怕冲击。但这一缺陷，可通过刃磨合理的刀具角度来弥补。所以硬质合金是目前最广泛应用的一种车刀材料。

硬质合金按其成分不同，主要有钨钴合金（YG3、YG6、YG8）和钨钛钴合金（YT5、YT15、YT30）两大类。

2．了解刀具角度对加工的影响

刀具的角度对车削加工的影响是很大的。因此，了解车刀的主要角度及其对车削加工的影响是对刀具进行合理刃磨的前提。

车刀切削部分的角度很多，其中对加工影响最大的有前角、后角、副后角、主偏角、副偏角及刃倾角等。它们是在不同的辅助平面内测量得到的。

1）确定车刀角度的辅助平面　为了确定和测量车刀的几何角度，需要假想以下三个辅助平面作为基准，如图 3.6 所示。

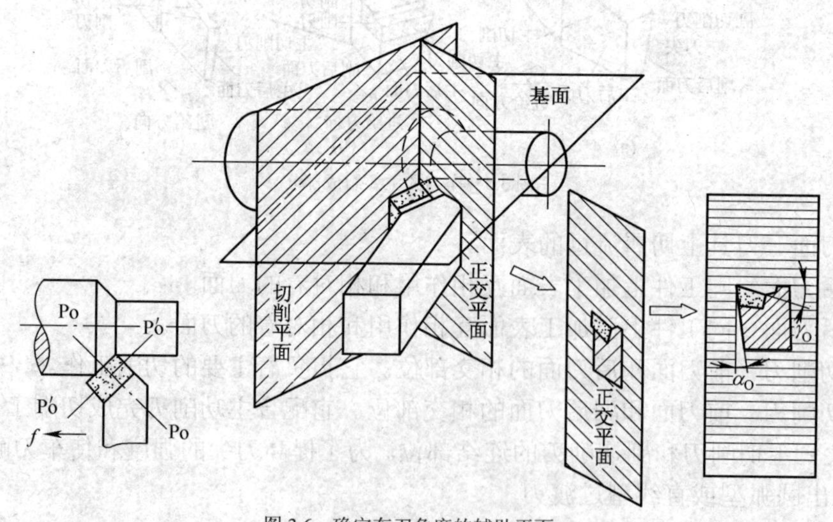

图 3.6　确定车刀角度的辅助平面

① 基面　通过切削刃上选定点，垂直于该点切削速度方向的平面。

② 切削平面　通过切削刃选定点，与切削刃相切并垂直于基面的平面。

③ 正交平面　通过切削刃选定点并同时垂直于基面和切削平面的平面。

显然，切削平面、基面、正交平面始终是相互垂直的。对于车削，基面一般是通过工件轴线的。

2）车刀的主要角度和作用（以外圆车刀为例）如图 3.7 所示。

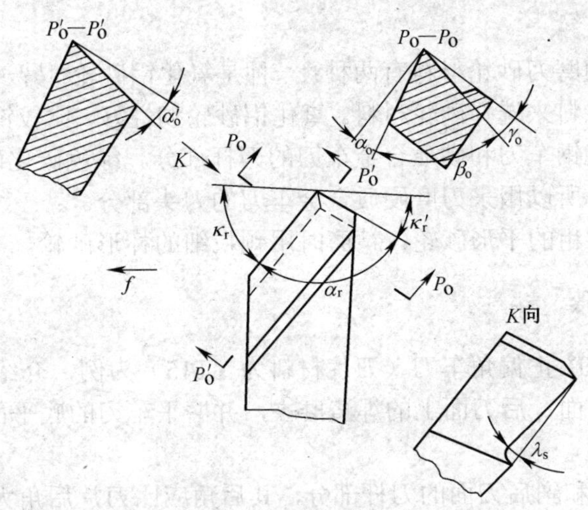

图 3.7　车刀的主要角度

在正交平面内测量的角度有：

① 前角（γ_o）　前刀面与基面之间的夹角，前角影响刃口的锋利和强度，影响切削变形和切削力。增大前角能使车刀刃口锋利，减少切削变形，可使切削省力，并使切屑容易排出。

② 后角（α_o）　主后刀面与切削平面的之间的夹角，后角的主要作用是减少车刀主后刀面与工件之间的摩擦。

③ 副后角（α'_o）　副后刀面与切削平面之间的夹角。副后角的主要作用是减少车刀副后刀面与工件之间的摩擦。

在基面内测量的角度有：

④ 主偏角（κ_r）　主切削刃在基面上的投影与进给方向之间的夹角。主偏角的主要作用是改变主切削刃和刀头的受力情况和散热情况。

⑤ 副偏角（κ'_r）　副切削刃在基面上的投影与背进给方向之间的夹角。副偏角的主要作用是减少副切削刃与工件已加工表面之间的摩擦。

在切削平面内测量的角度有：

⑥ 刃倾角（λ_s）　主切削刃与基面之间的夹角。刃倾角的主要作用是控制切屑的排出方向，当刃倾角为负值时，还可增加刀头强度和当车刀受冲击时保护刀尖。

活动二　刃磨刀具

正确刃磨车刀是车工必须掌握的基本功之一。学习了合理选择车刀材料和几何角度的知识以后，还应掌握车刀的实际刃磨，否则合理的几何角度仍然不能在生产实践中发挥作用。

车刀的刃磨一般有机械刃磨和手工刃磨两种。机械刃磨效率高、质量好，操作方便。一般有条件的工厂已应用较多。但手工刃磨灵活，对设备要求低，目前仍普遍采用，再则，作为一名车工，手工刃磨是基础，是必须掌握的基本技能。

1．砂轮的选择

目前工厂中常用的磨刀砂轮材料有两种：一种是氧化铝砂轮；另一种是绿色碳化硅砂轮。刃磨时必须根据刀具材料来选择砂轮材料。氧化铝砂轮韧性好，比较锋利，但砂粒硬度稍低，所以用来刃磨高速工具钢车刀和硬质合金车刀的刀杆部分。绿色碳化硅砂轮的砂粒硬度高，切削性能好，但较脆，所以用来刃磨硬质合金车刀的刀头部分。

一般粗磨时用颗粒粗的平形砂轮，精磨时用颗粒细的杯形砂轮。

2．磨刀的一般步骤

现以车削钢料的 90° 正偏角车刀（刀片材料为 YT15）为例，介绍手工刃磨的步骤。

（1）先把车刀前刀面、后刀面上的焊渣磨去，并磨平车刀的底平面。磨削时采用粗粒度的氧化铝砂轮。

（2）粗磨主后刀面和副后刀面的刀杆部分，其后角应比刀片后角大 2°～3°。以便刃磨刀片上的后角。磨削时采用粗粒度的氧化铝砂轮。

（3）粗磨刀片上的主后刀面、副后刀面和前刀面。粗磨出的主后角、副后角应比所要求的后角大 2° 左右。刃磨时采用粗粒度的绿色碳化硅砂轮，如图 3.8 所示。

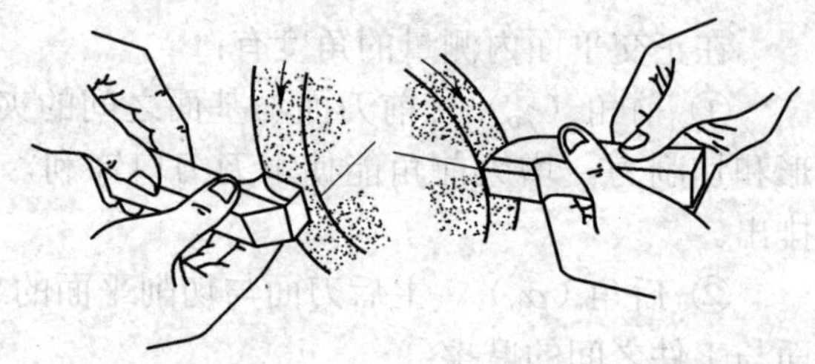

图 3.8　粗磨刀片上的主后刀面、副后刀面和前刀面

（4）磨断屑槽。断屑槽一般有两种形状，一种是圆弧形，另一种是阶台形。刃磨圆弧形断屑槽，必须先把砂轮的外圆跟平面的交角处用修砂轮的金刚石笔修整成相应的圆孤。如刃磨阶台形断屑槽，砂轮的交角就必须修整出清角（尖锐）。刃磨时，刀尖可向下磨或向上磨，如图 3.9 所示。

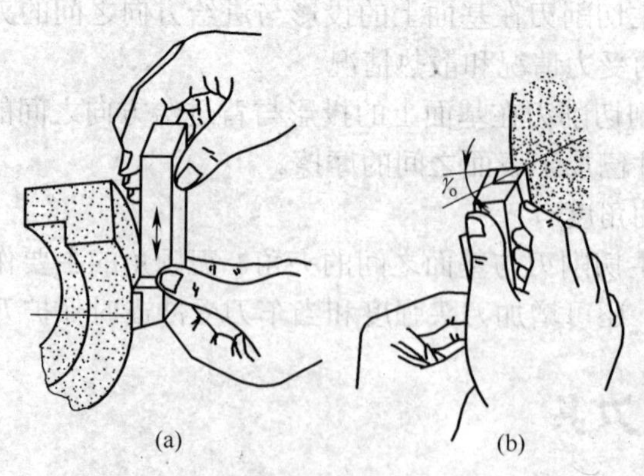

图 3.9　磨断屑槽

（5）精磨主后角和副后角。刃磨时，将车刀底平面靠在调整好角度的搁板上，并使切削

刃轻轻靠在砂轮的端面上进行。刃磨时，车刀应左右缓慢移动，使砂轮磨损均匀，车刀刃口平直。精磨时采用杯形、细粒度的绿色碳化硅砂轮或金刚石砂轮，如图 3.10 所示。

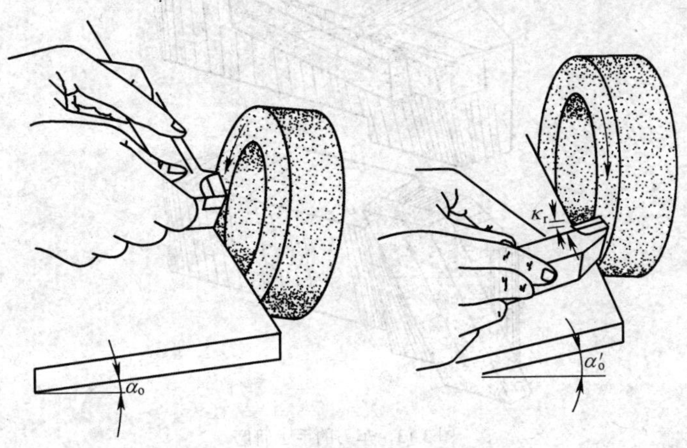

图 3.10　精磨主后角和副后角

（6）磨负倒棱。刃磨时，用力要轻，车刀要沿主切削刃的后端向刀尖方向摆动。磨削方法可以采用直磨法和横磨法，如图 3.11 所示。

（7）磨过渡刃。过渡刃有直线型和圆弧型两种。对于刃磨车削较硬材料的车刀时，也可以在过渡刃上磨出负倒棱，对于大进给量车刀，可用相同的方法在副切削刃上磨出修光刃，采用的砂轮跟精磨后角时相同，如图 3.12 所示。

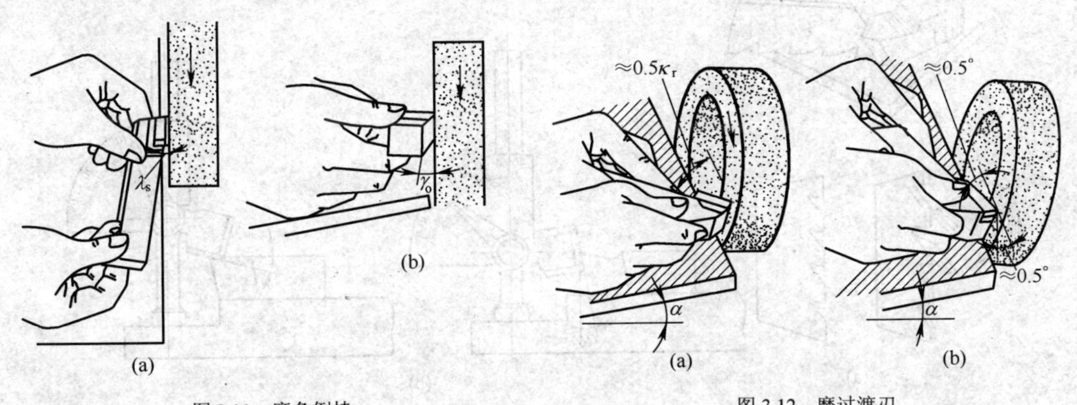

图 3.11　磨负倒棱

图 3.12　磨过渡刃

3．车刀的手工研磨

刃磨后的切削刃有时还不够光洁。如果用放大镜检查，可发现刃口上凹凸不平，呈锯齿形。使用这样的车刀加工工件会直接影响工件的表面粗糙度，而且也会降低车刀的使用寿命。对于硬质合金车刀，在切削过程中还容易崩刃，所以对于手工刃磨后的车刀还必须进行研磨。一般用油石进行研磨。用油石研磨车刀时，手持油石要平稳。油石要贴平需要研磨的表面平稳移动，如图 3.13 所示。推时用力，回来时不用力。研磨后的车刀，应消除刃磨的残留痕迹，刃面表面粗糙度应达到 R_a 0.32～0.16μm。

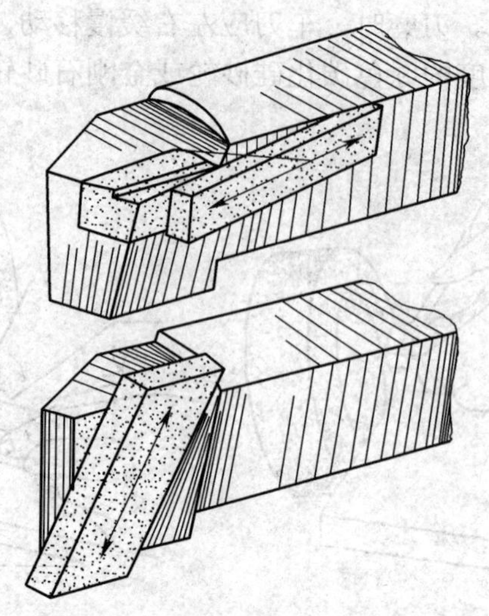

图 3.13 车刀的手工研磨

4. 车刀角度的测量

车刀磨好后，必须测量其角度是否合乎要求。车刀的角度一般可用样板测量，如图 3.14（a）所示。对于角度要求高的车刀（螺纹刀），可以用车刀量角器进行测量，如图 3.14（b）所示。

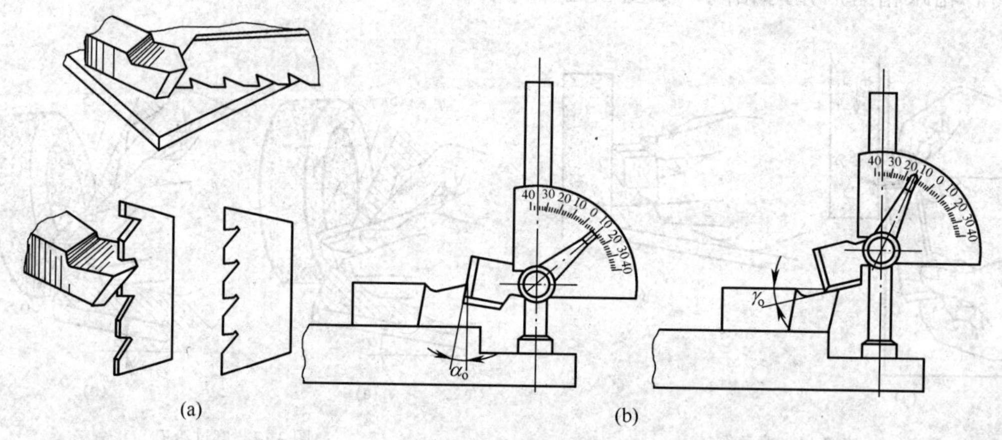

图 3.14 车刀角度的测量

活动三 刃磨刀具训练

1. 技能训练要求

（1）学会选择砂轮和修磨砂轮的方法；

（2）掌握硬质合金车刀的刃磨方法。

2．使用的刀具、量具和辅助工具

45°、90°硬质合金外圆车刀、角度样板、万能游标量角器。

3．技能训练内容

（1）工件图样

如图 3.15 所示。

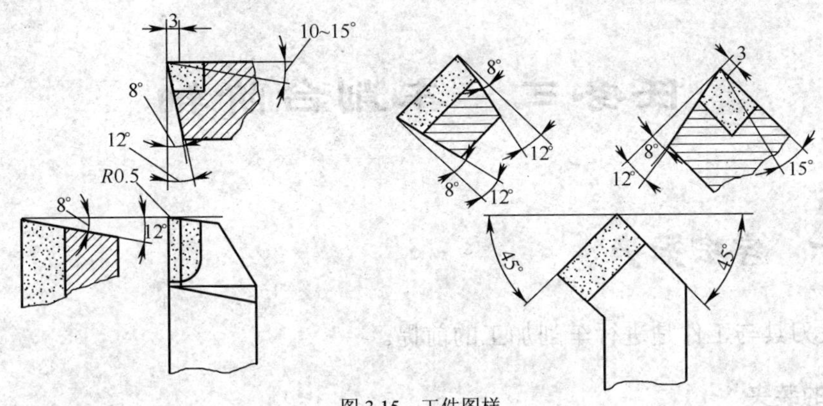

图 3.15　工件图样

（2）参考步骤

1）选择黑色碳化硅砂轮磨去刀头部分刀体多余材料和焊渣；

2）选择黑色碳化硅砂轮粗磨刀体部分的主、副后刀面，磨出主、副后角和主、副偏角；

3）选择绿色碳化硅砂轮粗磨刀片部分的主、副后刀面，磨出主、副后角和主、副偏角；

4）用砂轮割刀修正绿色碳化硅砂轮；

5）粗、精磨前刀面，磨出断屑槽和前角；

6）精磨主、副后刀面，磨出主、副后角，修正主、副偏角；

7）修磨刀尖圆弧。

4．评分表

评分表如表 3.1 所示。

表 3.1　　评分表

项　目	序　号	考核内容和要求	配　分	评 分 标 准	检　　测	得　　分
角度	1	前角	20 分	超差扣 10～15 分		
	2	主偏角	20 分	超差扣 10～15 分		
	3	副偏角	10 分	超差扣 3～6 分		
	4	主后角	20 分	超差扣 10～15 分		
	5	副后角	10 分	超差扣 3～6 分		
其他	6	刀面平整	10 分	超差扣 3～6 分		
	7	刃口平直	10 分	超差扣 3～6 分		

思考与练习

1．车刀有哪几个主要角度？它们的作用是什么？
2．常用的车刀材料有哪几种？它们的性能和用途如何？

任务三　车削台阶轴

活动一　学会装夹

正确装夹刀具与工件是进行车削加工的前提。

1．刀具的装夹

车刀装夹得是否正确，直接影响切削的顺利进行和工件的加工质量。即使刃磨了合理的车刀角度，如果不正确装夹，也会改变车刀工作时的实际角度。装夹车刀时，必须注意以下几点。

（1）车刀装夹在刀架上，不宜伸出太长。在不影响观察的前提下，应尽量伸出短些。否则切削时刀杆的刚性减弱，容易产生振动，影响工件的表面粗糙度，甚至使车刀损坏。车刀的伸出长度，一般以不超过刀杆厚度的 1.5 倍为宜。车刀下面的垫片要平整，并应与刀架对齐，而且尽量以少量的厚垫片代替较多的薄垫片，以防止车刀产生振动。

（2）车刀刀尖应与工件轴线一样高。车刀装得太高，会使车刀的实际后角减小，使车刀后刀面与工件之间的摩擦增大；车刀装得太低，会使车刀的实际前角减小，使切削不顺利。

（3）装夹车刀时，刀杆中心线应跟进给方向垂直，否则会使主偏角和副偏角的数值发生变化。

（4）车刀至少要用两个螺钉压紧在刀架上，并逐个轮流旋紧。旋紧时不得用力过大而损坏螺钉。

2．工件的装夹与校正

车削前，必须把工件装夹在车床夹具上，经过找正、夹紧，使它在整个加工过程中始终保持正确的位置。工件装夹的速度和质量，直接影响生产效率和工件质量的高低，应该十分重视。车台阶轴时可以采用以下几种装夹方法。

（1）在四爪单动卡盘上装夹工件

1）四爪单动卡盘的构造　四爪单动卡盘有四个各不相关的卡爪 1、3、4、5，每个爪的后面有一半瓣内螺纹跟丝杆 2 啮合，如图 3.16 所示。丝杆的一端有一方孔，用来安插扳手方榫。用扳手转动某一丝杆时跟它啮合的卡爪就能单独移动，以适应工件大小的需要。卡盘后面配有连接盘，连接盘有内螺纹跟车床主轴外螺纹相配合。

2）四爪单动卡盘的优缺点和应用　由于四爪单动卡盘的四个卡爪能各自独立移动，因此工件装夹后必须将工件加工部分的旋转轴线找正到与车床主轴旋转轴线重合后才能车削，找正比较麻烦。但四爪单动卡盘的夹紧力大，因此适用于装夹大型或形状不规则的工件。四爪单动卡盘可装成正爪和反爪两种，反爪用来装夹直径较大的工件。

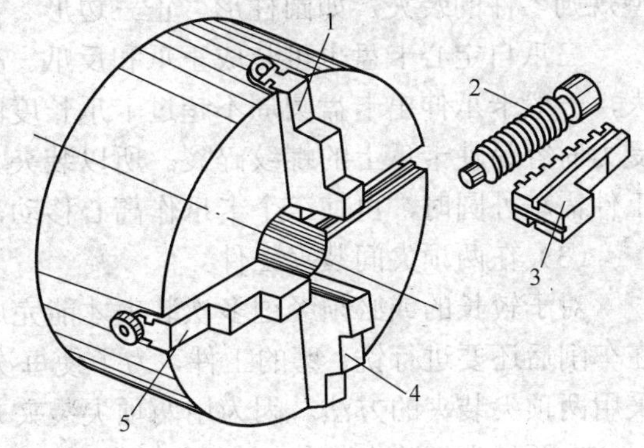

图 3.16　四爪单动卡盘的构造

（2）在三爪自定心卡盘上装夹工件

1）三爪自定心卡盘的构造

三爪自定心卡盘的构造如图 3.17 所示。三爪自定心卡盘也是用连接盘装夹在车床主轴上的。当扳手方榫插入小锥齿轮 2 的方孔 1 转动时，小锥齿轮 2 就带动大锥齿轮 3 转动。大锥齿轮 3 的背面是一平面螺纹 4，三个卡爪 5 背面的螺纹跟平面螺纹 4 啮合，因此当平面螺纹 4 转动时，就带动三个卡爪 5 同时作向心或离心移动。

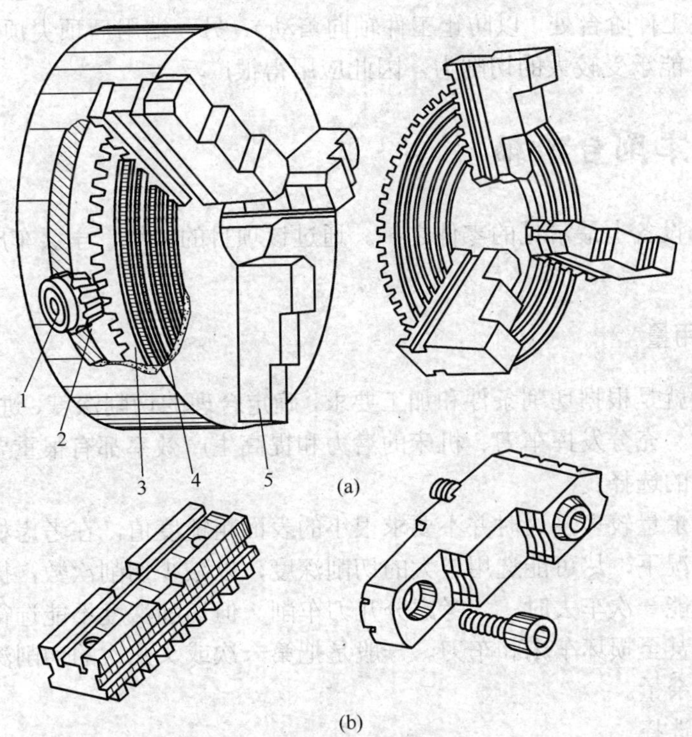

图 3.17　三爪自定心卡盘的构造

2）三爪自定心卡盘的优缺点和应用

三爪自定心卡盘能自动定心，不需花很多时间去找正，装夹效率比四爪单动卡盘高，但夹紧力没有四爪单动卡盘大。这种卡盘不能装夹形状不规则的工件，只适用于大批量的中小型规则零件的装夹，如圆柱形、正三边形、正六边形等工件。

三爪自定心卡盘也可装成正爪和反爪。必须注意，用正爪装夹工件时，工件直径不能太大，一般卡爪伸出卡盘圆周不超过卡爪长度的1/3，否则卡爪跟平面螺纹只有2～3牙啮合，受力时容易使卡爪上的螺纹碎裂。所以装夹大直径工件时，尽量采用反爪装夹。较大的带孔工件需车外圆时，可使三个卡爪作离心移动，撑住工件内孔来车削。

（3）在两顶尖间装夹工件

对于较长的或必须经过多次装夹才能完成的工件，如长轴、长丝杠的车削，或工序较多，在车削后还要进行铣、磨的工件，为了使每次装夹都能保持其装夹精度（保证同轴度），可以采用两顶尖装夹的方法。因为用两顶尖装夹方便，不需找正，所以装夹精度高。

在两顶尖间装夹工件，必须先在工件的两端面上钻出中心孔。

在车床上钻中心孔的方法是：

1）先把工件夹在卡盘上，尽可能伸出短一些，端面不能留有凸头。

2）缓慢均匀地摇动尾座手轮，使中心钻钻入工件端面。

3）钻到尺寸后，让中心钻原地不动数秒钟，使中心孔圆整后再退出。

（4）一夹一顶装夹工件

在两顶尖间装夹工件，刚性较差，因此，车削一般轴类零件，尤其是较重的工件，不能采用两顶尖装夹的方法，而采用一端夹住（用三爪自定心或四爪单动卡盘，并在卡盘内做一限位支承，或夹住工件阶台处，以防止工件轴向窜动），另一端用后顶尖顶住的装夹方法。这种方法比较安全，能承受较大的切削力，因此应用得很广泛。

活动二　车削台阶轴

台阶轴是机器设备上最常见的零件之一。通过该项目的训练，学会车床的基本操作与切削用量的合理选择。

1．选择切削用量

选择切削用量就是根据切削条件和加工要求，确定合理的切削深度、进给量和切削速度。这对保证产品质量、充分发挥车刀、机床的潜力和提高生产效率都有很重要的意义。

（1）切削深度的选择

粗车时，加工余量较多，这时并不要求很小的表面粗糙度值，在考虑机床动力、工件和机床刚性许可的情况下，尽可能选用较大的切削深度，以减少切削次数，提高生产效率。只有当余量较大，不能一次车去时，才考虑分几刀车削。但切削深度不能选得过大，否则会引起振动、“闷车”，甚至损坏车床和车刀。一般是把第一次或头几次的切削深度选得大些，最后留半精车和精车余量。

（2）进给量的选择

进给量的大小受到机床和刃具的刚性和强度、工件精度和表面粗糙度的限制。切削深度选定以后，进给量应选得大些。但是，当进给量太大时，可能会引起机床最薄弱零件的损坏、

刀片碎裂、工件弯曲、加工表面粗糙度值增大等。

粗车时由于工件表面粗糙度值可大些，选取进给量时，在机床、工件、刀具允许的情况下尽量大些；这样可以缩短切削行程时间，提高生产效率。精车时，应考虑工件的表面粗糙度，进给量应选小些。

（3）切削速度的选择

当切削深度和进给量选好以后，切削速度也应选取较为合理的数值。应当做到既能发挥车刀的切削性能，又能发挥车床的潜力，并且保证加工表面质量和降低成本。选择切削速度的一般原则如下

1）车刀材料　使用硬质合金车刀可比高速工具钢车刀的切削速度快。

2）工件材料　切削强度和硬度较高的工件时，因为产生的热量和切削力都比较大，车刀容易磨损，所以切削速度应选得低些。脆性材料如铸铁工件，虽然强度不高，但车削时形成崩碎切屑，热量集中在切削刃附近，不易传散。因此，切削速度也应取得低一些。

3）表面粗糙度　要求表面粗糙度值小的工件，如用硬质合金车刀车削，切削速度应取得高些；如用高速工具钢车刀车削，切削速度应取得低些。

4）切削深度和进给量　切削深度和进给量增大时，切削时产生的热量和切削力都较大，所以应适当降低切削速度。反之，切削速度可取高些。

5）切削液　切削时加注切削液可以降低切削区域的温度，并起润滑作用。

2．熟悉量具的使用方法

量具是保证产品质量的常用工具。正确使用量具是保证产品加工精度，提高产品质量的最有效的手段。

（1）钢直尺的规格和使用

钢直尺是简单量具，其测量精度一般在±0.2mm 左右，在测量工件的外径和孔径时，必须与卡钳配合使用。

钢直尺上刻有公制或英制尺寸，常用的公制钢直尺的长度规格有 150、300、600、1000 等四种，如图 3.18 所示。

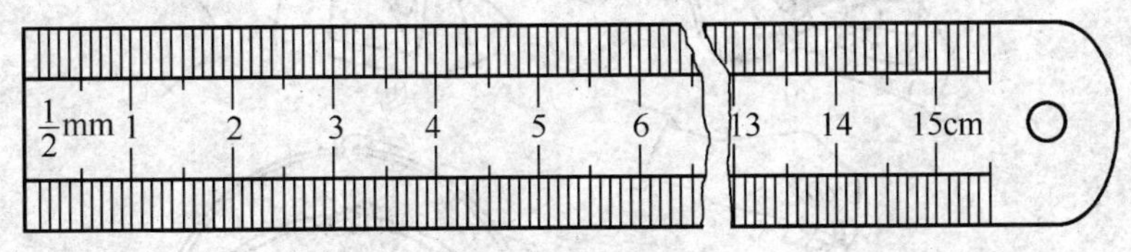

图 3.18　钢直尺

（2）游标卡尺的使用

游标卡尺的测量范围很广，可以测量工件外径、孔径、长度、深度以及沟槽宽度等。测量工件的姿势和方法如图 3.19 所示。

（3）外径千分尺的使用

外径千分尺是车削加工时最常用的一种精密测量仪器，其测量精度可以达到 0.01mm。测量工件的姿势和方法如图 3.20 所示。

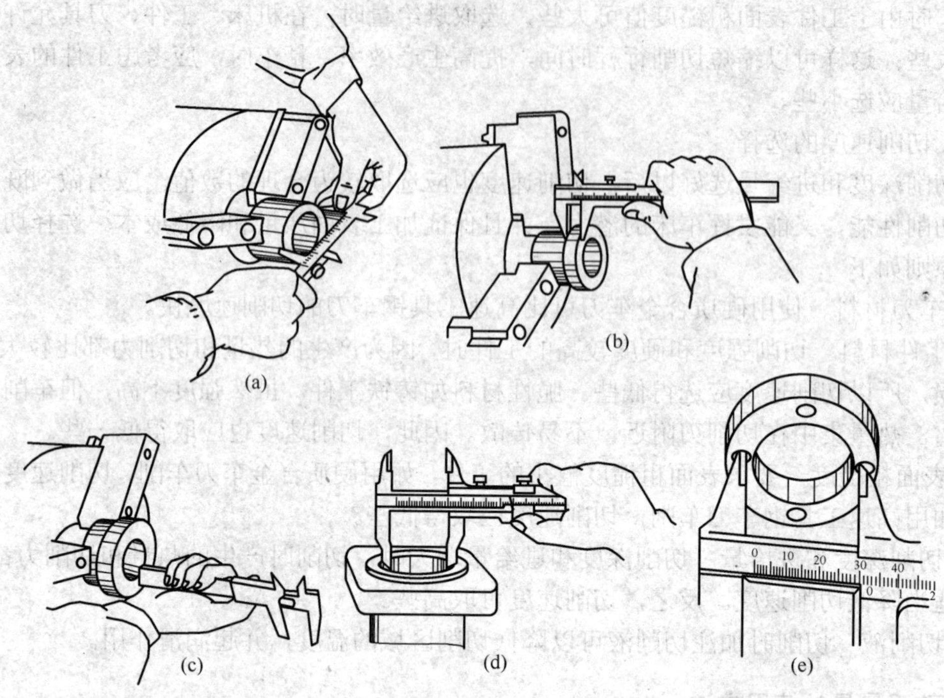

图 3.19　游标卡尺的使用方法

（a）测量外径　（b）测量长度　（c）测量孔深　（d）测量内径　（e）测量两孔距

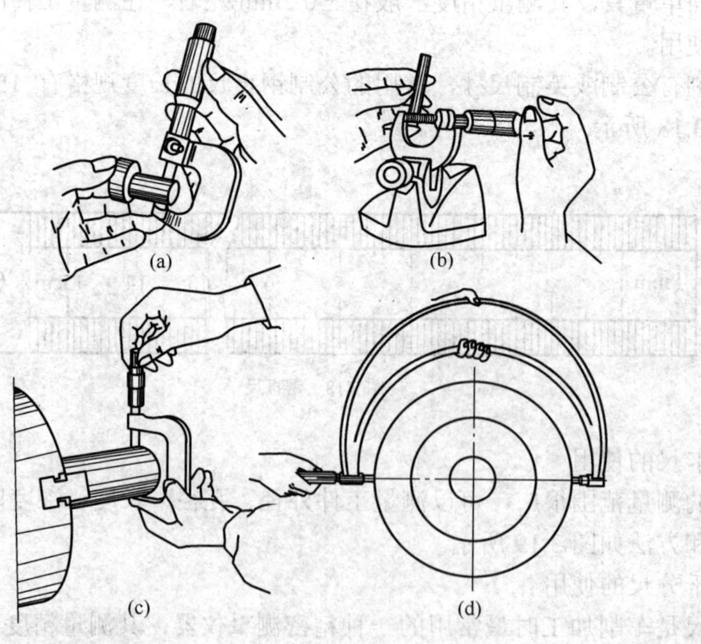

图 3.20　外径千分尺的使用方法

3. 车削台阶轴

在同一工件上，有几个直径大小不同的圆柱体连接在一起像台阶一样，就叫它为台阶工件。俗称台阶为“肩胛”。台阶工件的车削，实际上就是外圆和平面车削的组合。故在车削时必须兼顾外圆的尺寸精度和台阶长度的要求。

（1）台阶工件的技术要求

台阶工件通常与其他零件结合使用，因此它的技术要求一般有：各挡外圆之间的同轴度、外圆和台阶平面的垂直度、台阶平面的平面度以及外圆和台阶平面相交处的清角。

（2）车刀的选择和装夹如图 3.21 所示

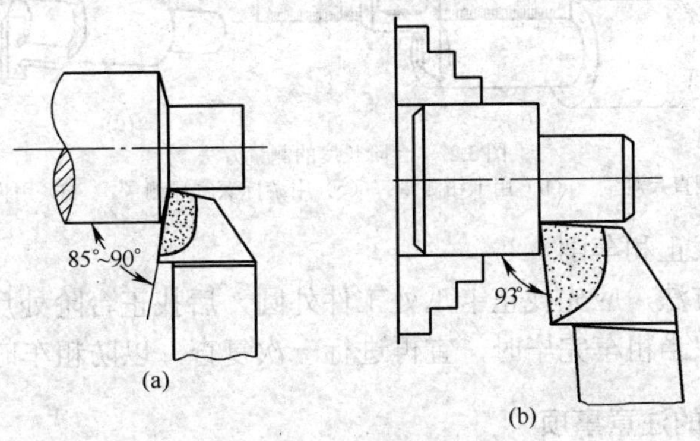

图 3.21 车刀的装夹

车削台阶时，通常使用 90° 外圆偏刀。车刀的装夹应根据粗、精车的特点进行安装。如粗车时余量多，为了增加切削深度，减少刀尖压力，车刀装夹可取主偏角小于 90° 为宜（一般为 85° ～90° ）。精车时为了保证台阶平面和轴心线垂直，应取主偏角大于 90°（一般为 93° 左右）。

（3）车削台阶工件的方法

车削台阶工件，一般分粗、精车进行。车削前根据台阶长度先用刀尖在工件表面刻线痕，然后按线痕进行粗车。粗车时的台阶每档均略短些，留精车余量。精车台阶工件时，通常在机动进给精车外圆至近台阶处时，以手动进给代替机动进给。当车至平面时，然后变纵向进给为横向进给，移动中滑板由里向外慢慢精车台阶平面，以确保台阶平面垂直轴心线。

（4）直径尺寸的控制方法

车削台阶工件，直径尺寸的控制采用对刀——测量——进刀——切削的方法加以保证。

1）对刀　就是让刀尖沿轴向接触工件，纵向退出，轴向略进刀 0.6～0.8mm 后，纵向切削，再纵向退出（中滑板不动或记下刻度）。

2）测量　就是用游标卡尺或千分尺测量刚才的切削部分。

3）进刀　就是用切削部分的测量值和图样要求进行比较后，用中滑板进刀（粗车时按 2～3mm/刀；精车时按 0.6～0.8mm/刀）。

4）切削　就是用机动/手动的方法进行纵向切削。

（5）台阶长度的测量和控制方法

当粗车完毕时，台阶长度已基本符合要求。在精车外圆的同时，一起把台阶长度车准。其测量方法，通常用钢直尺检查。如精度要求较高时，可用样板，游标深度尺、卡钳等测量，如图 3.22 所示。

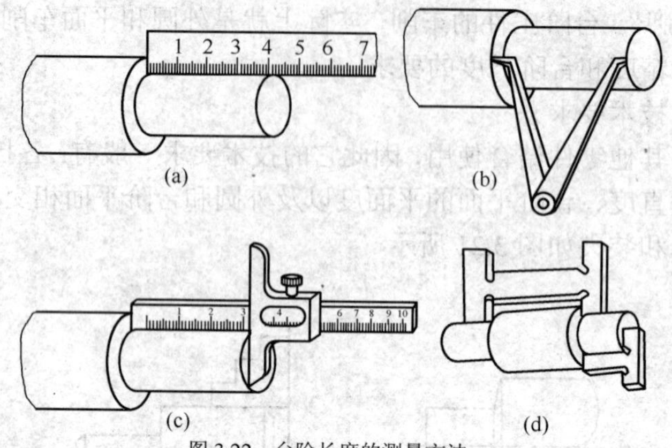

图 3.22　台阶长度的测量方法

（a）用钢直尺测量　（b）用卡钳测量　（c）用游标深度尺测量　（d）用样板测量

（6）工件的调头找正和车削

根据习惯的找正方法，应先找正卡爪处工件外圆，后找正台阶处反平面。这样反复多次找正后才能进行车削。当粗车完毕时，宜再进行一次复查，以防粗车时工件发生移位。

4．车削台阶轴时的注意事项

1）台阶平面和外圆相交处要清角，防止产生凹坑和出现小台阶。

2）车刀没有从里向外横向切削或车刀装夹主偏角小于 90°，以及刀架、车刀、滑板等发生移位会造成台阶平面出现凹凸。

3）台阶工件的长度测量，应从一个基准面量起，以防累积误差。

4）刀尖圆弧较大或刀尖磨损会使平面与外圆相交处出现较大圆弧。

5）主轴没有停妥，不能使用量具进行测量。

6）使用游标卡尺进行测量时，卡脚应和测量面贴平，以防卡脚歪斜产生测量误差。松紧程度要适当，以防过紧或过松造成测量误差；取下时，应把紧固螺钉拧紧，以防副尺移动，影响读数的正确。

5．产生废品的原因及预防方法

产生废品的原因及预防方法如表 3.2 所示。

表 3.2　车削台阶轴时产生废品的原因及预防方法

废品种类	产生原因	预防方法
端面产生凹或凸	1．用右偏刀从外向中心进给时，床鞍没固定，车刀扎入工件产生凹面	在车大端面时，必须把床鞍的固定螺钉旋紧
	2．车刀不锋利、小滑板太松或刀架没压紧，使车刀受切削力作用面“让刀”，因而产生凸面	保持车刀锋利。中、小滑板的镶条不应太松；车刀刀架应压紧
阶台不垂直	1．较低的阶台是由于车刀装得歪斜，使主切削刃跟工件轴线不垂直	装刀时必须使车刀的主切削刃垂直于工件的轴线，车阶台时最后一刀应从阶台里面向外车出
	2．较高的阶台不垂直的原因同端面凹凸的原因一样	

活动三 车削台阶轴训练

1. 技能训练要求

（1）能合理组织工作位置，掌握正确的操作姿势。

（2）用手动进给均匀移动大拖板、中拖板、小拖板按图样要求车削工件。

（3）掌握正确使用量具的方法。

（4）掌握试刀、试切削的方法，控制外圆尺寸。

（5）遵守操作规程，养成文明生产、安全生产的良好习惯。

2. 使用的刀具、量具和辅助工具

外圆车刀、游标卡尺、钢直尺等。

3. 技能训练内容

（1）工件图样

工件图样如图 3.23 所示。

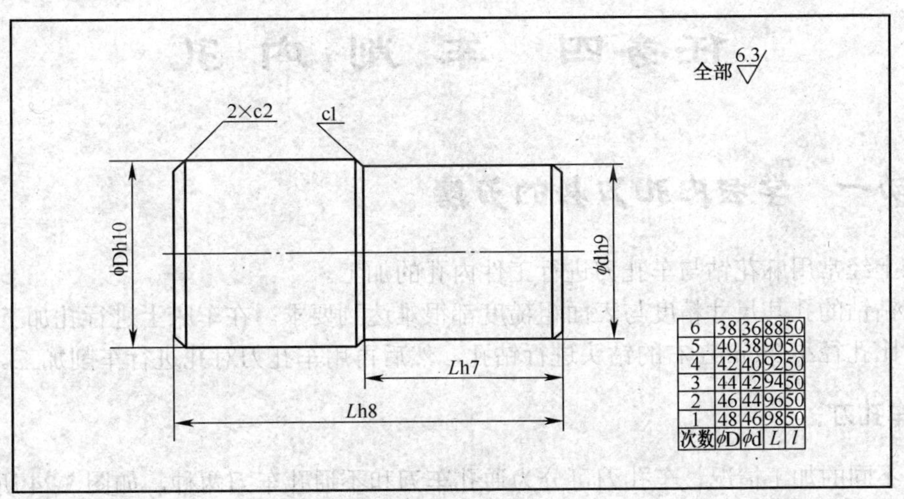

6	38	36	88	50
5	40	38	90	50
4	42	40	92	50
3	44	42	94	50
2	46	44	96	50
1	48	46	98	50
次数	ϕD	ϕd	L	l

图 3.23 工件图样

（2）参考步骤

1）粗、半精车ϕDh10 端面、外圆，留工序余量。

2）调头装夹粗、半精车ϕdh9 端面、外圆，留工序余量。精车ϕdh9 端面、外圆、倒角至尺寸要求。

3）调头装夹，精车ϕDh10 端面、外圆、倒角至尺寸要求。

4）重复以上操作步骤。

4. 评分表

评分表如表 3.3 所示。

表 3.3　　　　评 分 表

项目	序号	考核内容和要求	配分	评分标准	检测	得分
尺寸公差	1	ϕDh10	30	超差 0.01 扣 1 分；超差 0.03 以上不得分。		
	2	ϕdh9	30			
	3	Lh8	10	超差 0.02 扣 1 分；超差 0.06 以上不得分。		
	4	Lh7	10			
其他	5	表面粗糙度 R_a6.3	20	R_a>6.3 扣 2 分		

思考与练习

1．装夹车刀应注意哪些事项？
2．四爪单动和三爪自定心卡盘的结构是怎样的？
3．车削外圆时，表面粗糙度达不到要求是什么原因？怎样解决？
4．控制阶台的长度有哪些方法？

任务四　车 削 内 孔

活动一　学会内孔刀具的刃磨

车床上经常用麻花钻与车孔刀进行工件内孔的加工。

麻花钻钻的孔其尺寸精度与表面粗糙度都很难达到要求。在车床上进行孔加工时，常常是先使用比孔径小 2mm 左右的钻头进行钻孔，然后再用车孔刀对孔进行车削加工。

1. 车孔刀

根据不同的加工情况，车孔刀可分为通孔车刀和不通孔车刀两种，如图 3.24 所示。

（1）通孔车刀

其切削部分的几何形状基本上跟外圆车刀相同。为了减小径向切削力防止振动，主偏角一般取 60°～75°，副偏角取 15°～30°。为了防止车孔刀后刀面和孔壁的摩擦，以及不使车孔刀的后角磨得太大，一般磨成两个后角。

（2）不通孔车刀

不通孔车刀是车阶台孔或不通孔用的，切削部分的几何形状基本上跟偏刀相同。它的主偏角大于 90°。刀尖在刀杆的最前端，刀尖到刀杆外端的距离。应小于内孔半径 R，否则孔的底平面就无法车平。车内孔阶台时，只要不碰即可。

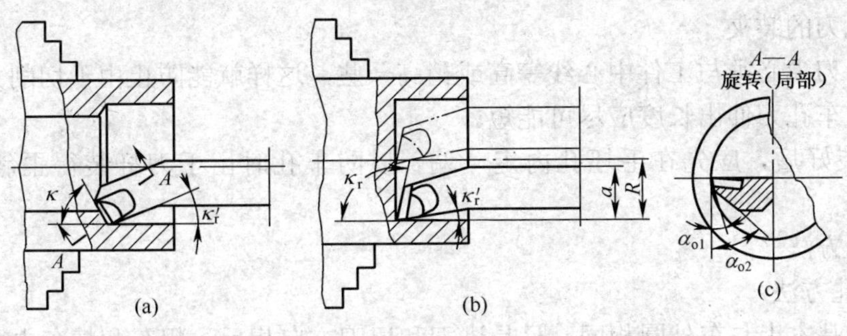

图 3.24 车孔刀

2．车孔刀的刃磨

内孔车刀的切削部分基本上与外圆车刀相似，只是多一个弯头而已。

根据内孔的几何形状，通孔车刀的主偏角一般取 45°～75°，副偏角一般取 6°～30°，后角取 8°～12°。不通孔车刀的切削部分基本上与外偏刀相似，它的主偏角应大于 90°，一般为 93° 左右，副偏角为 3°～6°，后角为 8°～12°。

内孔车刀卷屑槽方向的选择

当内孔车刀的主偏角为 45°～75°，在主切削刃方向磨卷屑槽，能使其切削刃锋利，切削轻快，在切削深度较深的情况下，仍能保持它的切削稳定性，故适用于粗车。如果在副切削刃方向磨卷屑槽，在切削深度较浅的情况下，能达到较好的表面质量。

当内孔车刀的主偏角大于 90°，在主切削刃方向磨卷屑槽，它适宜于纵向切削，但切削深度不能太深，否则切削稳定性不好，刀尖容易损坏。如果在副切削刃方向磨卷屑槽，它适宜于横向切削。

活动二　车削内孔

孔是零件中较常见的型面之一。孔加工与外圆加工相比，有许多需要注意的地方。如：孔加工是在工件内部进行，因此难于观察、难于控制；车孔刀的刀杆受到孔径的限制，不能太粗，因此刚性较差；同时加工时的冷却、排屑与测量等均较外圆加工难。

1．车削内孔的方法

在车床上进行孔加工时，常常是先使用比孔径小 2mm 左右的钻头进行钻孔，然后再用车孔刀对孔进行车削加工。

（1）钻头的安装

直柄麻花钻用钻夹头装夹，再将钻夹头的锥柄插入尾座锥孔；锥柄麻花钻可直接或用莫氏变径套过渡插入尾座锥孔。

（2）钻孔方法

1）钻孔前先把工件平面车平，中心处不许有凸头，有时还可以先用中心钻定心，以利于钻头定心和确保同轴度。

2）找正尾座，使钻头中心对准工件的旋转中心，否则可能会扩大钻孔直径和折断钻头。

（3）车孔刀的装夹

装刀时，刀尖必须与工件中心线等高或稍高一些，这样就能防止由于切削力而使刀尖扎入工件。同时车孔刀伸出长度应尽可能短。

车孔刀装好后，应先在毛坯孔内走一遍，以防车孔时由于刀杆装得歪斜而碰到孔的表面。

（4）车孔方法

1）车直孔方法

直孔车削基本上与车外圆相同，只是进刀和退刀方向相反。粗车和精车内孔时也要进行试切和试测，其试切方法与试切外圆相同。即根据径向余量的一半横向进给，当车刀纵向切削至 2mm 左右时纵向快速退出车刀（横向不动）然后停车试测。反复进行，直至符合孔径精度要求。

2）车台阶孔方法

① 车削直径较小的台阶孔时，由于直接观察困难，尺寸精度不易掌握，所以通常采用先粗、精车小孔，再粗、精车大孔的方法进行。

② 车削大的台阶孔时，在视线不受影响的情况下，通常采用先粗车大孔和小孔，再精车大孔和小孔的方法进行。

③ 车削孔径大、小相差悬殊的台阶孔时，最好采用主偏角小于 90°（一般为 85°～88°）的车刀先进行粗车，然后用内偏刀精车至图样尺寸。因为直接用内偏刀车削，进刀深度不可太深，否则刀尖容易损坏。其原因是刀尖处于切削刃的最前沿，切削时刀尖先切入工件，因此其承受力最大，加上刀尖本身强度差，所以容易碎裂。其次由于刀杆细长，在纯轴向抗力的作用下，进刀深了容易产生振动和扎刀。

④ 控制车孔长度的方法。粗车时通常采用刀杆上刻线痕作记号，或安放限位铜片，以及用床鞍刻度盘的刻线来控制等。精车时还需用钢直尺、游标深度尺等量具复量车准。

3）车削平底孔的方法

① 选择比孔径小 2mm 的钻头进行钻孔，钻孔深度，从麻花钻顶尖量起，并在麻花钻上刻线痕作记号。

② 粗车底平面和粗车孔成形（留精车余量），然后再精车内孔及底平面至图样尺寸要求。

2. 测量孔径量具的使用方法

测量孔径尺寸，当孔径精度要求较低时，可以用钢直尺、游标卡尺等进行测量；当孔径精度要求较高时，通常用塞规、内测千分尺或内径百分表结合千分尺进行测量。

（1）用塞规测量

塞规如图 3.25 所示，由过端 1，止端 2 和柄 3 组成。过端按孔的最小极限尺寸制成，测量时应塞入孔内。止端按孔的最大极限尺寸制成，测量时不允许插入孔内。当过端塞入孔内，而止端插不进去时，就说明此孔尺寸是在最小极限尺寸与最大极限尺寸之间，是合格的。

（2）用内测千分尺测量

内测千分尺及其使用方法如图 3.26 所示。这种千分尺刻线方向与外径千分尺相反，当微分筒顺时针旋转时，活动量爪向左移动，量值增大。

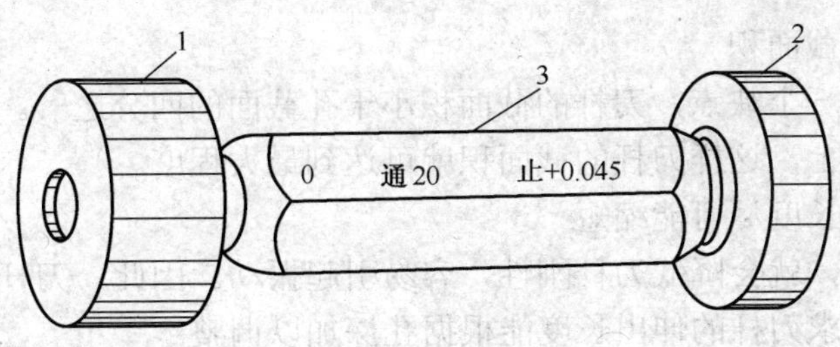

图 3.25　塞规

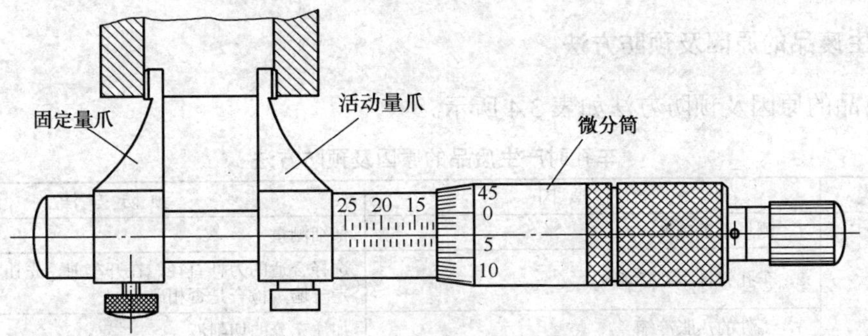

图 3.26　用内测千分尺测量

（3）用内径百分表测量

内径百分表是用对比法测量孔径，因此使用时应先根据被测最工件的内孔直径，用外径千分尺将内径表对准“零”位后，方可进行测量，其测量方法如图 3.27 所示。取最小值为孔径的实际尺寸。

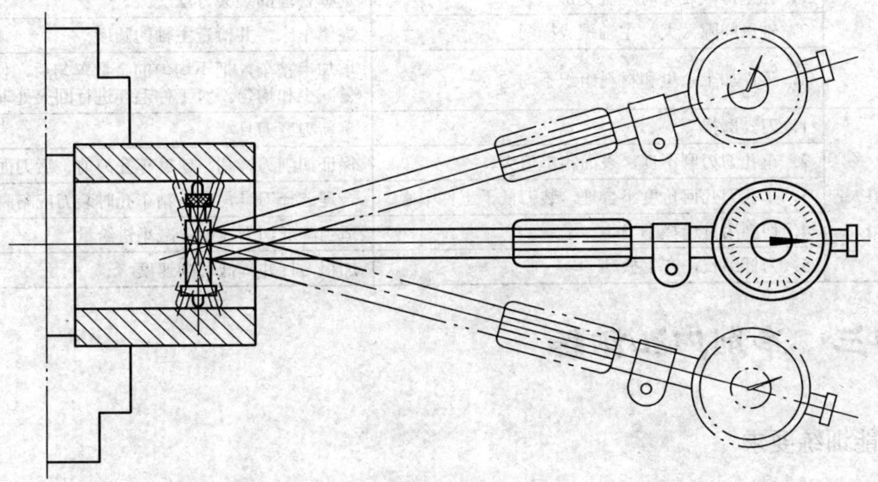

图 3.27　内径百分表的测量方法

3．车削内孔时的注意事项

车孔的关键技术是解决车孔刀的刚性和排屑问题。增加车孔刀的刚性主要采取以下几项措施。

（1）增加刀杆的截面积

一般的车孔刀有一个缺点，刀杆的截面积小于孔截面的四分之一。如果让车孔刀的刀尖位于刀杆的中心平面上，这样刀杆的截面积就可达到最大程度。

（2）刀杆的伸出长度尽可能缩短

如刀杆伸出太长，就会降低刀杆刚性，容易引起振动。因此，刀杆伸出长度只要略大于孔深即可，为此，要求刀杆的伸出长度能根据孔深加以调整。

（3）控制切屑流出方向

精车通孔要求切屑流向待加工表面（前排屑），不通孔要求切屑从孔口排出（后排屑）。

4．产生废品的原因及预防方法

产生废品的原因及预防方法如表 3.4 所示。

表 3.4　车孔时产生废品的原因及预防方法

废品种类	产生原因	预防方法
尺寸不对	1．测量不正确	仔细测量
	2．车孔刀杆跟孔壁相碰	选择合适的刀杆直径，在开车前，先让车孔刀在孔内走一遍，检查是否相碰
	3．工件的热胀冷缩	加注充分的切削液
内孔有锥度	1．刀具磨损	采用耐磨的硬质合金
	2．刀杆刚性差，产生“让刀”现象	尽量采用大尺寸的刀杆，减小切削用量
	3．刀杆跟孔壁相碰	正确装刀
	4．车头轴线歪斜	检查机床精度，找正主轴轴线跟床身导轨的平行度
	5．床身不水平，使床身导轨与主轴轴线不平行	找正机床水平
	6．床身导轨磨损。由于磨损不均匀，使进给轨迹与工件轴线不平行	大修车床
内孔不圆	1．孔壁薄，装夹时产生变形	选择合理的装夹方法
	2．轴承间隙太大，主轴颈成椭圆	大修车床，并检查主轴的圆度
	3．工件加工余量和材料组织不均匀	增加半精车，把不均匀的余量车匀后，使精车余量尽量减少和均匀。对工件毛坯进行回火处理
表面粗糙度值大	1．刀具磨损	重新刃磨刀具
	2．车孔刀刃磨不良，表面粗糙值大	保证切削刃锋利，研磨车孔刀前、后刀面
	3．车孔刀几何角度不合理，装刀低于工件中心	合理选择刀具角度，精车孔时装刀应略高于工件中心
	4．切削用量选择不当	适当降低切削速度，减小进给量
	5．刀杆细长，产生振动	加粗刀杆并降低切削速度

活动三　车削内孔训练

1．技能训练要求

（1）掌握车孔、车平底孔的方法。

（2）掌握孔深的控制和测量方法。

2．使用的刀具、量具和辅助工具

千分尺、内径量表、游标卡尺、镗孔车刀、中心钻、麻花钻。

3．技能训练内容

（1）工件图样

如图 3.28 所示。

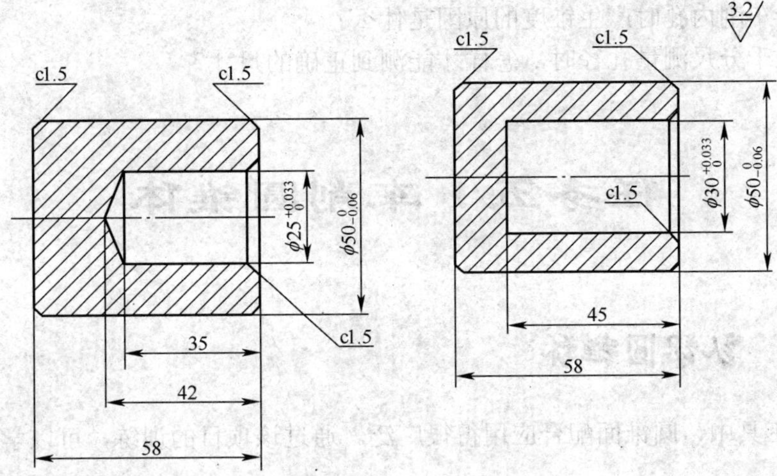

图 3.28　工件图样

（2）参考步骤

1）装夹找正，粗、精车端面，精车外圆，钻中心孔，钻孔ϕ12mm，扩孔ϕ23.5mm，精车外圆至尺寸，镗孔ϕ25mm 至图样尺寸，倒角；

2）调头装夹，车端面至总长尺寸，倒角；

3）检测；

4）重新装夹找正，粗、精镗ϕ30mm 至图样尺寸；

5）孔口倒角；

6）检测。

4．评分表

评分表如表 3.5 所示。

表 3.5　　评　分　表

项　目	序　号	考核内容和要求	配　分	评分标准	检测结果	得　分
尺寸	1	ϕ50	10	超差 0.01 扣 1 分；超差 0.03 以上不得分		
	2	ϕ30	30			
	3	ϕ25	30			
	4	42	5	超差 0.02 扣 1 分；超差 0.06 以上不得分		
	5	45	10			
粗糙度	6	R_a3.2	8	每处降一级扣 2 分		
	7	R_a6.3	3	降一级不得分		
倒角	8	c1.5	4	不符要求不得分		

思考与练习

1．试分析车削内孔时产生锥度的原因是什么？

2．用内径千分尺测量孔径时，怎样才能测到正确的尺寸？

任务五 车削圆锥体

活动一 认识圆锥体

在机床与工具中，圆锥面配合应用得很广泛。通过该项目的训练，可以学会锥度的车削与测量方法。

1．了解表征圆锥体的参数

（1）圆锥表面的形成

与轴线成一定角度，且一端相交于轴线的一条直线段 *AB*，围绕着该轴线旋转形成的表面，称为圆锥表面（简称圆锥面），如图 3.29（a）所示。其斜线称为圆锥母线。如果将圆锥体的尖端截去，则成为一个截锥体，如图 3.29（b）所示。

圆锥是由圆锥表面与一定尺寸所限定的几何体。圆锥可分为外圆锥和内圆锥两种。通常把外圆锥称为圆锥体，内圆锥称为圆锥孔。

（2）圆锥体的计算

如图 3.29（c）所示为圆锥的各部分名称、代号。

其中：

D——最大圆锥直径（简称大端直径）（mm）；

d——最小圆锥直径（简称小端直径）（mm）；

α——圆锥角（°）；

$\alpha/2$——圆锥半角（°）；

L——最大圆锥直径与最小圆锥直径之间的轴向距离（简称工件圆锥部分长）（mm）；

C——锥度；

L_0——工件全长（mm）。

圆锥半角（$\alpha/2$）或锥度（C）、最大圆锥直径（D）、最小圆锥直径（d）、工件圆锥部分长（L）称为圆锥的四个基本参数（量）。这四个量中，只要知道任意三个量，其他一个未知量就可以求出，计算公式为

$$\text{tg}(\alpha/2) = (D-d)/2L$$

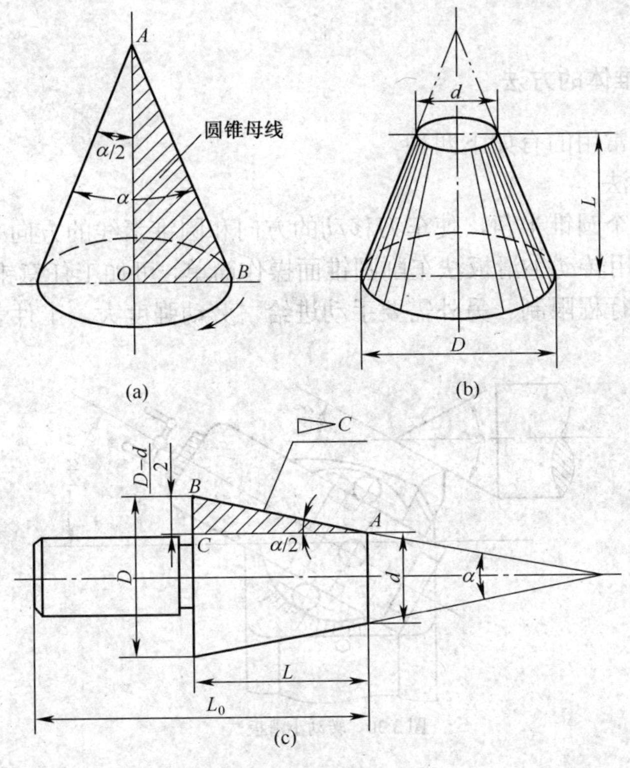

图 3.29 圆锥与圆锥体的计算

2. 熟悉标准圆锥体

为了降低生产成本和使用方便，常用的工具、刀具圆锥都已标准化。也就是说，圆锥的各部分尺寸，按照规定的几个号码来制造，使用时只要号码相同，就能紧密配合和互换。标准圆锥已在国际上通用，即不论哪一个国家生产的机床或工具，只要符合标准圆锥都能达到互换性。

常用的标准工具圆锥有下列两种：

（1）莫氏圆锥

莫氏圆锥是机器制造业中应用得最广泛的一种，如车床主轴孔、顶尖、钻头柄、铰刀柄等都用莫氏圆锥。莫氏圆锥分成七个号码，即 0、1、2、3、4、5、6，最小的是 0 号，最大的是 6 号。莫氏圆锥是从英制换算过来的。当号数不同时，圆锥半角也不同。

（2）米制圆锥

米制圆锥有八个号码，即 4、6、80、100、120、140、160 和 200 号。它的号码是指大端的直径，锥度固定不变，即 $C=1:20$。例如 100 号米制圆锥，它的大端直径是 100mm，锥度 $C=1:20$，其优点是锥度不变、记忆方便。

活动二 车削圆锥体

与其他型面相比，圆锥体的加工在保证尺寸精度、表面粗糙度以外，还需要保证角度和

锥度的要求。

1. 熟悉车削圆锥体的方法

车削圆锥的方法常用的有如下四种

（1）转动小滑板法

将小滑板转动一个圆锥半角，使车刀移动的方向和圆锥素线的方向平行，即可车出外圆锥，如图3.30所示。用转动小滑板法车削圆锥面操作简单，可加工任意锥度的内、外圆锥面。但加工长度受小滑板行程限制。另外需要手动进给，劳动强度大，工件表面质量不高。

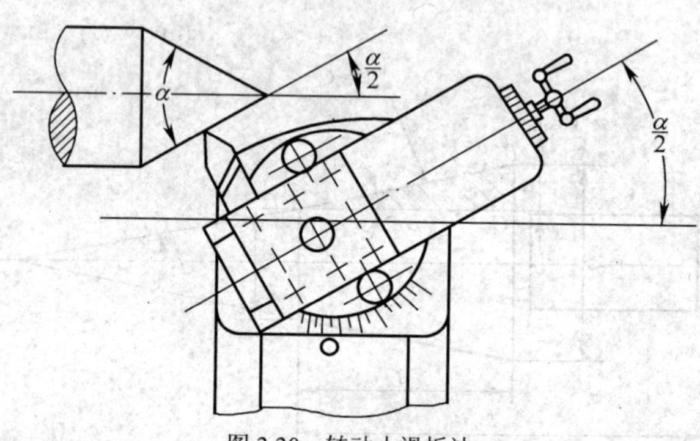

图3.30 转动小滑板法

（2）偏移尾座法

车削锥度较小而圆锥长度较长的工件时，应选用偏移尾座法。车削时将工件装夹在两顶尖之间，把尾座横向偏移一段距离 s，使工件旋转轴线与车刀纵向进给方向相交成一个圆锥半角，如图3.31所示，即可车出正确外圆锥。采用偏移尾座法车外圆锥时，尾座的偏移量不仅与圆锥长度有关，而且还和两顶尖之间的距离（工件长度）有关。

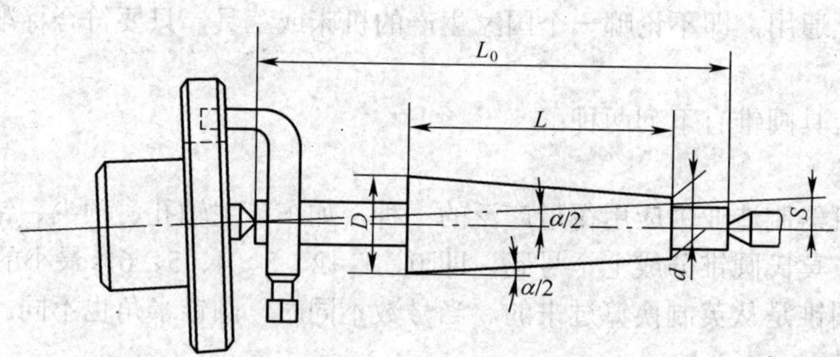

图3.31 偏移尾座法

（3）仿形法

仿形法（又称靠模法）是刀具按仿形装置（靠模），如图3.32所示，进给车削外圆锥的方法。

（4）宽刃刀切削法

在车削较短的圆锥面时，也可以用宽刃刀直接车出。宽刃刀的切削刃必须平直，切削刃与主轴轴线的夹角应等于工件圆锥半角，如图3.33所示。使用宽刃刀车圆锥面时，车床必须具有足够的刚性，否则容易引起振动。当工件的圆锥素线长度大于切削刃长度时，也可以用多次接刀方法，但接刀处必须平整。

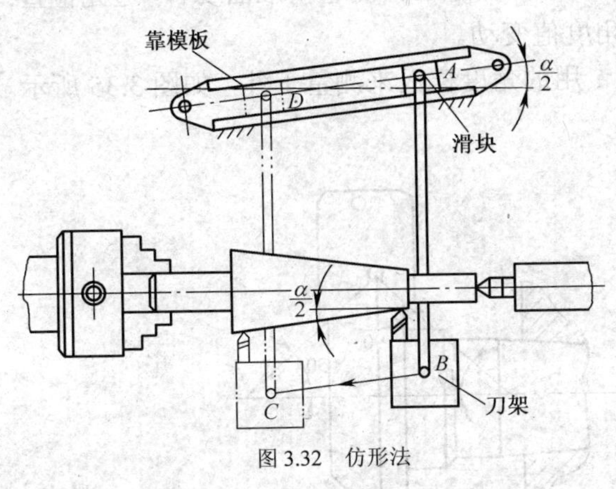

图 3.32　仿形法

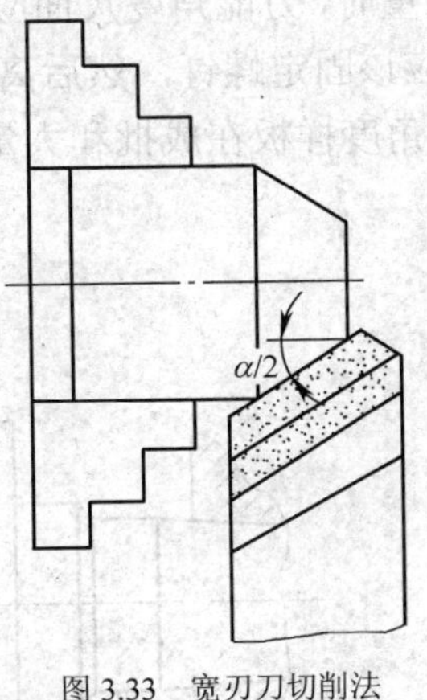

图 3.33　宽刃刀切削法

2．熟悉测量圆锥体的方法

测量圆锥体，不仅要测量它的尺寸精度，还要测量它的角度（锥度）。

（1）角度的检验

1）用万能角度尺　使用万能角度尺测量圆锥体的方法如图 3.34 所示。使用时要注意：

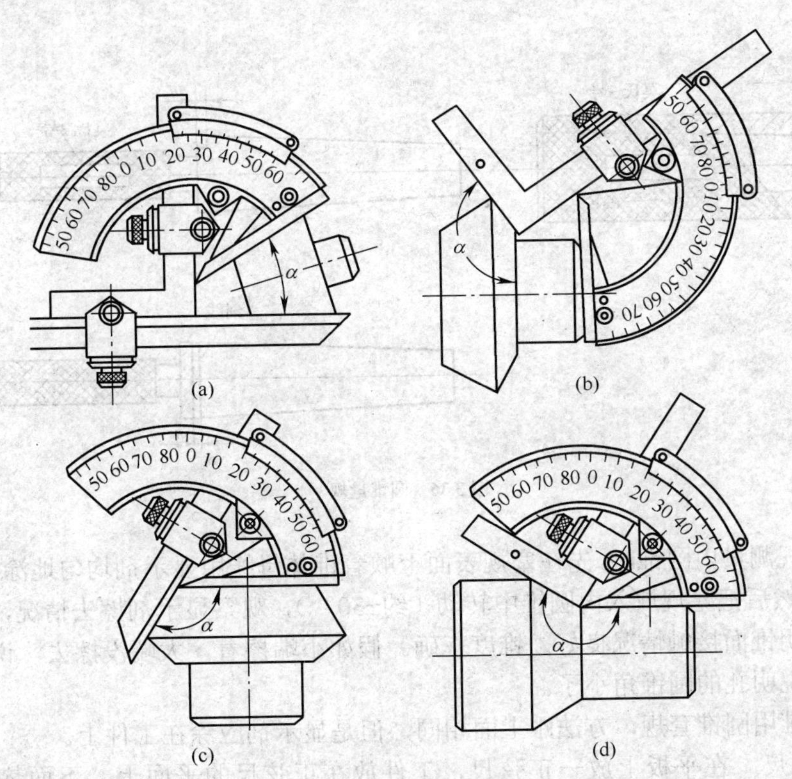

图 3.34　用万能角度尺的测量方法

① 按工件所要求的角度，调整好万能角度尺的测量范围；

② 工件表面要清洁；

③ 测量时，万能角度尺面应通过中心，并且一个面要跟工件测量基准面吻合，透光检查；读数时，应该固定螺钉，然后离开工件，以免角度值变动。

2）用角度样板在成批和大量生产时，可用专用的角度样板来测量工件，如图 3.35 所示。

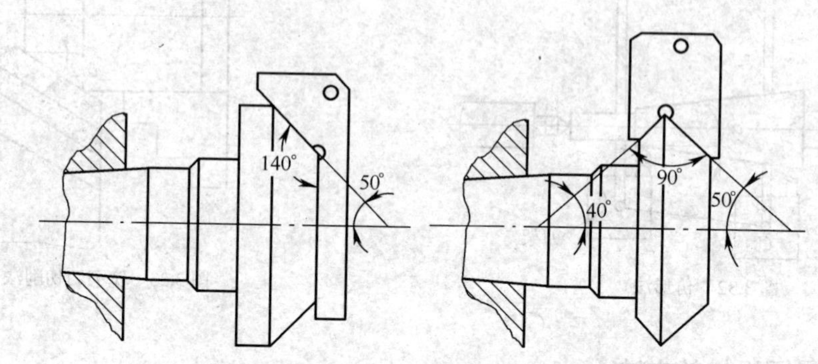

图 3.35 用角度样板测量工件

3）用圆锥量规 在测量标准圆锥或配合精度要求较高的圆锥工件时，可使用圆锥量规，圆锥量规又分为圆锥塞规和圆锥套规，如图 3.36 所示。

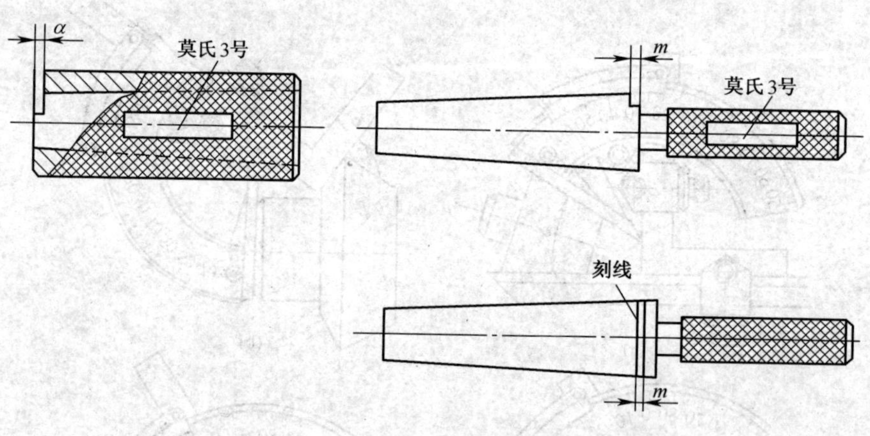

图 3.36 圆锥量规

用圆锥塞规测量内圆锥时，先在塞规表面上顺着锥体母线用显示剂均匀地涂上三条线(相隔约 120°)，然后把塞规放入内圆锥中转动（约±30°），观察显示剂擦去情况，如果接触部位很均匀、说明锥面接触情况良好，锥度正确。假如小端擦着，大端没擦去，说明圆锥角大了。反之，就说明孔的圆锥角小了。

测量外圆锥用圆锥套规，方法跟上面相同，但是显示剂应涂在工件上。

4）用正弦尺 在平板上放一正弦尺，工件放在正弦尺的平面上，下面垫进量块，然后用百分表检查工件圆锥的两端高度，如百分表的读数值相同，则可记下正弦规下面的量

块组高度片值，代入公式计算出圆锥角。将计算结果和工件所要求的圆锥角相比较，便可得出圆锥角的误差。也可先计算出垫块 H 值，把正弦尺一端垫高，再把工件放在正弦尺平面上，用百分表测量工件圆锥的两端，如百分表读数相同，就说明锥度正确，如图 3.37 所示。

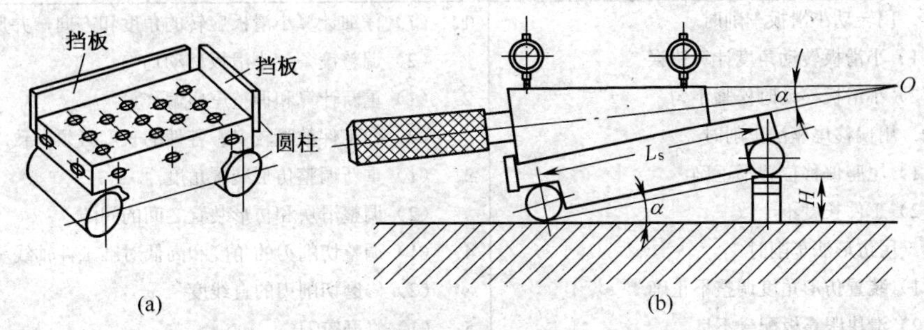

图 3.37 用正弦尺的测量方法

（2）圆锥的尺寸检验

圆锥的尺寸一般用圆锥量规检验，如图 3.36 所示。圆锥量规除了有一个精确的锥形表面之外，在端面上有一个阶台或具有两条刻线。阶台或刻线之间的距离就是圆锥大小端直径的公差范围。

应用圆锥塞规检验内圆锥时，如果两条刻线都进入工件孔内，则说明内圆锥太大。如果两条线都未进入，则说明内圆锥太小。只有第一条线进入，第二条线未进入，内圆锥大端直径尺寸才算合格。

3. 车削圆锥体的注意事项

（1）车刀必须对准工件旋转中心，避免产生双曲线（母线不直）误差。

（2）车削圆锥体前对圆柱直径的要求，一般应按圆锥体大端直径放余量 1mm 左右。

（3）车刀切削刃要始终保持锋利，工件表面应一刀车出。

（4）转动小滑板法加工时，应两手握小滑板手柄，均匀移动小滑板。在转动小滑板时，应稍大于圆锥半角，然后逐步找正。当小滑板角度调整到相差不多时，只须把紧固螺母稍松一些，用左手拇指紧贴在小滑板转盘与中滑板底盘上，用铜棒轻轻敲小滑板所需找正的方向，凭手指的感觉决定微调量，这样可较快地找正锥度。注意要消除中滑板间隙。同时小滑板不宜过松，以防工件表面车削痕迹粗细不一。同时要防止扳手在扳小滑板紧固螺帽时打滑而撞伤手。

（5）粗车时，进刀量不宜过大，应先找对锥度，以防工件车小而报废。一般留精车余量 0.5mm。

（6）偏移尾座法加工时，偏移尾座时，应仔细、耐心，熟练掌握偏移方向。

（7）用量角器检查锥度时，测量边应通过工件中心。用套规检查时，工件表面粗糙度要小，涂色要薄而均匀，转动量一般在半圈之内，多则易造成误判。

（8）当车刀在中途刃磨以后装夹时，必须重新调整，使刀尖严格对准工件中心线。

4．产生废品的原因及预防方法

产生废品的原因及预防方法如表 3.6 所示。

表 3.6　车削圆锥体时产生废品的原因及预防方法

废品种类	产 生 原 因	预 防 方 法
锥度不正确	1．用转动小滑板车削时 （1）小滑板转动角度计算错误 （2）小滑板移动时松紧不匀 2．用偏移尾座法车削时 （1）尾座偏移位置不正确 （2）工件长度不一致 3．用仿形法车削时 （1）装置仿形角度调整不正确 （2）滑块跟靠板配合不良 4．用宽刃刀车削时 （1）装刀不正确 （2）切削刃不直 5．铰内圆锥时 （1）铰刀锥度不正确 （2）铰刀的装夹轴线跟工件旋转轴线不同轴	1．（1）仔细计算小滑板应转的角度和方向，并反复试车校正 （2）调整镶条使小滑板移动均匀 2．（1）重新计算和调整尾座偏移量 （2）如工件数量较多，各件的长度必须一致 3．（1）重新调整仿形装置角度 （2）调整滑块和仿形装置之间的间隙 4．（1）调整切削刃的角度和高低对准工件轴线 （2）修磨切削刃的直线度 5．（1）修磨铰刀 （2）用百分表和试棒调整尾座轴线
双曲线误差	车刀没有对准工件轴线	车刀必须严格对准工件轴线

活动三　车削圆锥体训练

1．技能训练要求

（1）掌握圆锥体的加工方法；
（2）掌握圆锥体的测量方法。

2．使用的刀具、量具和辅助工具

中心钻、外圆车刀、游标卡尺、圆锥套规等。

3．技能训练内容

（1）工件图样
工件图样如图 3.38 所示。
（2）参考步骤
1）车两端面，保证总长，打中心孔；
2）在两顶尖上安装工件，车外圆；
3）调头，在两顶尖上安装工件；
4）粗车圆锥体，测量圆锥体的锥度，并注意调整，使锥度符合要求；
5）重复练习以上步骤。

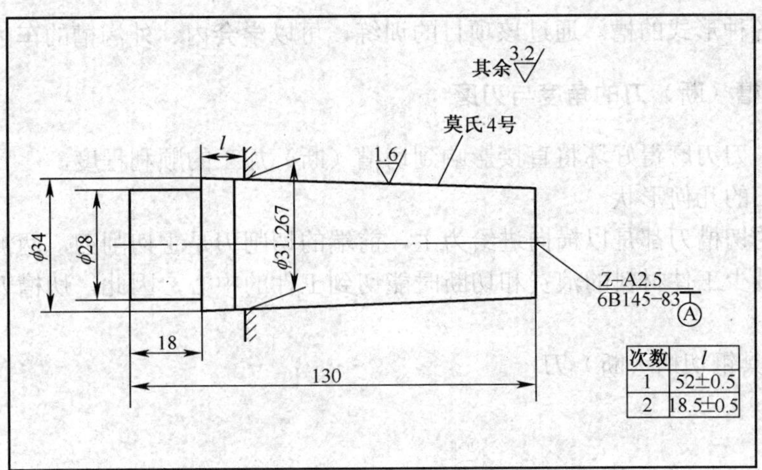

图 3.38　工件图样

4．评分表

评分表如表 3.7 所示

表 3.7　　评　分　表

项　目	序　号	考核内容和要求	配　分	评分标准	检测结果	得　分
尺寸公差	1	锥度	40	接触面积≤60%扣 10 分；≤55%扣 20 分；≤50%扣 30 分		
	2	锥体长度	10	低于 IT14 扣 10 分		
	3	130	10	低于 IT14 扣 10 分		
	4	φ34	20	超差 0.01 扣 1 分；超差 0.03 以上不得分		
表面粗糙度	5	$R_a1.6$	10	降一级扣 5 分		
	6	$R_a3.2$	5	降级不得分		
其他	7	c1	5	不符要求不得分		

思考与练习

1．转动小滑板法和偏移尾座法车削圆锥面各有什么优缺点？各适用于什么场合？

2．怎样检验圆锥面的锥度和直径尺寸的正确性？

3．车削圆锥时，车刀没有对准工件轴线，对工件质量有什么影响？

任务六　车削内、外沟槽

活动一　学会刃磨刀具

外沟槽是在工件的外圆或端面上切削出来的各种形式的槽；内沟槽则是在工件的内孔里

面切削出来的各种形式的槽。通过该项目的训练，可以学会内、外沟槽的车削方法。

1．熟悉切槽（断）刀的角度与刃磨

切槽（断）刀刃磨得好坏将直接影响到切槽（断）加工的顺利程度。

（1）切槽刀的几何形状

通常使用的切槽刀都是以横向进给为主，前端的切削刃是主切削刃，两侧的切削刃是副切削刃。为了减少工件材料的浪费和切断时能切到工件的中心，因此，切槽刀的主切削刃较狭，刀头较长。

1）高速工具钢切槽（断）刀

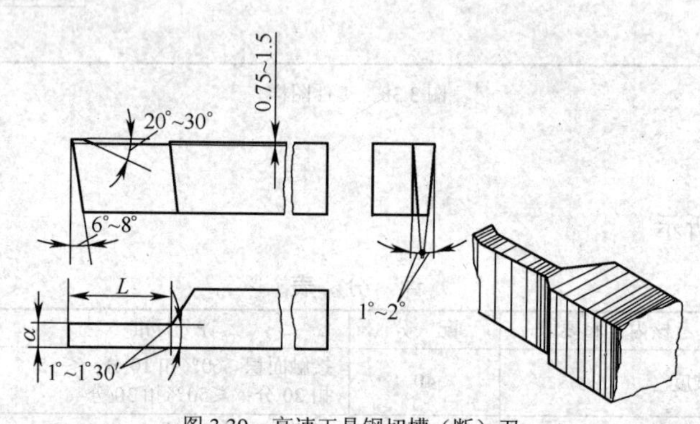

图 3.39　高速工具钢切槽（断）刀

前角：切断中碳钢时，γ_o=20°～30°；切断铸铁时，γ_o= 0°～10°，如图 3.39 所示。

主后角：α_o= 6°～8°

副后角：切断刀有两个对称的副后角α'_o=1°～2°。其作用是减少刀具副后刀面跟工件两侧面的摩擦。

主偏角：切断刀以横向进给为主，因此κ_r= 90°。

副偏角：κ'_r = 1°～1°30′，两副偏角也必须对称，其作用是减少副切削刃跟工件两侧面的摩擦。副偏角过大会削弱切断刀刀头的强度。

主切削刃宽度：主切削刃不能太宽，以免浪费工件材料及引起振动，但太狭又容易使刀头折断。主切削刃宽度与工件直径有关，具体可根据下面的经验公式计算。

$$\alpha \approx (0.5\sim0.6)/D$$

式中：α——主切削刃宽度（mm）；

D——工件直径（mm）。

刀头长度：刀头长度不宜太长，太长容易引起振动和使刀头折断。刀头长度可以根据下面的经验公式计算。

$$L = h + (2\sim3)$$

式中：L——刀头长度（mm）；

h——切入深度（mm），切断工件时的切入深度为工件半径。

为了使切削顺利，切槽刀的前刀面上应磨出一个浅的卷屑槽，该槽深度一般为 0.75～1.5mm，但长度应超过切入深度。卷屑槽过深，会削弱刀头强度，使刀头容易折断。

切断时，为了防止切下的工件端面有一小凸头，以及带孔工件不留边缘，可以把主切削刃略磨斜些，如图 3.40 所示。

2）硬质合金切槽（断）刀

由于高速切削的普遍采用，硬质合金切断刀的应用也越来越广泛。一般切槽时，由于切屑和槽宽相等容易堵塞在槽内。为了使切削顺利，可以把主切削刃两边倒角，或把主切削刃磨成人字形，如图 3.41 所示。

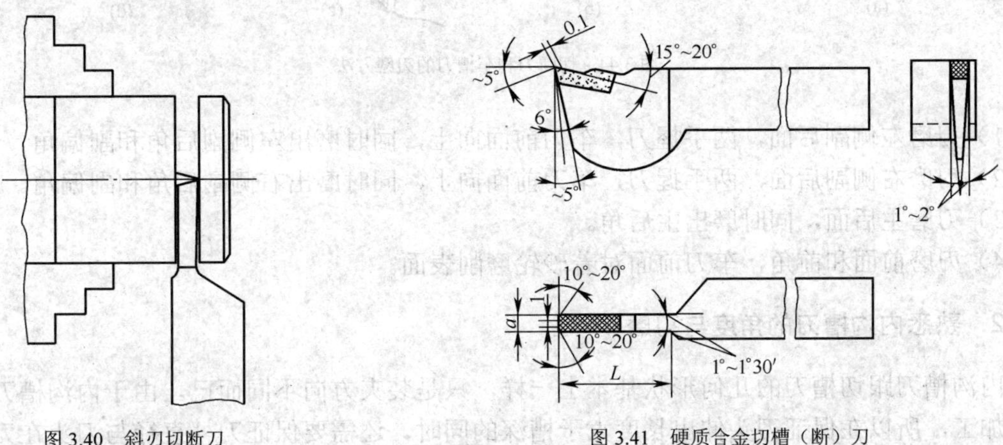

图 3.40 斜刃切断刀　　图 3.41 硬质合金切槽（断）刀

3）弹性切槽（断）刀

为了节省高速工具钢，切断刀可以做成片状，这样既节约了刀具材料，又使刀杆富有弹性。当进给量太大时，由于弹性刀杆受力变形时刀杆弯曲中心在上面，刀头会自动退让出一些。因此切割时不容易扎刀，切槽刀不易折断，如图 3.42 所示。

4）反切刀

切断直径较大的工件时，因刀头很长、刚性差，容易引起振动，可采用反切断法，即用反切刀，如图 3.43 所示，使工件反转。这样切断时的切削力跟工件重力方向一致，不容易引起振动。并且，反切刀切断时的切屑向下面排出，不容易堵塞在工件槽中。在使用反切断法时，卡盘跟主轴连接的部分必须装有保险装置，否则卡盘会因倒车而从主轴上脱开造成事故。

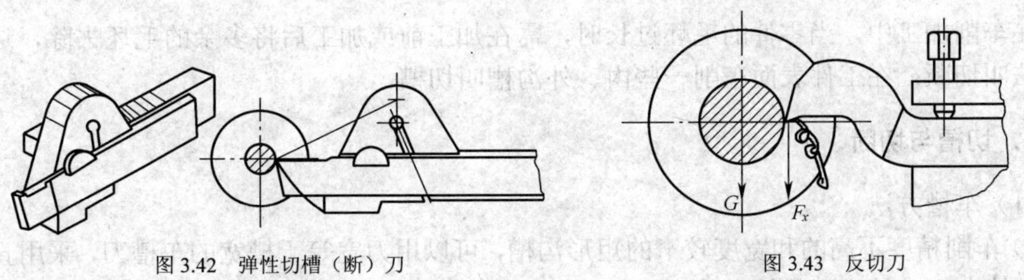

图 3.42 弹性切槽（断）刀　　图 3.43 反切刀

（2）切槽（断）刀的刃磨

切断刀和车槽刀的刃磨方法，如图 3.44 所示。

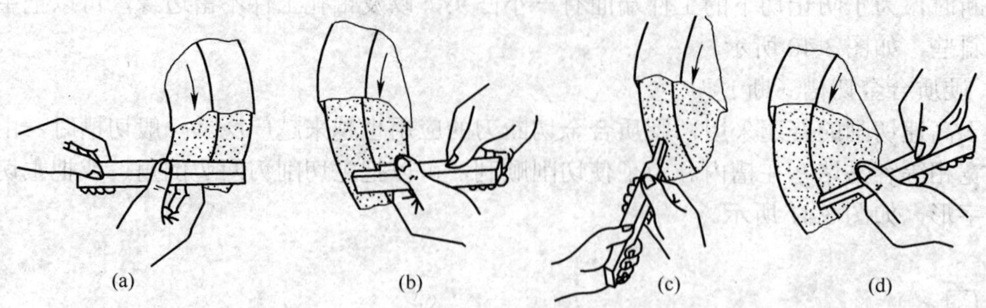

图 3.44　切断刀和车槽刀的刃磨方法

1）刃磨左侧副后面，两手握刀，车刀前面向上，同时磨出左侧副后角和副偏角。

2）刃磨右侧副后面，两手握刀，车刀前面向上，同时磨出右侧副后角和副偏角。

3）刃磨主后面，同时磨出主后角。

4）刃磨前面和前角，车刀前面对着砂轮磨削表面。

2．熟悉内沟槽刀的角度与刃磨

内沟槽刀跟切槽刀的几何形状基本上一样，只是装夹方向不同而已。由于内沟槽刀是在孔内加工，所以在保证刀头伸出长度大于槽深的同时，还需要保证刀杆直径与刀头在刀杆上的伸出长度之和应小于内孔直径（如图 3.45 所示），即 $d+a<D$。其中：d 为刀杆直径；a 为刀头在刀杆上的伸出长度。

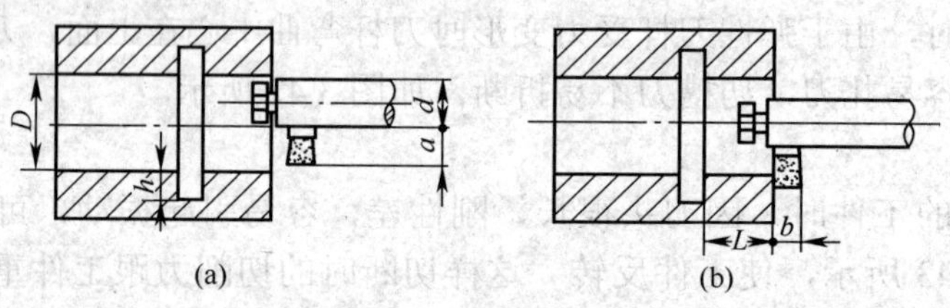

图 3.45　内沟槽刀

活动二　车削内、外沟槽

在车削加工中，当零件的毛坯过长时，需在加工前或加工后将多余的毛坯去除，这种车削方法叫切断；在工件表面车削一些内、外沟槽叫切槽。

1．切槽与切断

（1）车槽方法

1）车削精度不高的和宽度较窄的矩形沟槽，可以用刀宽等于槽宽的车槽刀，采用直进法一次进给车出。精度要求较高的沟槽，一般采用二次进给车成。即第一次进给车沟槽时，槽壁两侧留精车余量，第二次进给时用等宽刀修整。

2）车削较宽的沟槽，可以采用多次直进法切割。并在槽壁两侧留一定的精车余量，然后

根据槽深、槽宽精车至图样尺寸。

3）车削较小的圆弧形槽，一般用成形刀车削。较大的圆弧形槽，可用双手联动车削，用样板检查修整。

4）车削较小的梯形槽，一般以成形刀车削完成。较大的梯形槽，通常先车直槽，后用梯形刀直进法或左右切削法完成。

（2）容易产生的问题和注意事项

1）车槽刀主切削刃和轴心线不平行，车成的沟槽槽底一侧直径大，另一侧直径小，形成竹节。

2）要防止槽底与槽壁相交处出现圆角和槽底中间尺寸小，靠近槽壁两侧直径大。

3）槽壁与轴心线不垂直，出现内槽狭窄外口大的喇叭形，造成这种情况的主要原因切削刃磨钝让刀、车刀刃磨角度不正、车刀装夹不垂直等。

4）槽壁与槽底产生小台阶，主要原因是接刀不当所造成。

5）用借刀法车沟槽时，注意各条槽距。

6）要正确使用游标卡尺、样板、塞规测量沟槽。

7）合理选择转速和进给量。

8）正确使用冷却液。

2．车内沟槽

（1）一般与车外沟槽方法相同，宽度较小的或要求不高的窄沟槽，用刀宽等于槽宽的内沟槽刀采用直进法一次车出，精度要求较高的内沟槽，一般可采用二次直进法车出，即第一次车槽时，槽壁与槽底留少些余量，第二次用等宽刀修整。

（2）很宽的沟槽可用尖头内孔刀先车出两壁，再用内沟槽刀把沟槽两端修平。沟槽之间的距离和深度可用刻度盘的刻线控制。

（3）注意事项

1）刀尖应严格对准工件旋转中心，否则底平面无法车平。

2）车刀纵向切削至接近底平面时，应停止机动进给，用手动进给代替，以防碰撞底平面。

3）由于视线受影响，车底平面时可以通过手感和听觉来判断其切削情况。

4）用塞规检查孔径，应开排气槽，否则会影响测量。

5）控制沟槽之间的距离，应选定统一的测量基准。

6）车底槽时，注意与底平面平滑连接。

7）应利用中滑板刻度盘的读数，控制沟槽的深度和退刀的距离。

3．产生废品的原因及预防方法

产生废品的原因及预防方法如表3.8所示。

表3.8　车槽时产生废品的原因及预防方法

废品种类	产生原因	预防方法
沟槽尺寸不正确	1．由于主切削刃宽度太宽或太狭	根据沟槽宽度刃磨主切削刃宽度
	2．没有及时测量或测量不正确	切槽过程中及时、正确测量
	3．尺寸计算错误	仔细计算尺寸，对留有磨削余量的工件，切槽时必须把磨削余量考虑进去

续表

废品种类	产生原因	预防方法
切下的工件表面凹凸不平（尤其是薄工件）	1．切断刀强度不够、主切削刃不平直，切削时由于侧向切削力的作用使刀具偏斜，到使切下的工件凹凸不平	提高切断刀的强度，刃磨时必须使主切削刃平直
	2．刀尖圆弧刃磨或磨损不一致，使主切削刃受力不均而产生凹凸面	刃磨时保证两刀尖圆弧对称
	3．切断刀装夹不正确	正确装夹切断力
	4．刀具角度刃磨不正确，两副偏角过大而且不对称，从而降低刀头强度，产生“让刀”现象	正确刃磨切断刀，保证两副偏角对称
表面粗糙度达不到要求	1．两副偏角太小，产生摩擦	正确选择两副偏角的数值
	2．切削速度选择不当，没有加切削液	选择适当的切削速度，并浇注切削液
	3．切削时产生振动	采取防振措施
	4．切梢拉毛已加工表面	控制切梢的形状和排出方向

活动三　车削内、外沟槽训练

1．技能训练要求

（1）切槽（断）刀的选择和安装。
（2）掌握用中、小拖板控制槽深和槽宽的方法。
（3）正确选择合理的切削量。

2．使用的刀具、量具和辅助工具

切槽（断）刀、游标卡尺、R 规

3．技能训练内容

（1）工件图样
工件图样如图 3.46 所示。

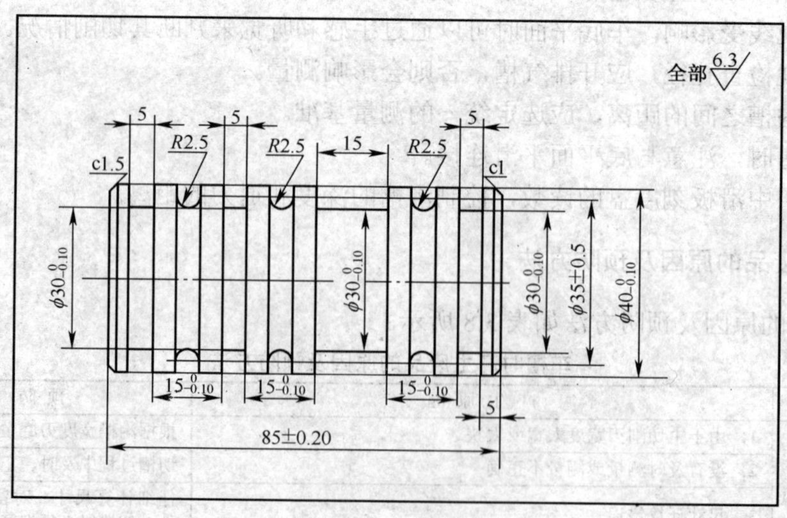

图 3.46　工件图样

（2）参考步骤

1）装夹毛坯外圆，粗、精车端面、外圆至图样尺寸要求；

2）车方槽、圆弧槽至图样尺寸要求；

3）调头装夹，粗、精车外圆、端面至图样尺寸要求；

4）车方槽、圆弧槽至图样尺寸要求。

4．评分表

评分表如表 3.9 所示。

表 3.9　　评 分 表

项　目	序　号	考核内容和要求	配　分	评分标准	检测结果	得　分
尺寸公差	1	$\phi 40$	10	超差 0.01 扣 1 分；超差 0.03 以上不得分		
	2	$\phi 30$	10			
	3	$\phi 35$	5			
	4	85	5	超差 0.02 扣 1 分；超差 0.06 以上不得分		
	5	15（3 处）	15			
	6	槽宽 15	5			
	7	槽宽 5（3 处）	15			
	8	5（3 处）	15			
表面粗糙度	9	$R_a 6.3$	10	降一级扣 2 分		
其他	10	$R2.5$	10	超差不得分		

思考与练习

1．刃磨和装夹切断刀时，怎样保证两面具有相等的副偏角和副后角？

2．车槽时，如何保证槽的宽度？

任务七　车削三角螺纹

活动一　认识三角螺纹

螺纹件是机器中常用的联接件。通过该项目的训练，学会螺纹刀具的选择、刃磨、装夹，掌握螺纹的车削、检测方法。

1．了解螺纹的分类

螺纹按用途可分为联接螺纹和传动螺纹；按牙形可分为三角形、矩形、圆形、梯形和锯齿形；按螺旋线方向两分为右旋和左旋；按螺旋线线数可分为单线（单头）和多线（多头）螺纹；按母体形状可分为圆柱螺纹和圆锥螺纹等。

上述各种螺纹中，常用的都有国家标准或部颁标准。标准螺纹有很好的互换性和通用性。除标准螺纹外，还有少量的非标准螺纹，如英制螺纹和矩形螺纹等。

2．熟悉螺纹的术语

螺纹是指在圆柱面（或圆锥面）上，沿着螺旋线所形成的，具有相同剖面的连续凸起和沟槽。

在圆柱（或圆锥）外表面上形成的螺纹称为外螺纹；在圆柱（或圆锥）内表面上形成的螺纹称为内螺纹。

车工常用螺纹术语如图 3.47 所示。

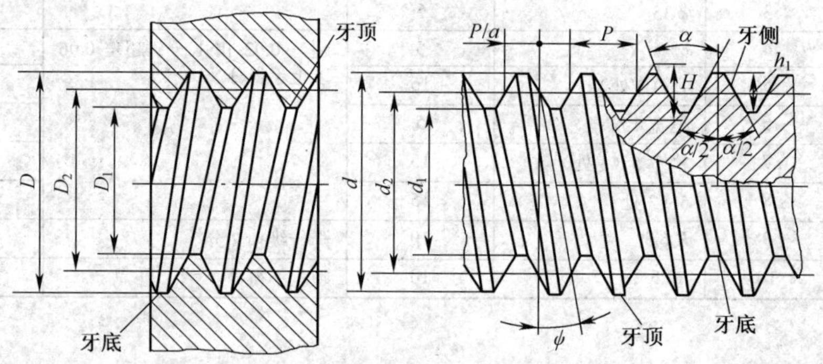

图 3.47 螺纹术语

（1）牙型角（α）：在通过螺纹轴线的剖面上，相邻两牙侧间的夹角称为牙型角。大多数螺纹的牙型角对称于轴线垂直线，即牙型半角（$\alpha/2$）相等。

（2）外螺纹大径（d）：亦称外螺纹顶径。

（3）外螺纹小径（d_1）：亦称外螺纹底径。

（4）内螺纹大径（D）：亦称内螺纹底径。

（5）内螺纹小径（D_1）：亦称内螺纹顶径。

（6）公称直径（d、D）：代表螺纹尺寸的直径。

（7）中径（d_2、D_2）：中径是一个假想圆柱的直径，该圆柱的母线通过牙型上沟槽和凸起宽度相等的地方，外螺纹中径与内螺纹中径相等。

（8）原始三角形高度（H）：是牙型两侧相交而得的尖角的高度。

（9）基本牙型：截去原始三角形顶部和底部所形成的螺纹牙型，该牙型具有螺纹的基本尺寸。

（10）牙型高度（h）：在螺纹牙型上，牙顶到牙底之间，垂直于螺纹轴线的距离。

（11）螺距（P）：相邻两牙在中径线上对应两点间的轴向距离。

（12）导程（L）：同一螺旋线上，相邻两牙在中径线上对应两点间的轴向距离。当螺纹为单线时，导程与螺距相等。当螺纹为多线时，导程等于螺旋线线数乘以螺距。

（13）螺纹升角（ϕ）：在中径圆柱上，螺旋线的切线与垂直于螺纹轴线的平面间的夹角。

活动二　学会螺纹刀具的刃磨

螺纹刀具是一种成形刀具，它的形状将直接决定所加工的螺纹的形状。

1．了解螺纹刀具的几何形状

要车好螺纹，必须正确刃磨螺纹车刀，螺纹车刀按加工性质属于成形刀具。其切削部分的形状应当和螺纹牙形的轴向剖面形状相符合，即车刀的刀尖角应该等于牙型角。

（1）前角为 0° 时，刀尖角应等于牙型角。车削普通螺纹时为 60°，英制螺纹时为 55°。

（2）前角一般为 0°～15°。因为螺纹车刀的纵向前角对牙型角有很大影响，所以精车时或精度要求高的螺纹，径向前角取得小些，约 0°～5°。

（3）后角一般为 5°～10°。因受螺纹升角的影响，进刀方向一面的后角应磨得稍大些。但大直径、小螺距的三角螺纹，这种影响可忽略不计。

2．熟悉螺纹刀具的刃磨

（1）刃磨要求

根据粗、精车的要求，刃磨出合理的前、后角。粗车刀前角大、后角小，精车刀相反。车刀的左右切削刃必须是直线，无崩刃。刀头不歪斜，牙型半角相等。内螺纹车刀刀尖角平分线必须与刀杆垂直。内螺纹车刀后角应适当大些。

（2）刀尖角的刃磨和检查

由于螺纹车刀刀尖角要求高，刀头体积又小，因此刃磨起来比一般车刀困难。在刃磨高速工具钢螺纹车刀时，若感到发热烫手，必须及时用水冷却，否则容易引起刀尖退火；刃磨硬质合金车刀时，应注意刃磨顺序，一般是先将刀头后面适当粗磨，随后再刃磨两侧面，以免产生刀尖爆裂。在精磨时，应注意防止压力过大而震碎刀片，同时要防止刀具在刃磨时骤冷骤热而损坏刀片。

为了保证磨出准确的刀尖角，在刃磨时可用螺纹角度样板测量，如图 3.48 所示。测量时把刀尖角与样板贴合，对准光源，仔细观察两边贴合的间隙并进行修磨。

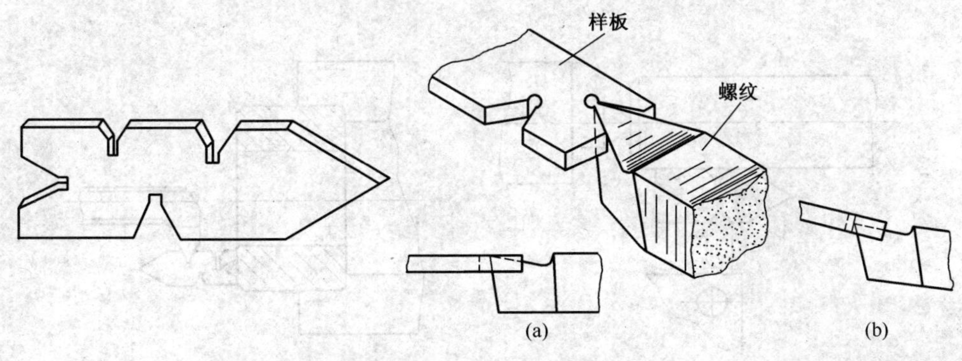

图 3.48　用螺纹角度样板测量螺纹车刀

对于具有纵向前角的螺纹车刀可以用一种厚度较厚的特制螺纹样板来测量刀尖角，测量时样板应与车刀底面平行，用透光法检查，这样量出的角度近似等于牙型角。

3．刃磨螺纹刀具时容易产生的问题和注意事项

（1）磨刀时，人的站立位置要正确，特别在刃磨整体式内螺纹车刀内侧切削刃时，不小心就会使刀尖角磨歪。

（2）刃磨高速工具钢车刀时，宜选用 80#氧化铝砂轮，磨刀时压力应小于一般车刀，并及时蘸水冷却，以免过热而失去切削刃硬度。

（3）粗磨时也要用样板检查刀尖角，若磨有纵向前角的螺纹车刀，粗磨后的刀尖角略大于牙型角，待磨好前角后再修正刀尖角。亦可以先磨出正确的刀尖角，再磨前角，磨好前角后，刀尖角应略小于牙型角。

（4）刃磨螺纹车刀的切削刃时，要稍带移动，这样容易使切削刃平直。

活动三　车削三角螺纹

1．了解挂轮的搭配

主轴的旋转运动是通过三星齿轮和交换齿轮传给丝杠的。由于主轴上的齿轮和三星齿轮的齿数固定不变，所以主轴与丝杠之间的传动比是依靠交换齿轮来调整的。

车床上三星齿轮的作用是用来改变丝杠的旋转方向。以便车削右旋或左旋螺纹。

车螺纹时，当工件转一周，车刀必须移动一个工件螺距。因为工件螺距是根据加工需要经常改变的，而车床丝杠螺距是固定不变的。这就需要更换交换齿轮来达到所需要的工件螺距。

2．熟悉机床的操纵

（1）螺纹车刀的装夹

1）装夹车刀时，刀尖位置一般应对准工件中心（可根据尾座顶尖高度检查）。

2）车刀刀尖角的对称中心线必须与工件轴线垂直，装刀时可用样板来对刀，如果把车刀装歪，就会产生牙型歪斜，如图 3.49 所示。

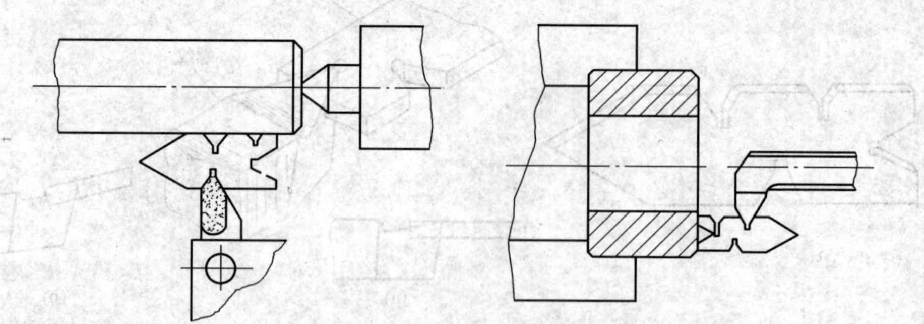

图 3.49　螺纹车刀的装夹

3）刀头伸出不要过长，一般为 20～25 mm（约为刀杆厚度的 1.5 倍）。

（2）车削螺纹时车床的调整

1）变换手柄位置

一般按工件螺距在进给箱铭牌上找到交换齿轮的齿数和手柄位置，并把手柄拨到所需的位置上。

2）调整交换齿轮

某些车床按铭牌表根据所具备的齿轮，需重新调整交换齿轮。其方法如下：

① 切断机床电源，车头变速手柄放在中间空挡位置。

② 识别有关齿轮、齿数、上、中、下轴。

③ 了解齿轮装拆的程序及单式、复式交换齿轮的组装方法。

④ 在调整交换齿轮时，必须先把齿轮套筒和小轴擦干净，并使其相互间隙要稍大些，并涂上润滑油（有油杯的，应装满黄油，定期用手旋进）。套筒的长度要小于小轴台阶的长度，否则螺母压紧套筒后，中间轮就不能转动，开车时会损坏齿轮或扇形板。

⑤ 交换齿轮啮合间隙的调整是变动齿轮在交换齿轮架上的位置及交换齿轮架本身的位置，使各齿轮的啮合间隙保恃在 0.1～0.l5 mm 左右；如果太紧，挂轮在转动时会产生很大的噪声并损坏齿轮。

3）调整滑板间隙

调整中、小滑板镶条时，不能太紧，也不能太松。太紧了，摇动滑板费力，操作不灵活；太松了，车螺纹时容易产生“扎刀”。顺时针方向旋转小滑板手柄，消除小滑板丝杠与螺母的间隙。

（3）车削螺纹时的动作练习

1）选择主轴转速为 200r/min，开动车床，将主轴倒、顺转数次，然后合上开合螺母，检查丝杠与开合螺母的工作情况是否正常，若有跳动和自动抬闸现象，必须消除。

2）练习开合螺母的分合动作，先退刀、后提开合螺母（间隔瞬时），动作协调。

3）试切螺纹，在外圆上根据螺纹长度，用刀尖对准，开车并径向进给，使车刀与工件轻微接触，车出一条刻线作为螺纹终止退刀标记，并记住中滑板刻度盘读数，退刀。将床鞍摇至离工件端面 8 至 10 牙处，径向进给 0.05mm 左右，调整刻度盘“0”位（以便车削螺纹副掌握切削深度），合下开合螺母，在工件表面上车出一条有痕螺旋线，到螺纹终止线时迅速退刀，提起开合螺母（注意螺纹收尾在 2/3 圈之内），用钢直尺或螺距规检查螺距，如图 3.50 所示。

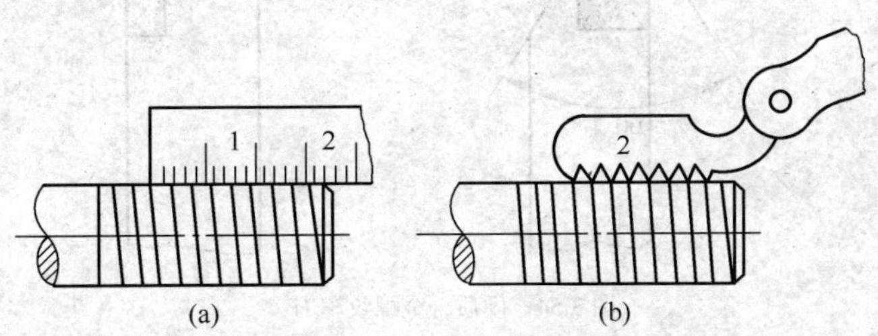

图 3.50 用钢直尺或螺距规检查螺距

（4）车削方法

1）直进法，如图 3.51 所示，车螺纹时，螺纹车刀刀尖及左右两侧切削刃都参加切削动

作。每次切刀由中滑板作径向进给，随着螺纹深度的加深，切削深度相应减小。这种切削方法操作简单，可以得到比较正确的牙型，适用于螺距小于 2mm 和脆性材料的螺纹车削。

2）左右切削法

如图 3.52 所示，车削过程中，除了中滑板作垂直进给外，同时使用小滑板把车刀作左、右微量进给，这样重复切削几次，直至螺纹全部车好。

3）斜进法

如图 3.53 所示，在粗车螺纹时，为了操作方便，除了中滑板进给外，小滑板向同一方向作微量进给。

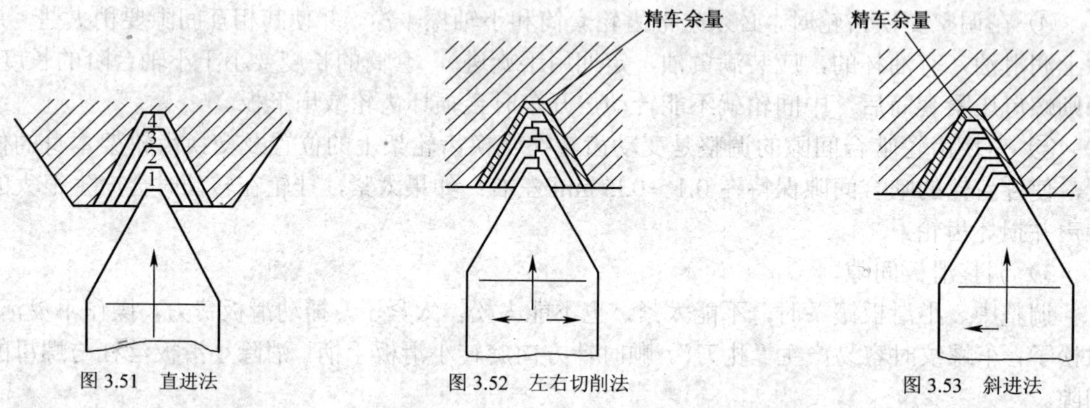

图 3.51 直进法　　图 3.52 左右切削法　　图 3.53 斜进法

4）高速切削法

① 硬质合金螺纹车刀：高速切削时使用的硬质合金车刀，如图 3.54 所示。

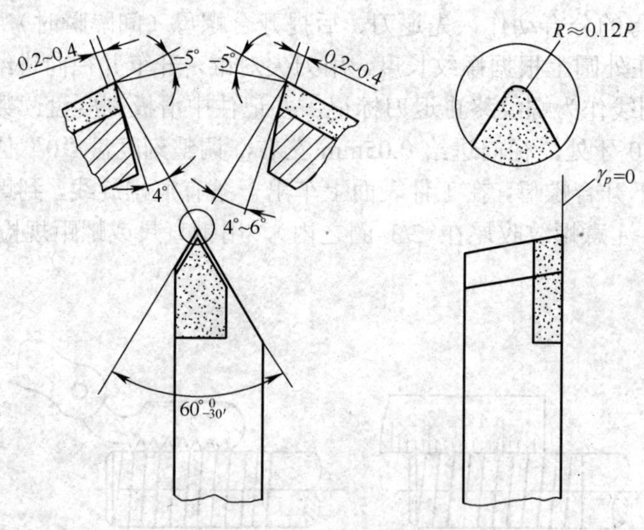

图 3.54 硬质合金螺纹车刀

② 高速切削螺纹的方法：车削时只能采用直进法进给，采用左右切削法或斜进法会将工件的另一侧拉毛。高速切削时的切削速度一般取 50～100m/min。

（5）乱扣及其避免方法

在第一次进刀完毕以后，第二刀按下开合螺母时，车刀刀尖已不在第一刀的螺旋槽里，而是偏左或偏右，结果把螺纹车乱而报废，这就叫乱扣。乱扣是由于丝杠转过一转时，工件未转过整数转而造成的。因此在加工前，应首先确定被加工螺纹的螺距是否乱扣，如果是乱扣的，采用开倒顺车法。即每车一刀后，立即将车刀径向退出，不提起开合螺母，开倒车使车刀纵向退回到第一刀开始切刀的位置，然后中滑板进给，再开顺车走第二刀，这样反复来回，一直到把螺纹车好为止。

3．熟悉螺纹的测量

（1）大径的测量

螺纹大径的公差较大，一般可用游标卡尺或千分尺测量。

（2）螺距的测量

螺距一般可用钢直尺测量（如图 3.50（a）所示），因为普通螺纹的螺距一般较小，在测量时，最好量 10 个螺距的长度，然后把长度除以 10，就得出一个螺距的尺寸。如果螺距较大，那么可以量 2 至 4 个螺距的长度，细牙螺纹的螺距较小，用钢直尺测量比较困难，这时可用螺距规来测量，如图 3.50（b）所示。测量时把钢片平行轴线方向嵌入牙形中，如果完全符合则说明被测的螺距是正确的。

（3）中径的测量

精度较高的三角形螺纹，可用螺纹千分尺测量（如图 3.55 所示），所测得的千分尺读数就是该螺纹的中径实际尺寸。

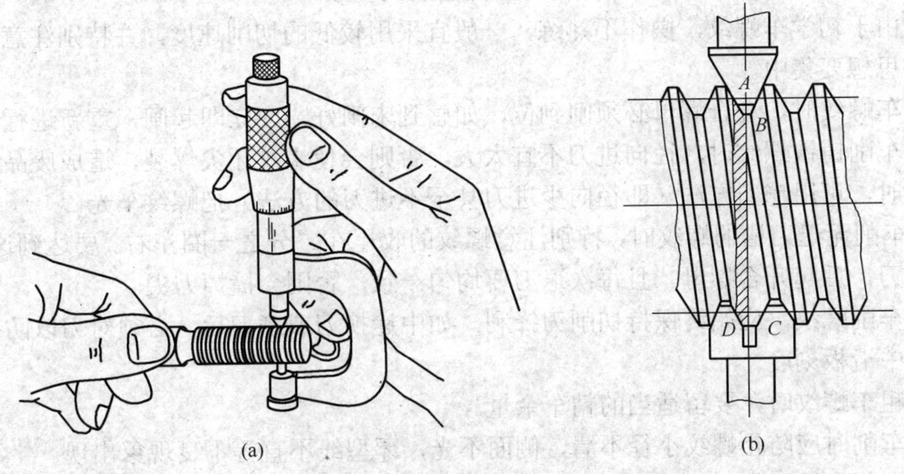

图 3.55 用螺纹千分尺测量中径

（4）综合测量

用螺纹环规（如图 3.56（a）所示）综合检查三角形外螺纹。首先应对螺纹的直径、螺距、牙型和粗糙度进行检查，然后再用螺纹环规测量外螺纹的尺寸精度。如果环规通端正好拧进去，而止端拧不进，说明螺纹精度符合要求。对精度要求不高的螺纹也可用标准螺母检查（生产中常用），以拧上工件时是否顺利和松动的感觉来确定。检查有退刀槽的螺纹时，环规应通过退刀槽与台阶平面靠平。

用螺纹塞规（如图 3.56（b）所示）则是对三角形内螺纹进行综合测量的。使用方法和螺纹环规一样。

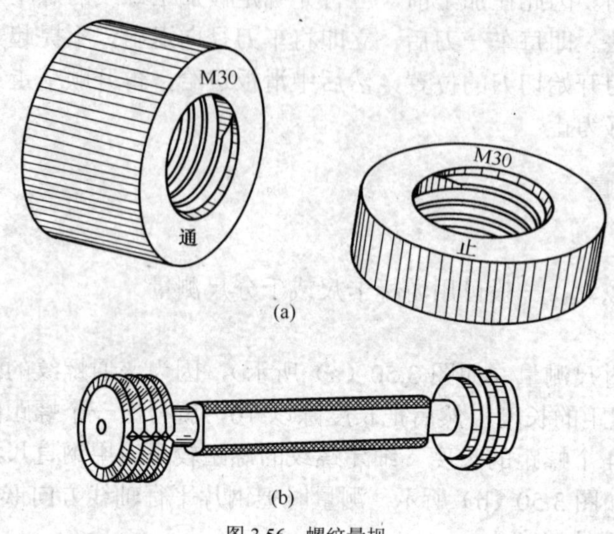

(a)

(b)

图 3.56 螺纹量规

4．车削三角螺纹时的注意事项

（1）车削螺纹前要检查组装交换齿轮的间隙是否适当。把主轴变速手柄放在空挡位置，用手旋转主轴（正、反），是否有过重或空转量过大现象。

（2）由于初学车螺纹，操作不熟练，一般宜采用较低的切削速度，并特别注意在练习操作过程中思想要集中。

（3）车螺纹时，开合螺母必须闸到位，如感到未闸好，应立即起闸，重新进行。

（4）车削铸铁螺纹时，径向进刀不宜太大，否则会使螺纹牙尖爆裂，造成废品。在最后几刀车削时，可用趟刀方法（即径向少进刀甚至不进刀的方法）把螺纹车光。

（5）车削无退刀槽的螺纹时，特别注意螺纹的收尾在二分之一圈左右。要达到这个要求，必须先退刀，后起开合螺母。且每次退刀要均匀一致，否则会撞掉刀尖。

（6）车削螺纹，应始终保持切削刃锋利。如中途换刀或磨刀后，必须对刀以防破牙，并重新调整中滑板刻度。

（7）粗车螺纹时，要留适当的精车余量。

（8）车削时应防止螺纹小径不清，侧面不光，牙型线不直等不良现象出现。

（9）车削塑性材料（钢件）时产生扎刀的原因

1）车刀装夹低于工件轴线或车刀伸出太长。

2）车刀前角或后角太大，产生径向切削力把车刀拉向切削表面，造成扎刀。

3）采用直进法时进给量较大，使刀具接触面积大，排屑困难而造成扎刀。

4）精车时由于采用润滑较差的乳化液，刀尖磨损严重，产生扎刀。

5）主轴轴承及滑板和床鞍的间隙太大。

6）开合螺母间隙太大或丝杠轴向窜动。

（10）使用环规检查时，不能用力过大或用扳手强拧，以免环规严重磨损或使工件发生

移位。

（11）车螺纹时应注意的安全技术问题

1）调整交换齿轮时，必须切断电源，停车后进行。交换齿轮装好后要装上防护罩。

2）车螺纹时是按螺距纵向进给，因此进给速度快。退刀和起开合螺母（或倒车）必须及时、动作协调，否则会使车刀与工件台阶或卡盘撞击而产生事故。

3）倒顺车换向不能过快，否则机床将受到瞬时冲击，容易损坏机件。在卡盘与主轴连接处必须安装保险装置，以防因卡盘在反转时从主轴上脱落。

4）车螺纹进刀时，必须注意中滑板手柄不要多摇一圈，否则会造成刀尖崩刃或工件损坏。

5）开车时，不能用棉纱擦工件，否则会使棉纱卷人工件，把手指也一起卷进而造成事故。

5. 产生废品的原因及预防方法

产生废品的原因及预防方法如表 3.10 所示。

表 3.10　车螺纹时产生废品的原因及预防方法

废品种类	产生原因	预防方法
螺距不正确	1. 交换齿轮在计算啮合时错误和进给箱手柄位置放错 2. 局部螺距不正确 （1）车床丝杠和主轴窜动 （2）溜板箱手轮转动时轻重不均匀 （3）开合螺母间隙太大 3. 开倒顺车车螺纹时，开合螺母抬起	1. 在车削第一只工件时，先车出一条很浅的螺旋线，测量螺距的尺寸是否正确 2. 加工螺纹之前，将主轴与丝杠轴向窜动和开合螺母的间隙进行调整，并将床鞍的手轮与传动齿条脱开，使床鞍能匀速运动 3. 调整开合螺母的镶条，用重物挂在开合螺母的手柄上
牙形不正确	1. 车刀装夹不正确，产生螺纹的半角误差 2. 车刀刀尖角刃磨得不正确 3. 车刀磨损	1. 采用螺纹样板对刀 2. 正确刃磨和测量刀尖角 3. 合理选择切削用量和及时修磨车刀
螺纹表面粗糙度值大	1. 高速切削螺纹时，切屑厚度太小或切屑从倾斜方向排出，拉毛已加工表面 2. 切削用量及切削液使用不当 3. 刀杆刚性不够，切削时引起振动	1. 高速切削螺纹时，最后一次切深一般要大于 0.1mm，切屑要垂直轴线方向排出 2. 高速工具钢车刀切削时，应降低切削速度，并合理使用切削液 3. 选用较大尺寸的刀杆，装刀时不宜伸出过长

活动四　车削三角螺纹训练

1. 技能训练要求

（1）掌握三角形内、外螺纹车刀的刃磨；

（2）掌握车削三角形内、外螺纹的方法；

（3）合理选择切削用量。

2. 使用的刀具、量具和辅助工具

内、外三角形螺纹车刀、螺纹千分尺、螺纹环规、螺纹塞规等。

3. 技能训练内容

（1）工件图样

工作图样如图 3.57 所示。

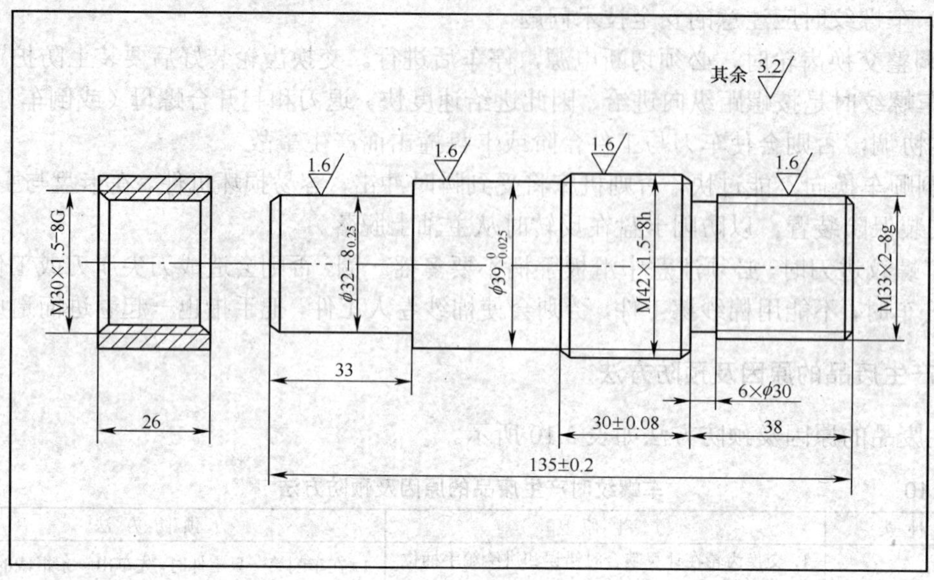

图 3.57　工件图样

（2）参考步骤

1）装夹毛坯外圆，车两端面，取总长，两端钻中心孔。

2）粗车 M33 处外圆至ϕ36。

3）一夹一顶，粗、精车ϕ32、ϕ39 至图样尺寸要求。

4）包铜皮夹ϕ32，一夹一顶，粗、精车 M33、M42 处外圆。

5）车削两处螺纹至图样尺寸要求。

6）车削 M30 内螺纹底孔。

7）车削内螺纹至图样尺寸要求。

4．评分表

评分表如表 3.11 所示。

表 3.11　　评　分　表

项　目	序　号	考核内容和要求	配　分	评分标准	检测结果	得　分
尺寸公差	1	ϕ32	7	超差 0.01 扣 1 分；超差 0.03 以上不得分		
	2	ϕ39	7			
	3	ϕ30	3	超差 0.02 扣 1 分；超差 0.06 以上不得分		
	4	33	2			
	5	38	2			
	6	30	4			
	7	135	3			
螺纹公差	8	螺纹大径（2 处）	10	超差不得分		
	9	螺纹中径（2 处）	30	降一级扣 8 分		
	10	R_a1.6（4 处）	10	降一级扣 2 分		
	11	螺距	5	超差不得分		
	12	牙型半角	5	超差不得分		
	13	内螺纹综合误差	12	螺纹塞规检测不合格不得分		

思考与练习

1．怎样正确装夹螺纹车刀？

2．什么叫螺纹？

3．什么叫螺距？什么叫导程？

4．低速车削三角螺纹的进给方式有哪几种？高速车削三角螺纹时为什么只能用直进法车削？

5．怎样测量螺纹的螺距？

6．怎样测量螺纹的中径？

7．什么叫螺纹的综合测量？怎样进行？

8．车削螺纹的螺距、牙型不正确的原因有哪些？怎样预防？

任务八 综合训练

活动一 综合训练（一）

1．技能训练要求

（1）巩固所学车削加工基本技能；
（2）掌握圆锥工件的测量方法；
（3）掌握车削平底孔的方法。

2．使用的刀具、量具和辅助工具

外圆车刀、端面车刀、盲孔镗刀、内沟槽刀、普通螺纹车刀、切槽（断）刀、游标卡尺、千分尺、螺纹环规（螺纹千分尺）、万能量角器、中心钻、钻夹头、麻花钻等。

3．技能训练内容

（1）工件图样

工件图样如图 3.58 所示。

（2）参考步骤

1）夹毛坯外圆，粗车端面、外圆，留精加工余量。

2）调头装夹，粗车端面、外圆，钻孔、镗孔，留精加工余量；粗车螺纹部分外圆，割槽，留精加工余量。

3）调头装夹，粗车外圆、锥度，留精加工余量。

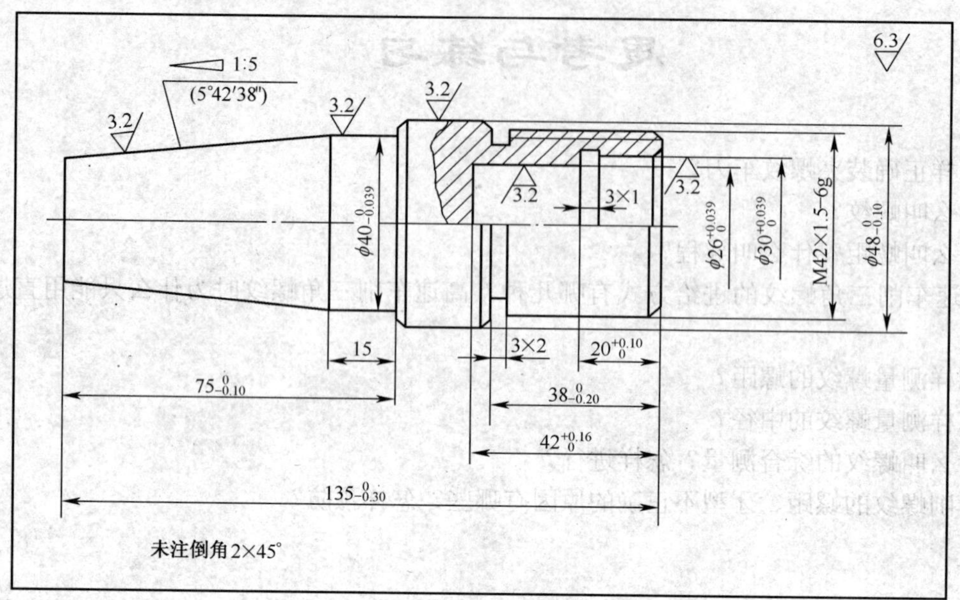

图 3.58　工件图样

4）调头装夹，粗、精车螺纹至精度要求；半精车、精车内孔至尺寸要求；精车大外圆至图样尺寸要求。

5）调头装夹大外圆处，半精车、精车外圆与锥度至图样尺寸要求。

4．评分表

评分表如表 3.12 所示。

表 3.12　　评　分　表

项　目	序　号	考核内容和要求	配　分	评分标准	检测结果	得　分
尺寸公差	1	$\phi40$	8	超差 0.01 扣 1 分；超差 0.03 以上不得分		
	2	$\phi26$	8			
	3	$\phi30$	8			
	4	$\phi48$	8			
	5	20	4	超差 0.02 扣 1 分；超差 0.06 以上不得分		
	6	75	4			
	7	38	4			
	8	42	4			
	9	135	4			
	10	C=1∶5	8	超差 1′ 扣 1 分；超差 3′ 以上不得分		
螺纹公差	11	M24×1.5-6g	20	超差不得分		
	12	牙侧 R_a3.2	10	降一级扣 5 分		
其他	13	R_a3.2（5 处）	10	每处降一级扣 1 分		
	14	倒角 c2		不符要求扣总分 1 分		
	15	其余 R_a6.3		每处降一级扣总分 1 分		

活动二 综合训练（二）

1. 技能训练要求

（1）掌握内、外螺纹和内、外圆锥配合件的车削工艺。
（2）巩固所学车削加工的知识。

2. 使用的刀具、量具和辅助工具（自备）

3. 技能训练内容

（1）工件图样
如图 3.59、图 3.60、图 3.61 所示。

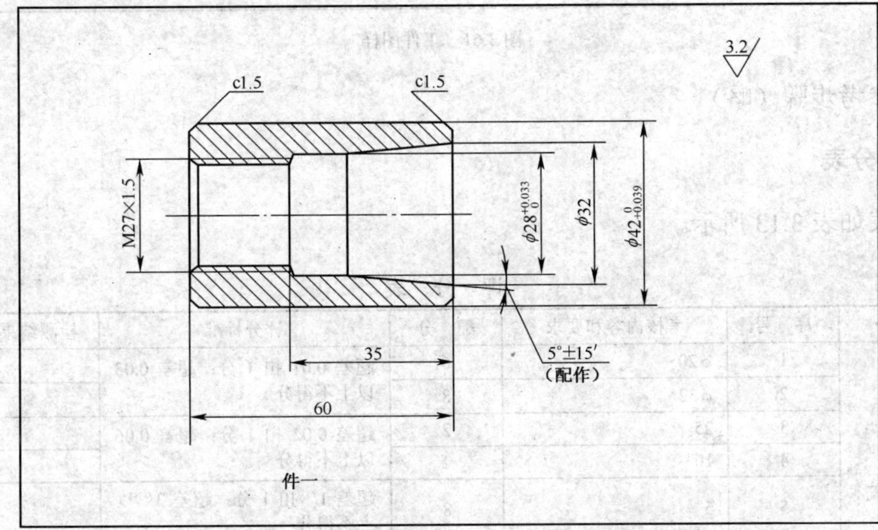

图 3.59 工件图样

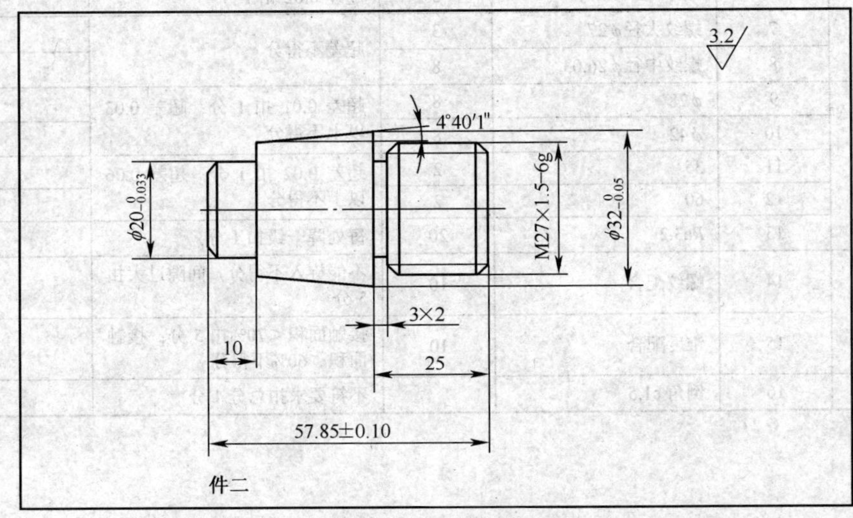

图 3.60 工件图样

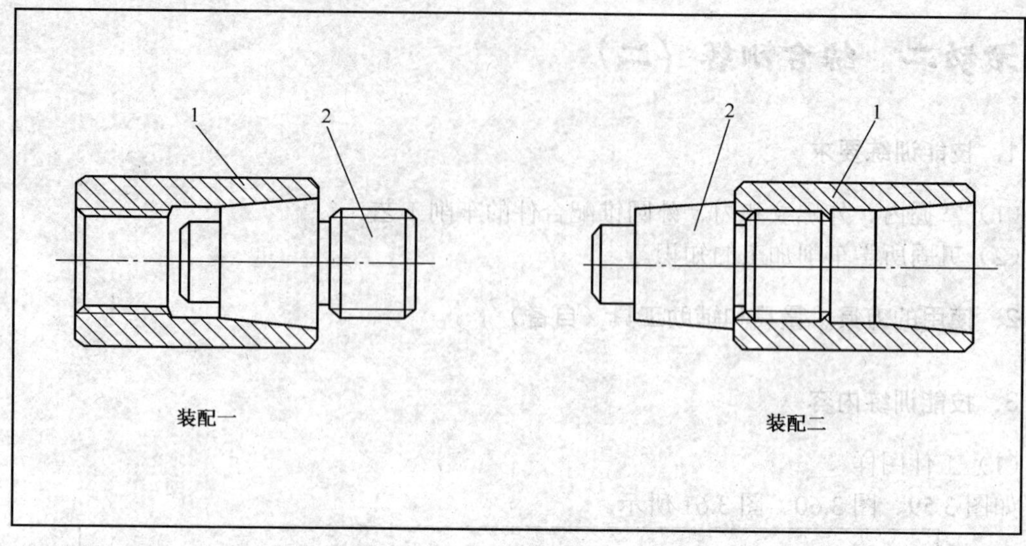

图 3.61　工件图样

（2）参考步骤（略）

4．评分表

评分表如表 3.13 所示。

表 3.13　　　　　　　　　　　　评　分　表

项　　目	序　号	考核内容和要求	配　分	评分标准	检测结果	得　分
件一尺寸公差	1	ϕ20	6	超差 0.01 扣 1 分；超差 0.03 以上不得分		
	2	ϕ32	8			
	3	25	2	超差 0.02 扣 1 分；超差 0.06 以上不得分		
	4	10	2			
	5	5°	8	超差 1′ 扣 1 分；超差 3′ 以上不得分		
	6	57.86	3	超差 0.02 扣 1 分		
	7	螺纹大径ϕ27	3	超差不得分		
	8	螺纹中径ϕ26.03	8			
件二尺寸公差	9	ϕ28	8	超差 0.01 扣 1 分；超差 0.03 以上不得分		
	10	ϕ42	8			
	11	35	2	超差 0.02 扣 1 分；超差 0.06 以上不得分		
	12	60	2			
	13	Ra3.2	20	每处降一级扣 1 分		
配合要求	14	螺纹配合	10	不能旋入不得分，间隙过大扣 5 分		
	15	锥度配合	10	接触面积＜70%扣 5 分；接触面积＜60%不得分		
其他	16	倒角 c1.5		不符要求扣总分 1 分		

项目四

铣工实训

本项目主要介绍铣床的种类、各部分名称、功用、操作方法，铣削加工工艺知识与加工方法。重点熟悉铣床的结构特点和安全操作方法；初步掌握铣平面、铣槽、切断等方法；了解等分零件的铣削知识和方法。

通过本项目的学习与训练，可以学会使用铣床、铣刀，会选择铣削用量进行平面铣削、槽铣削、切断、等分零件铣削等。

知识目标

- 了解铣工工作的特点。
- 熟悉铣床的各部分的名称、功用。
- 了解铣床的维护和保养知识，掌握铣床的安全操作规程。
- 了解铣刀的种类、结构，熟悉铣刀主要角度的定义及对切削加工的影响。
- 了解铣削用量的概念。
- 了解槽铣刀、锯片铣刀的结构。
- 能根据工件图样合理选用铣刀。
- 初步掌握铣平面、铣槽、切断等基本知识。
- 掌握分度头的基本原理。
- 了解零件等分的铣削知识和方法。

技能目标

- 熟悉铣床的操作方法。
- 学会铣床的维护和保养。
- 掌握铣刀的选择和安装方法。
- 初步掌握铣削用量的选择原则。
- 初步掌握铣平面、垂直面、阶台面和斜面的方法。
- 初步掌握根据工件图样合理选用铣刀的方法。
- 初步掌握铣槽、切断的方法。
- 掌握分度头的使用方法。
- 掌握工件夹紧及找正的方法。
- 初步掌握零件等分加工的操作方法。

任务一 铣工入门

铣削是铣刀旋转作主运动、工件或铣刀作进给运动的切削加工方法。在铣床上使用不同的铣刀可加工平面、沟槽、角度和成形面等，借助分度装置可加工齿轮、花键轴等多面体零件。

活动一 了解铣床

铣床有多种形式，并各有特点，按照结构和用途的不同可分为：卧式升降台铣床、立式升降台铣床、龙门铣床、仿形铣床、工具铣床、数控铣床等。其中，卧式升降台铣床和立式升降台铣床的通用性最强，应用也最广泛。这两类铣床的主要区别在于主轴轴心线相对于工作台水平和垂直安置。

1．铣床的型号

铣床的型号由表示该铣床所属的系列、结构特征、性能和主要技术规格等的代号组成。例如：

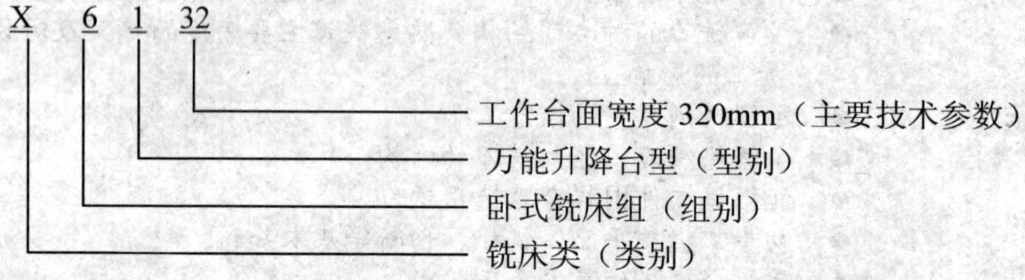

铣床种类虽然很多，但各类铣床的基本结构大致相同。现以 X6132 型万能升降台铣床（如图 4.1 所示）为例，介绍铣床各部分的名称、功用及操作方法。

2．铣床的基本部件

（1）底座

底座是整部机床的支承部件，具有足够的强度和刚度。底座的内腔盛装切削液，供切削时冷却润滑。

（2）床身

床身是铣床的主体，铣床上大部分的部件都安装在床身上。床身的前壁有燕尾形的垂直导轨，升降台可沿导轨上下移动；床身的顶部有水平导轨，悬梁可在导轨上面水平移动；床身的内部装有主轴、主轴变速机构、润滑油泵等。

（3）悬梁与悬梁支架

悬梁的一端装有支架，支架上面有与主轴同轴线的支承孔，用来支承铣刀轴的外端，以

增强铣刀轴的刚性。悬梁向外伸出的长度可以根据刀轴的长度进行调节。

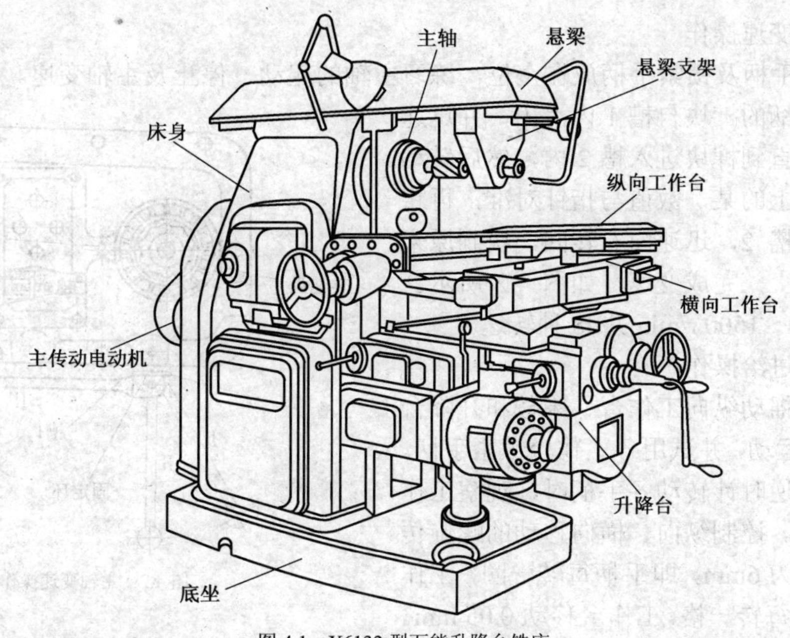

图 4.1 X6132 型万能升降台铣床

（4）主轴

主轴是一根空心轴，前端有锥度为 7∶24 的圆锥孔，铣刀刀轴一端就安装在锥孔中。主轴前端面有两键槽，通过键联接传递扭矩，主轴通过铣刀轴带动铣刀作同步旋转运动。

（5）主轴变速机构

由主传动电动机（7.5kW 1450r/min）通过带传动、齿轮传动机构带动主轴旋转，操纵床身侧面的手柄和转盘，可使主轴获得 18 种不同的转速。

（6）纵向工作台

纵向工作台用来安装工件或夹具，并带动工件作纵向进给运动。工作台上面有三条 T 形槽，用来安放 T 形螺钉以固定夹具和工件。工作台前侧面有一条 T 形槽，用来固定自动挡铁，控制铣削长度。

（7）床鞍

床鞍（也称横拖板）带动纵向工作台做横向移动。

（8）回转盘

回转盘装在床鞍和纵向工作台之间，用来带动纵向工作台在水平面内作±45°的水平调整，以满足加工的需要。

（9）升降台

升降台装在床身正面的垂直导轨上，用来支撑工作台，并带动工作台上下移动。升降台中下部有丝杠与底座螺母联接；铣床进给系统中的电动机和变速机构等就安装在其内部。

（10）进给变速机构

进给变速机构装在升降台内部，它将进给电动机的固定转速通过其齿轮变速机构，变换成 18 级不同的转速，使工作台获得不同的进给速度，以满足不同的铣削需要。

3．X6132 型铣床的操作

（1）主轴变速操作

将各进给手柄及锁紧手柄放在空位，练习主轴的起动、停止及主轴变速。先将变速手柄向下压，使手柄的榫块自槽 1 内滑出，并迅速转至最左端，直到榫块进入槽 2 内，然后转动转速盘，使盘上的某一数值与指针对准，再将手柄下压脱出槽 2，迅速向右转回，快到原来位置时慢慢推上，完成变速，如图 4.2 所示。转速盘上有 30～1500 r/min 共 18 种转速。

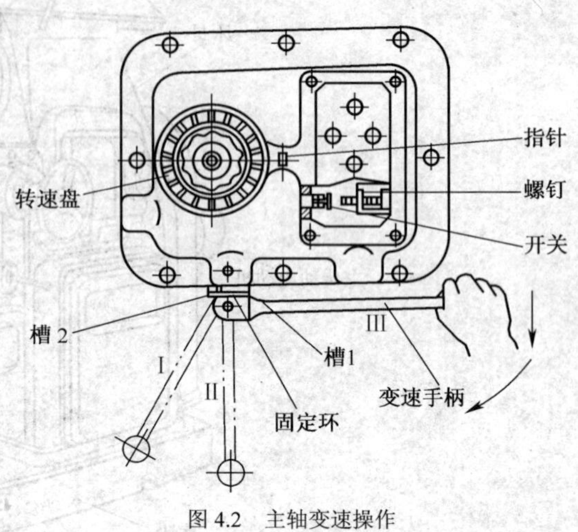

图 4.2　主轴变速操作

（2）手动进给操作

用手分别摇动纵向工作台、床鞍和升降台手柄，做往复运动，并试用各工作台锁紧手柄。分别顺时针、逆时针转动各手柄时，观察工作台的移动方向。控制纵向、横向移动的螺旋传动的丝杆导程为 6mm，即手柄每转一圈，工作台移动 6 mm，每转一格，工作台移动 0.05 mm。升降台手柄每转一圈，工作台移动 2 mm，每转一格，工作台移动 0.05 mm。

（3）自动进给操作

工作台的自动进给，必须起动主轴才能进行。工作台纵向、横向、垂向的自动进给操纵手柄均为复式手柄。纵向进给操纵手柄有三个位置，如图 4.3 所示。横向和垂向由同一手柄操纵，该手柄有五个位置，如图 4.4 所示。手柄推动的方向即工作台移动的方向，停止进给时，把手柄推至中间位置。变换进给速度时应先停止进给，然后将变速手柄向外拉并转动，带动转速盘转至所需要的转速数，对准指针后，再将变速手柄推回原位。转速盘上有 23.5～1180 r/min 共 8 种进给速度。

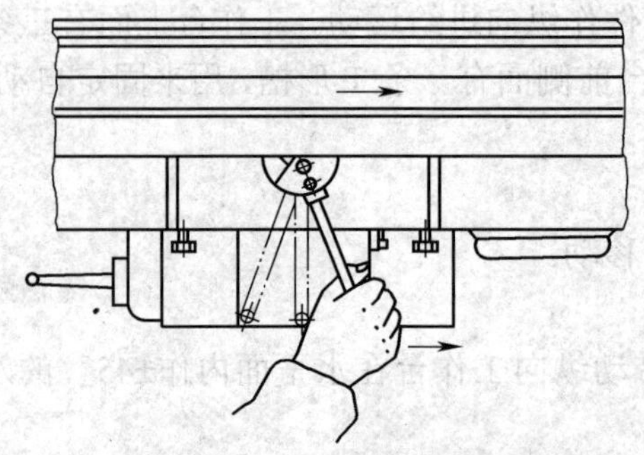
图 4.3　工作台纵向进给手柄

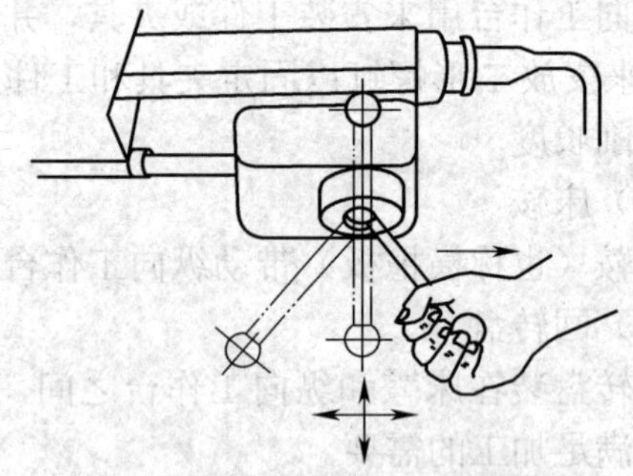
图 4.4　工作台横向、垂直进给手柄

自动进给时，按下快速按钮，工作台则快速进给，松开后，快速进给停止，恢复正常进给速度。

4．铣床的维护保养与安全文明操作技术

铣床的精度较高，为了保持铣床的精度，必须做到合理使用机床，注意铣床的维护和

保养。

（1）铣床的维护保养

1）铣床的日常维护保养　对于铣床的润滑系统，按机床说明要求，定期加油；机床起动前，应确保导轨面、工作台面、丝杠等滑动表面洁净并涂有润滑油；发现故障应立即停车，及时排除故障；合理使用铣床，熟悉铣床的最大负荷、极限尺寸、使用范围，不超负荷运转。

2）铣床的一级保养　铣床在运转 500h 后，通常要进行一级保养。保养作业以操作人员为主，维修人员配合进行。一级保养需对机床进行局部解体和检查，清洗规定部位，疏通油路，更换油线油毡，调整设备各部位配合间隙，紧固设备的规定部位。

（2）安全、文明操作技术

在铣床上工作，必须严格遵守操作规程，同时应懂得安全生产和文明生产。安全生产、文明生产主要体现在以下几个方面。

1）正确穿戴衣帽　工作服要紧身，袖口要扎紧或戴套袖；女工要戴工作帽；不准戴手套作业，以免发生事故；高速铣削时要戴好防护镜。

2）防止铣刀切伤　装拆铣刀时，不要用手直接握住铣刀；铣刀未完全停止转动前不得用手去触摸、制动；装拆工件时必须在铣刀停转后进行，使用扳手时注意避开铣刀。

3）防止切屑伤害　清除切屑时要用毛刷，不可用手抓，用嘴吹；切削时，不要站在切屑流出的方向。

4）铣床保养　严格遵守操作规程，熟悉铣床性能和使用范围，平时应做好日常保养，定期对铣床进行一级保养。

5）场地环境　对机床周围环境场地应保持清洁、无油垢；零件堆放整齐；使用切削液时防止外溢。

6）工量具的保养　工量具应分类摆放，工具定期检查，量具定期鉴定，每天进行日常保养。

7）工艺文件保管　使用的图样、工艺过程卡片等工艺文件资料，要保持清洁、完好，并注意妥善保管。

活动二　了解铣刀及加工工艺范围、铣削用量

1．铣刀

铣刀的种类很多，可以用来加工各种平面、沟槽、斜面和成形面。铣刀的分类方法很多，常用的分类方法如下。

（1）按铣刀切削部分的材料分类

按铣刀切削部分的材料分类，可分为高速工具钢铣刀和硬质合金铣刀。

高速工具钢铣刀一般形状较复杂，有整体和镶齿两种；硬质合金铣刀大都不是整体的，硬质合金铣刀片以焊接或机械夹固的方式镶装在铣刀刀体上，如硬质合金端面铣刀等。

（2）按铣刀的结构分类

按铣刀的结构分类，可分为整体铣刀、镶齿铣刀和机械夹固式铣刀等类型。

（3）按铣刀用途分类

按铣刀用途分类可分为平面铣刀、沟槽铣刀、成形面铣刀等类型。平面铣刀主要有端铣刀、圆柱铣刀；沟槽铣刀主要有立铣刀、三面刃铣刀、槽铣刀和锯片铣刀、T 形槽铣刀、燕尾槽铣刀和角度铣刀等；成形面铣刀是根据成形面的形状而专门设计的成形铣刀。

2．铣削加工工艺范围

一般情况下，铣削加工的精度范围在 IT11～IT8 之间，表面粗糙度 R_a 值在 12.5～0.4μm 之间。铣削加工效率高，范围广。如图 4.5 所示为铣床加工的各种典型表面。

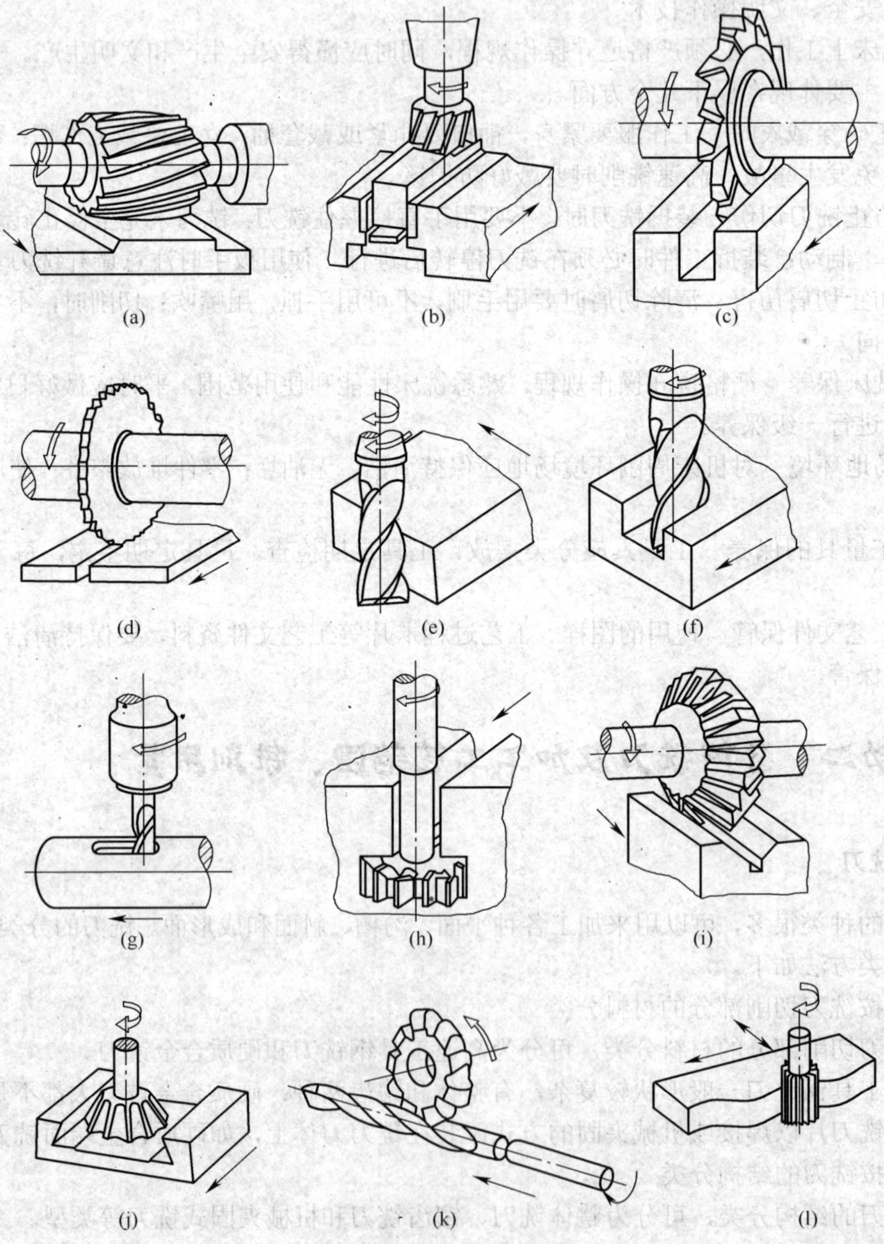

(a) (b) (c)

(d) (e) (f)

(g) (h) (i)

(j) (k) (l)

图 4.5 铣床加工的典型表面

3. 铣削用量

(1) 铣削用量的概念

在铣削过程中所选用的切削用量称为铣削用量。它包括铣削宽度、铣削深度、铣削速度和进给量。

1) 铣削宽度(B) 它是指工件在一次进给中，铣刀切除工件表层的宽度，通常用符号 B 来表示。

2) 铣削深度(a_p) 它是指工件在一次进给中，铣刀切除工件表层的厚度，通常用符号 a_p 来表示。

3) 铣削速度(v_c) 它是指主运动的线速度，单位是 m/min。铣削速度即铣刀切削刃上离中心最远点的圆周速度，其计算公式为

$$v_c = \frac{\pi \cdot d_0 \cdot n}{1000}$$

式中：d_0——铣刀外径，mm；

n——铣刀转速，r/min。

4) 进给量(f) 它是指工件相对于铣刀进给的速度，有以下三种表示方法：

每齿进给量(f_z)——铣刀每转过一齿工件相对于铣刀移动的距离，mm/z；

每转进给量(f_r)——铣刀每转过一转工件相对于铣刀移动的距离，mm/r；

每分进给量(f_{min})——每分内工件相对于铣刀移动的距离，mm/min。

每齿进给量是选择进给量的依据，而每分进给量则是调整铣床的实用数据。这三种进给量相互关联，关系式为

$$f_{min} = f_r \times n = f_z \times n \times z$$

式中：n——铣刀转速，r/min；

z——铣刀齿数。

(2) 选择铣削用量

选择铣削用量的依据是工件的加工精度、刀具耐用度和工艺系统的刚度。在保证产品质量的前提下，尽量提高生产效率和降低成本。

粗铣时，工件的加工精度不高，选择铣削用量应主要考虑铣刀耐用度、铣床功率、工艺系统的刚度和生产效率。首先应选择较大的铣削深度和铣削宽度，当铣削铸件和锻件毛坯时，应使刀尖避开表面硬层。加工铣削宽度较小的工件时，可适当加大铣削深度。铣削宽度尽量一次铣出，然后再选用较大的每齿进给量和较低的铣削速度。

半精铣适用于工件表面粗糙度要求在 R_a 值为 6.3～3.2 μm 之间。精铣时，为了获得较高的尺寸精度和较小的表面粗糙度值，铣削深度应取小些，铣削速度可适当提高，每齿进给量宜取小值。

一般情况下，选择铣削用量的顺序是：先选大的铣削深度，再选每齿进给量，最后选择铣削速度。铣削宽度尽量等于工件加工面的宽度。

(3) 选用切削液

切削液具有冷却和润滑作用，能迅速带走切削区的热量，减小刀具与工件之间的摩擦，

降低切削力，提高工件表面质量和刀具耐用度。此外，切削液还具有清洗作用，能把工件表面碎屑、污物冲走，保持工件表面干净。

常用切削液有水溶液、乳化液和切削油等。选用切削液主要根据工件材料、刀具材料和加工性质来确定。一般粗加工时，因发热量大，宜选用冷却为主的切削液；精加工时宜选用润滑为主的切削液；当加工铸铁、使用硬质合金刀具时，可不加切削液。

任务二　铣削平面

平面就是在各个方向都成直线的面，它是构成机器零件的基本表面之一。平面可以在铣床上加工，而且铣平面是铣工基本的工作内容。

活动一　安装铣刀、工件，选择铣削方式

1. 选择和安装铣刀

（1）选择铣刀

铣平面用的铣刀有圆柱铣刀和端铣刀两种，由于圆柱铣刀刃磨要求高，加工效率低，通常都采用端铣刀加工平面。铣刀的直径一般要大于工件宽度，尽量在一次进给中铣出整个加工表面。

（2）安装铣刀

1）带孔铣刀的安装　带孔铣刀一般安装在铣刀刀轴上，如图 4.6（a）、（c）所示。安装铣刀时，应尽量靠近主轴前端，以减少加工时刀轴的变形和振动、提高加工质量。

2）带柄铣刀的安装　直径为 3～20 mm 的直柄立铣刀可装在主轴上专用的弹性夹头中。锥柄铣刀可通过变锥套安装在主轴锥度为 7∶24 的锥孔中，如图 4.6（b）所示。

3）面铣刀的安装　首先将面铣刀安装在刀轴上，再将刀轴与面铣刀一起装在铣床主轴上，并用拉杆拉紧，如图 4.6（a）、（c）所示。

2. 安装工件

在铣床上加工平面时，一般都用机用虎钳，或用螺栓、压板把工件装夹在工作台上；大批量生产中，为了提高生产效率，可使用专用夹具来装夹。

（1）用机用虎钳装夹工件

1）装夹工件时，必须将零件的基准面紧贴固定钳口或导轨面；承受铣削力的钳口最好是固定钳口。

2）工件的余量层必须稍高出钳口，以防钳口和铣刀损坏。

3）工件一般装夹在钳口中间，使工件装夹稳固可靠。

4）装夹的工件为毛坯面时，应选一个大而平整的面作粗基准，将此面靠在固定钳口上，在钳口和毛坯之间垫铜皮，防止损伤钳口。

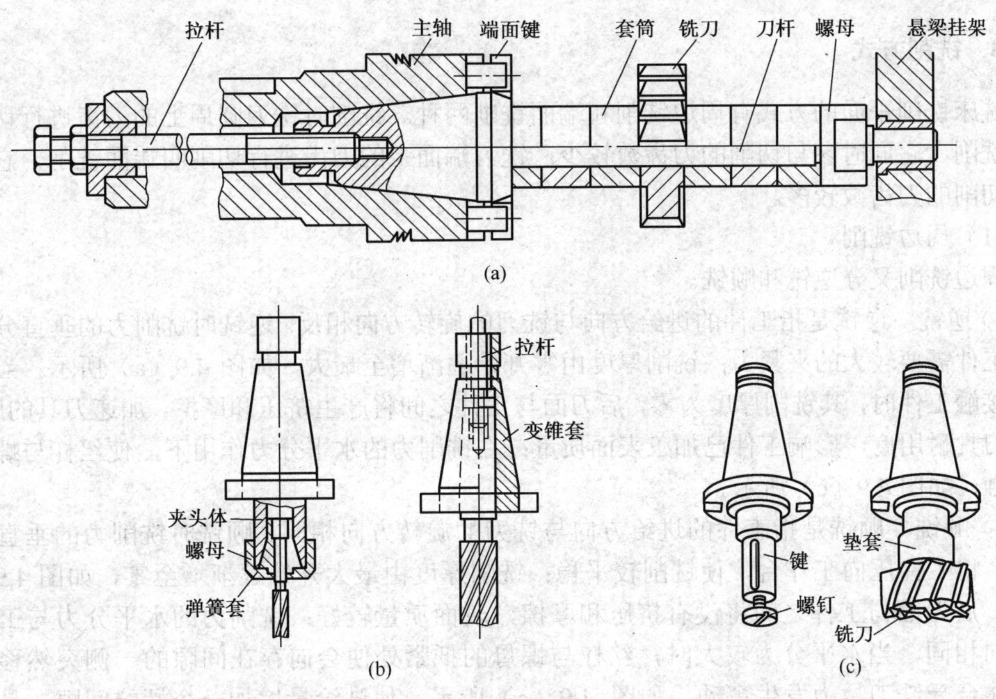

图 4.6 铣刀安装

（a）带孔铣刀安装 （b）带柄铣刀安装 （c）面铣刀安装

5）装夹已加工零件时，应选择一个较大的平面或以工件的基准面作基准，将基准面靠紧固定钳口，在活动钳口和工件之间放置一圆棒，这样能保证工件的基准面与固定钳口紧密贴合，如图 4.7 所示。当工件与固定钳身导轨接触面为已加工面时，应在固定钳身导轨面和工件之间垫平行垫铁，夹紧工件后，用铜锤轻击工件上面，如果平行垫铁不松动，则说明工件与固定钳身导轨面贴合好，如图 4.8 所示。

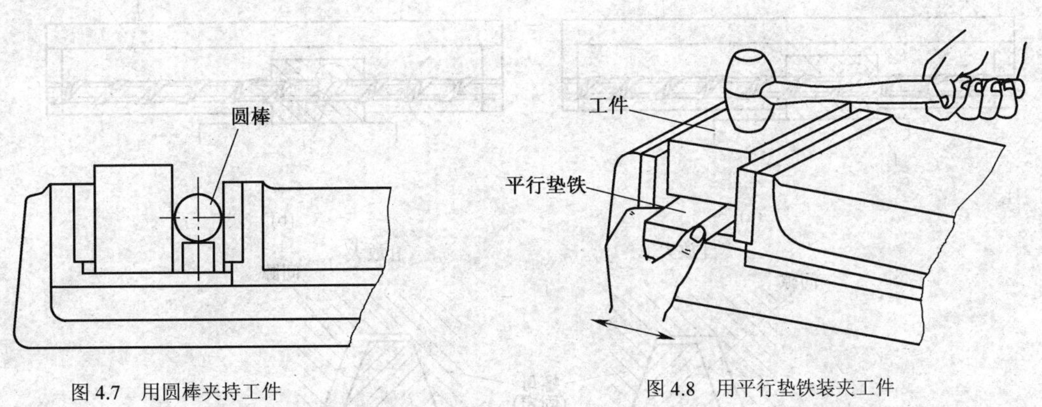

图 4.7 用圆棒夹持工件

图 4.8 用平行垫铁装夹工件

（2）用压板、螺栓装夹工件

1）螺栓应尽量靠近工件。装夹薄壁工件和在悬空部位夹紧时，夹紧力的大小要适当，以防工件变形。

2）使用压板的数目一般两块以上，在工件上的压紧点要尽量靠近加工部位。

3. 铣削方式

铣床铣削平面的方式有周边铣削和端面铣削两种。铣削时铣刀圆周上的刀齿进行切削叫周边铣削，它同时参与切削的刀齿数较少；铣刀端面上的刀齿进行切削叫端面铣削，它同时参与切削的刀齿数较多。

（1）周边铣削

周边铣削又分逆铣和顺铣。

1）逆铣　逆铣是指工件的进给方向与铣刀的旋转方向相反。逆铣时铣削力的垂直分力向上，工件需要较大的夹紧力；铣削厚度由零开始逐渐增至最大，如图 4.9（a）所示。当铣刀齿刚接触工件时，其铣削厚度为零，后刀面与工件之间将产生挤压和摩擦，加速刀具的磨损，降低刀具耐用度，影响工件已加工表面质量；在铣削力的水平分力作用下，使丝杠与螺母始终接触，如图 4.9（c）所示。

2）顺铣　顺铣是指工件的进给方向与铣刀的旋转方向相同。顺铣时铣削力的垂直分力向下，将工件压向工作台，使铣削较平稳；铣削厚度由最大开始逐渐增至零，如图 4.9（b）所示。后刀面与工件之间将没有挤压和摩擦，表面质量较好；铣削力的水平分力与工件进给方向相同，当水平分力较大时，丝杠与螺母的抵紧处便会向存在间隙的一侧突然移动，即工作台受铣刀拉力发生窜动，如图 4.9（c）所示，使进给量增加一个螺纹间隙，易损坏铣刀和工件。

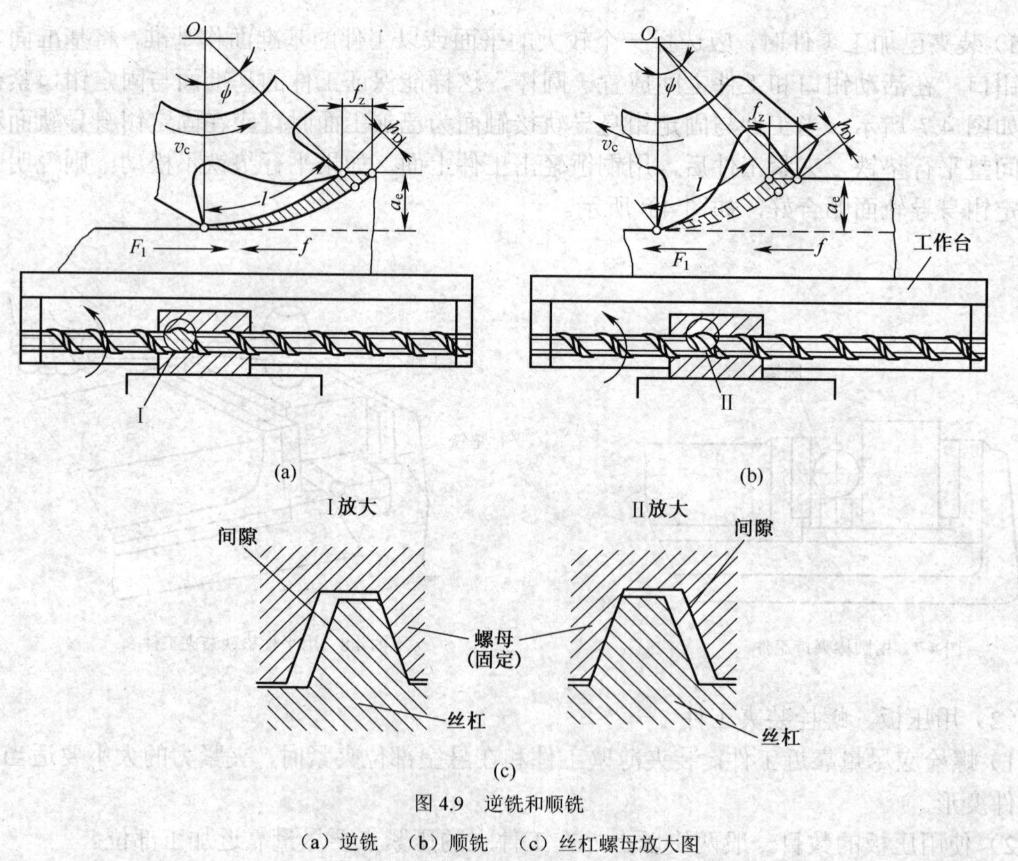

图 4.9　逆铣和顺铣

（a）逆铣　（b）顺铣　（c）丝杠螺母放大图

（2）端面铣削

端面铣削又分为对称铣削、不对称逆铣和不对称顺铣。

1）对称铣削

对称铣削是指工件相对于铣刀轴线对称安装，如图 4.10（c）所示。它是逆铣和顺铣的组合，切入和切出处的铣削厚度最小且不为零，切削力变化幅度小且分布均衡，铣削过程平稳，适宜切削具有冷硬层的淬硬钢。

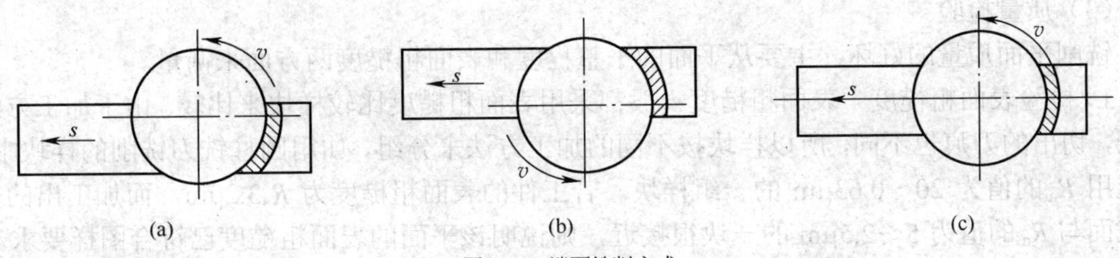

图 4.10 端面铣削方式

（a）不对称逆铣 （b）不对称顺铣 （c）对称铣削

2）不对称逆铣

不对称逆铣是指铣刀轴线不对称安装，如图 4.10（a）所示。铣刀以较小的铣削厚度切入工件，又以较大的铣削厚度切出工件，因切入厚度较小，故冲击力不大，避免了后刀面对工件的挤压和摩擦，提高了刀具的耐用度。

3）不对称顺铣

不对称顺铣是指工件偏置于铣刀轴线，如图 4.10（b）所示。铣刀以较大的铣削厚度切入工件，又以较小的铣削厚度切出工件，虽然铣削时会有一定的冲击，但可以避免切削刃切入冷硬层。

活动二 铣平面

1. 铣平面

铣平面可以选用圆柱铣刀，也可以选用端面铣刀。铣削方法和步骤如下：

（1）用圆柱铣刀铣平面

1）选择铣刀 圆柱铣刀的长度应大于工件加工面的宽度。粗铣时，铣刀的直径，按铣削层深度的大小而定，铣削层深度大，铣刀的直径也相应选得大一些；精铣时，可取较大直径铣刀加工，以减小表面粗糙度值。铣刀的齿数，粗铣时用粗齿；精铣时用细齿。

2）装夹工件 在卧式铣床上用圆柱形铣刀铣削中小型工件的平面，一般都采用机用虎钳装夹，当工件的两面平行度较差时，应在钳口和工件之间垫较厚的铜片或厚纸，可借助铜皮的变形而使接触面增大，使工件装夹得较稳固。

3）确定铣削用量 粗铣时，若加工余量不大，则可一次切除；精铣时的铣削层深度以 0.5～1 mm 为宜。铣削层宽度一般等于工件加工表面的宽度。每齿进给量，一般取 $f_z = 0.02$～0.3 mm/z；粗铣时可取得大些；精铣时，则应采用较小的进给量。铣削速度，在用高速工具钢铣刀铣削时，一般取：$v_c = 16$～35 m/min。粗铣时应取较小值；精铣时应取较大值。

（2）用端面铣刀铣平面

用端面铣刀铣平面有很多优点，尤其对较大的平面，目前大都用端铣刀加工。

用高速工具钢端铣刀铣削平面的方法与步骤，与圆柱铣刀加工基本相同。只是端铣刀的直径应按铣削层宽度来选择，一般铣刀直径 D 应等于铣削层宽度 B 的 1.2～1.5 倍。

在生产中，为了提高生产效率和减小表面粗糙度值，往往采用硬质合金端铣刀进行高速铣削。铣削时，一般取 v_c＝80～120 m/min。

（3）质量检验

铣削平面质量的好坏，主要从平面的平整程度和表面粗糙度两方面来衡量。

1）检验表面粗糙度　表面粗糙度一般都采用表面粗糙度比较样块来比较。由于加工方法不同，切出的刀痕也不同，所以样块按不同的加工方法来分组，如用圆柱铣刀铣削的样块中，可选用 R_a 的值为 20～0.63μm 的一组样块。若工件的表面粗糙度为 R_a3.2μm，而加工出的平面表面与 R_a 的值为 5～2.5μm 的一块很接近，则说明该平面的表面粗糙度已符合图样要求。

2）检验平面度　一条直线以任何方向放在平面上，直线必须与平面紧密贴合。因此在铣好平面后，一般都用棱边（或称刀日）成直线的刀口形直尺来检验。对平面度要求高的平面，可用标准平板来检验。

2．铣平行平面

铣平行面就要求铣出的平面与基准面平行。

若工件尺寸较小，用周边铣削加工平行面，一般都在卧式铣床上用机用虎钳装夹进行铣削。装夹时主要使基准面与工作台面平行，因此在基准面与虎钳导轨面之间垫两块厚度相等的平行垫铁（如图 4.11 所示）。即使对较厚的工件，也最好垫上两条厚度相等的薄铜皮，以便检查基准面是否与虎钳导轨平行。

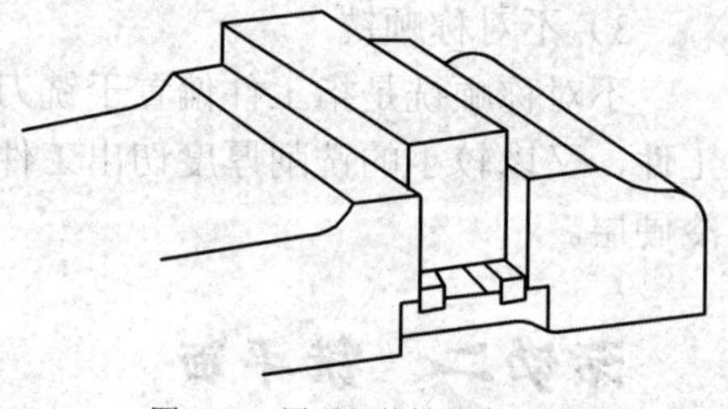

图 4.11　用平行垫铁装夹工件

用这种装夹方法加工，产生平行度超差的原因有以下三个：

（1）基准面与虎钳导轨面不平行，造成此现象的因素有：平行垫铁的厚度不相等；该垫铁应在平面磨床上同时磨出；平行垫铁的上下表面与工件和导轨之间有杂物；工件贴住固定钳口的平面与基准面不垂直等。

（2）机用虎钳的底面与工作台面不平行，造成这种现象一般是由于机用虎钳的底面与工作台面之间有毛刺或杂物。

（3）铣刀的圆柱度不精确。

铣平行面时，一般是铣削—测量—铣削。当尺寸精度的要求较高时，需要在粗铣后再做一次半精铣，半精铣余量以 0.5 mm 左右为宜。由余量决定工作台上升的距离，可用百分表控制移动量，从而控制尺寸精度。

活动三　铣垂直面

铣削垂直面是指要铣出与基面垂直的平面。

工件上只有一个基准面时，使用机用虎钳装夹时应使基准面与固定钳口贴合，此时铣削出的平面（顶面）即是垂直于基准面的平面。如图 4.12 所示，当固定钳口与工作台面不垂直时，易使加工的工件垂直度误差增大，此时可采用在工件基准面和固定钳口之间垫纸或铜片的方法予以纠正。在钳口上面还是下面垫纸或铜片，视固定钳口与工作台面的夹角而定，如图 4.13 所示。

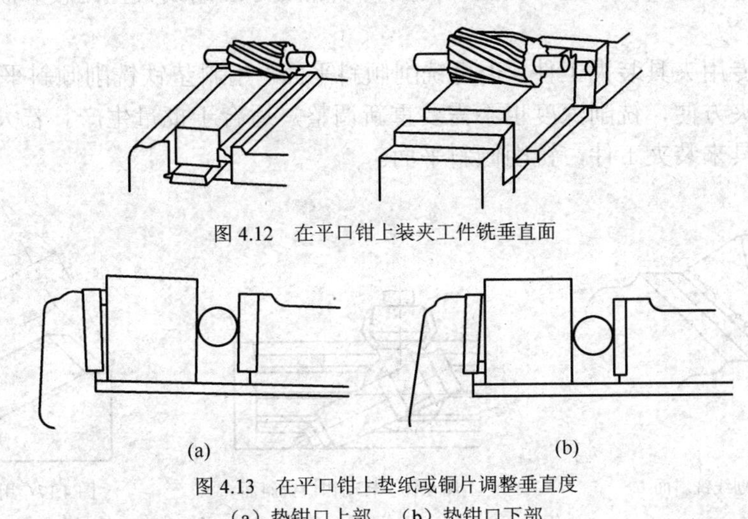

图 4.12 在平口钳上装夹工件铣垂直面

(a) (b)

图 4.13 在平口钳上垫纸或铜片调整垂直度
（a）垫钳口上部 （b）垫钳口下部

工件基准面宽而长，且加工面又比较狭窄时，可用角铁装夹工件，装夹时让基面与角铁的一面贴合，角铁的另一面直接固定在工作台面上，如图 4.14 所示。此时，用圆柱铣刀周铣狭长的平面，即可获得精度较高的垂直平面。

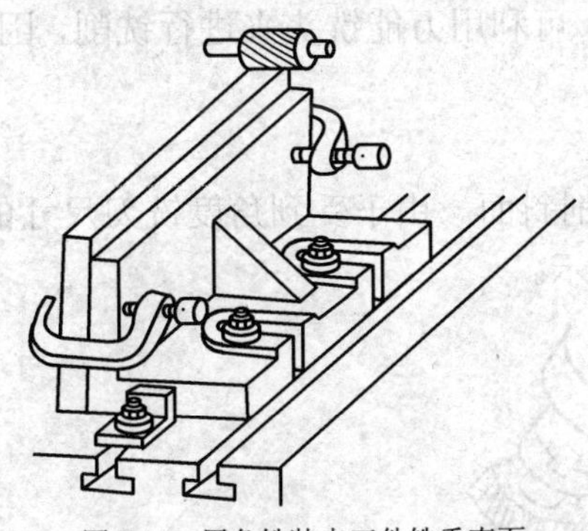

图 4.14 用角铁装夹工件铣垂直面

活动四 铣斜面

斜面是指要加工的平面与基准面倾斜一定的角度。斜面的铣削一般有以下几种方法。

1. 转动工件

先按图样要求在工件上划出斜面的轮廓线，并打上样冲眼，尺寸不大的工件可以用机用虎钳装夹，并用划盘找正，然后再夹紧。如果尺寸大的工件，可以直接装在工作台上找正夹

紧，如图 4.15 所示。

用机用虎钳装夹工件，夹正工件后，固定钳座，将钳身转动需要的角度，用端铣刀进行铣削即可获得所需倾斜平面，如图 4.16 所示。

使用该方法铣削斜面时，先切去大部分余量，在最后精铣时，应用划针再校验一次，如工件在加工过程中有松动，应重新找正、夹紧。该加工方法划线找正比较麻烦，只适宜单件小批量生产。

用斜垫铁或专用夹具装夹工件，也可铣削倾斜平面。用斜垫铁铣削倾斜平面如图 4.17 所示，这种方法装夹方便，铣削深度也不需要重新调整，适合于批量生产。若大批量生产时，最好采用专用夹具来装夹工件，铣削倾斜平面。

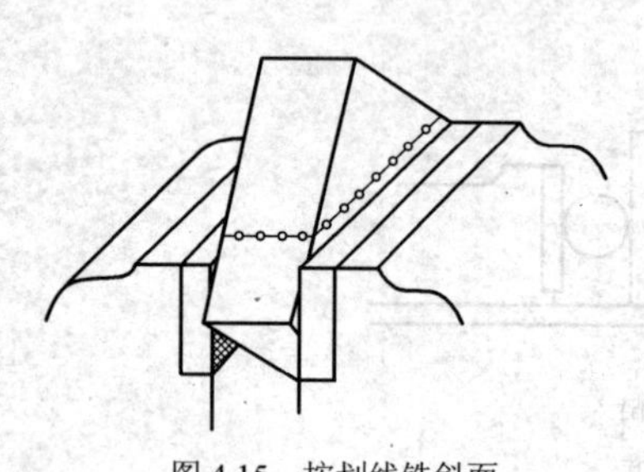

图 4.15　按划线铣斜面

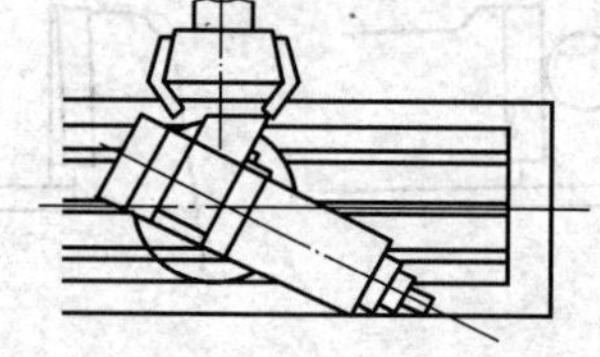

图 4.16　转动钳口铣斜面

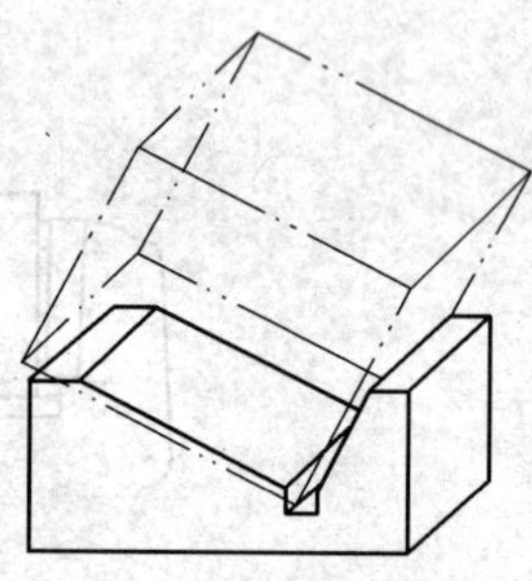

图 4.17　用斜垫铁铣斜面

2．转动铣刀

转动铣床立铣头从而带动铣刀旋转来铣削倾斜平面，如图 4.18 所示。

这种方法铣削时，工作台必须横向进给，且因受工作台横向行程的限制，铣削斜面的尺寸不能过长。若斜面尺寸过长，可利用万能铣头来进行铣削，因为工作台可以作纵向进给了。

3．用角度铣刀

直接用带角度的铣刀来铣削斜面。由于受到角度铣刀尺寸的限制，这种方法只适用于铣削较窄小的斜面，如图 4.19 所示。

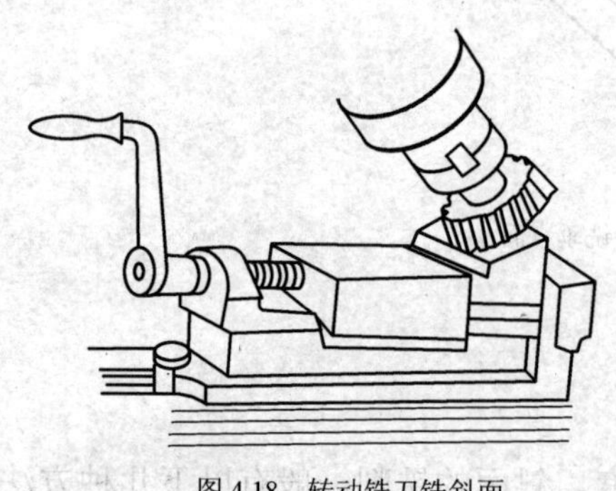

图 4.18　转动铣刀铣斜面

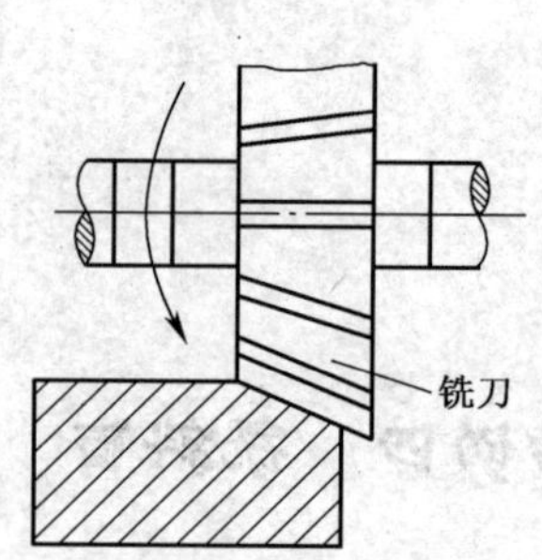

图 4.19　用角度铣刀铣斜面

活动五　铣阶台面

阶台面是指由两个相互垂直的平面所组成的组合平面，其特点是两个平面是用同一把铣

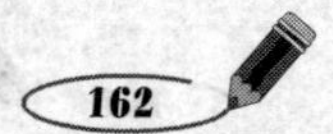

刀的不同部位同时加工出来；两个平面用同一个定位基准。因此，两个加工平面垂直与否，主要取决于刀具。阶台面的铣削常用三面刃铣刀、立铣刀、端铣刀进行铣削。

1. 用三面刃铣刀铣阶台面

用一把三面刃铣刀铣阶台面时，如图 4.20（a）所示，铣刀单侧面单边受力会出现“让刀”现象，故应选用有足够宽度的铣刀，以提高刚性。对于零件两侧的对称阶台面，可以用两把三面刃铣刀联合加工，两把铣刀的直径必须相等，如图 4.20（b）所示。装刀时，两把铣刀的刀齿应错开半齿，以减小振动。

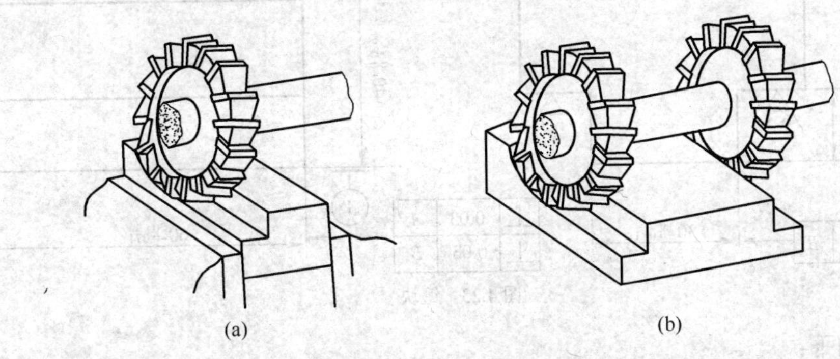

图 4.20 用三面刃铣刀铣阶台面

2. 用立铣刀铣阶台面

用立铣刀铣削适宜于垂直面较宽，水平面较窄的阶台面，如图 4.21 所示，当阶台处于工件轮廓内部，其他铣刀无法伸入时，此法加工很方便。通常因立铣刀直径小，悬伸长，刚性差，故不宜选用较大的铣削用量。

3. 用端铣刀铣阶台面

用端铣刀铣削正好与立铣刀相反，适宜于垂直面较窄小，而水平面较宽大的阶台面，如图 4.22 所示。因端铣刀直径大，刚性好，可以选用较大的铣削用量，提高生产效率。

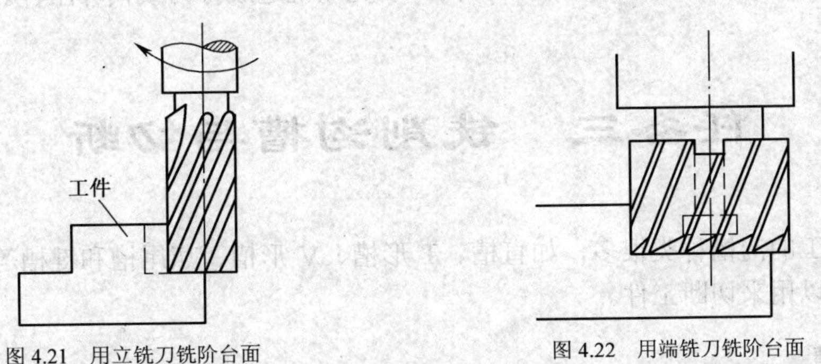

图 4.21 用立铣刀铣阶台面

图 4.22 用端铣刀铣阶台面

活动六 平面铣削实训

本活动铣削带有平面、垂直面、阶台面及斜面的工件

1．铣削工件

销削工作如图 4.23 所示。

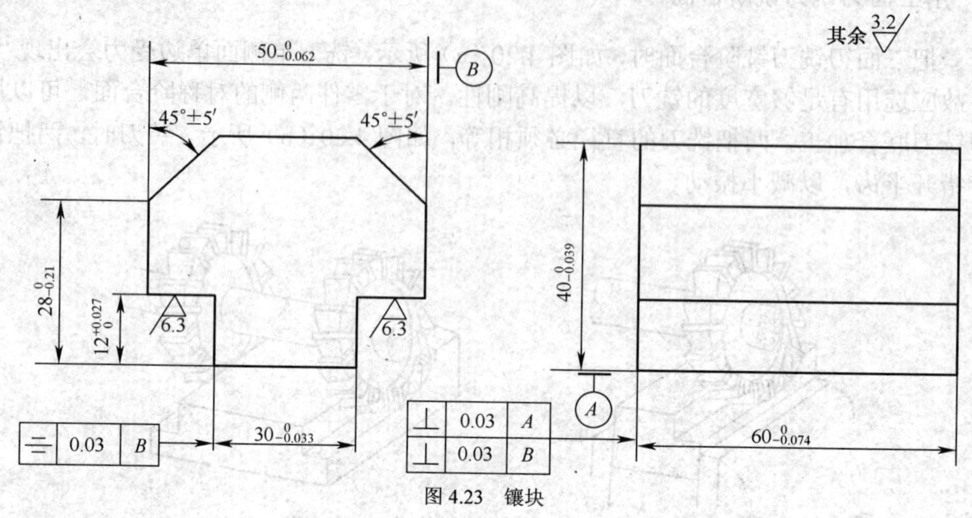

图 4.23　镶块

铣削步骤如下：

（1）安装找正平口钳，装夹工件，用端铣刀铣六面体至图样尺寸，保证垂直度要求。

（2）用三面刃铣刀或立铣刀铣阶台面至图样尺寸，保证对称度要求。

（3）用倾斜铣刀法或用角度铣刀铣斜面，保证 45° ±5'和图样尺寸要求。

2．注意事项

（1）开车前应先检查铣刀及工件装夹是否牢固，安装位置是否正确。

（2）开车后应检查铣刀旋转方向是否正确，对刀和调整吃刀深度应在开车时进行。

（3）加工时可采取先粗铣后精铣的方法，以提高工件的加工精度和表面质量。

（4）切削力应压向平口钳的固定钳口，人应避开切屑飞出的方向。

（5）铣削时应采用逆铣，注意进给方向，以免顺铣造成打刀或损坏工件。

任务三　铣削沟槽与切断

铣床能加工的沟槽种类很多，如直槽、T 形槽、V 形槽、燕尾槽和键槽等，同时，选择锯片铣刀也可以用来切断工件。

1．铣直槽

直槽分为通槽、半通槽和不通槽，如图 4.24 所示。较宽的通槽常用三面刃铣刀加工，较窄的通槽常用锯片铣刀加工，但在加工前，要先钻略小于铣刀直径的工艺孔。对于较长的不通槽也可先用三面刃铣刀铣削中间部分，再用立铣刀铣削两端圆弧。键槽的加工与铣直槽一

样，只是半圆键槽的加工需用半圆键槽铣刀来铣削，如图 4.25 所示。

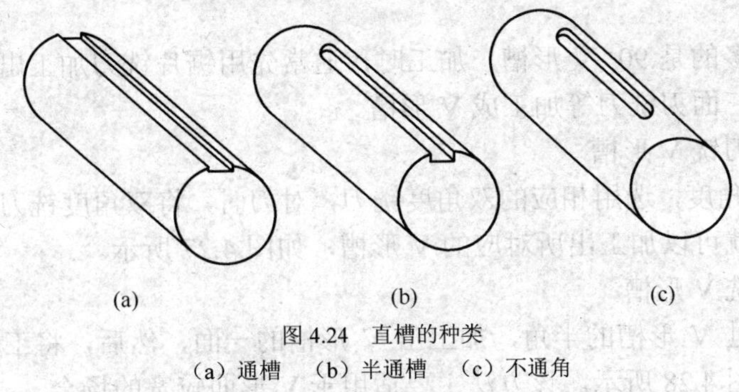

图 4.24 直槽的种类
（a）通槽 （b）半通槽 （c）不通角

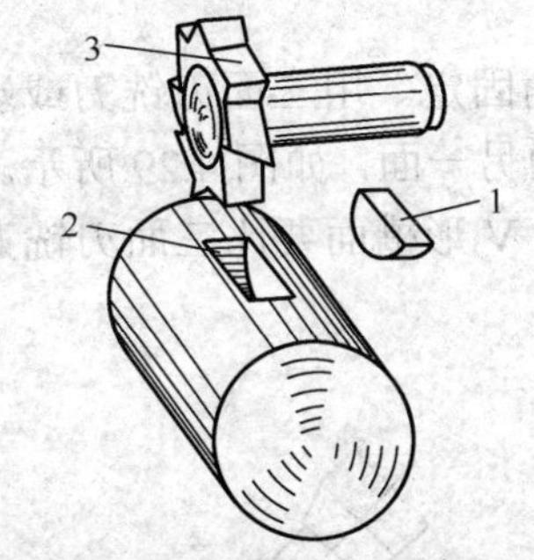

图 4.25 半圆键槽的铣削
1—半圆键 2—半圆键槽 3—半圆键槽铣刀

铣直槽时，工件的装夹可以用平口钳、V 形铁和压板、分度头和尾座顶尖或专用夹具等，根据工件的加工精度和生产批量的大小具体情况而定。

2. 铣 T 形槽

铣 T 形槽通常先用三面刃铣刀铣出直槽，然后用 T 形槽铣刀加工底槽，加工步骤如图 4.26 所示。铣 T 形槽时，由于排屑、散热都比较困难，加之 T 形槽铣刀的颈部较小，容易折断，故不宜选用过大的铣削用量。

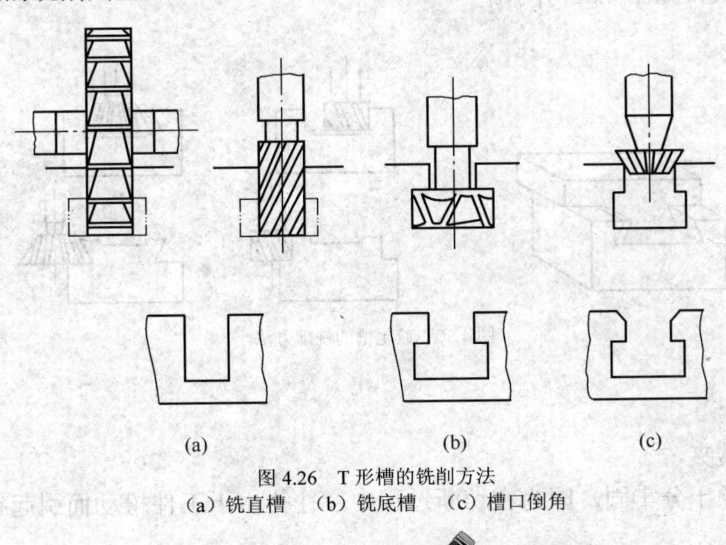

图 4.26 T 形槽的铣削方法
（a）铣直槽 （b）铣底槽 （c）槽口倒角

3. 铣V形槽

生产中用得较多的是 90° V 形槽，加工时，通常先用锯片铣刀加工出窄槽，然后再用角度铣刀、立铣刀、三面刃铣刀等加工成 V 形槽。

（1）用角度铣刀铣 V 形槽

根据 V 形槽的角度，选用相应的双角度铣刀，对刀时，将双角度铣刀的刀尖对准窄槽的中间，分次切割，就可以加工出所对应的 V 形槽，如图 4.27 所示。

（2）用立铣刀铣 V 形槽

先将立铣头转过 V 形槽的半角，加工出 V 形槽的一面，然后，将工件调转，再加工 V 形槽的另一面，如图 4.28 所示。该方法主要适用于 V 形面较宽的场合。

（3）转动工件铣 V 形槽

先将工件转过 V 形槽的半角固定。用三面刃铣刀或端铣刀加工出 V 形槽的一面，然后，转动工件，再加工工件 V 形槽的另一面，如图 4.29 所示。显然，三面刃铣刀的加工精度要比端铣刀好一些；而端铣刀加工的 V 形槽面要比三面刃铣刀宽一些。

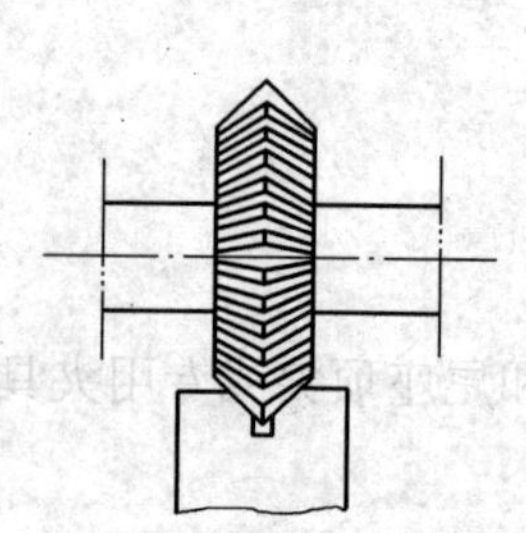

图 4.27 用角度铣刀铣 V 形槽

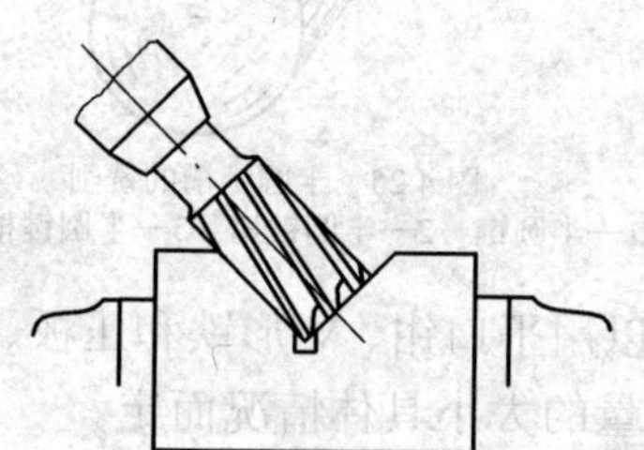

图 4.28 转动立铣头铣 V 形槽

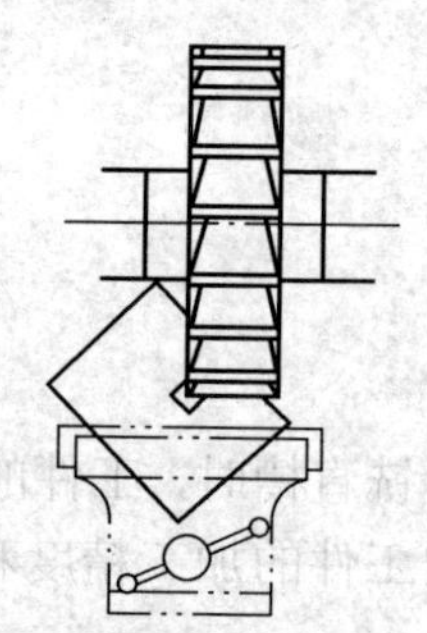

图 4.29 转动工件铣 V 形槽

4. 铣燕尾槽

燕尾槽的铣削与 T 形槽铣削基本相同，先用立铣刀或端铣刀铣出直槽，再用燕尾槽铣刀铣燕尾槽或燕尾块，如图 4.30 所示。

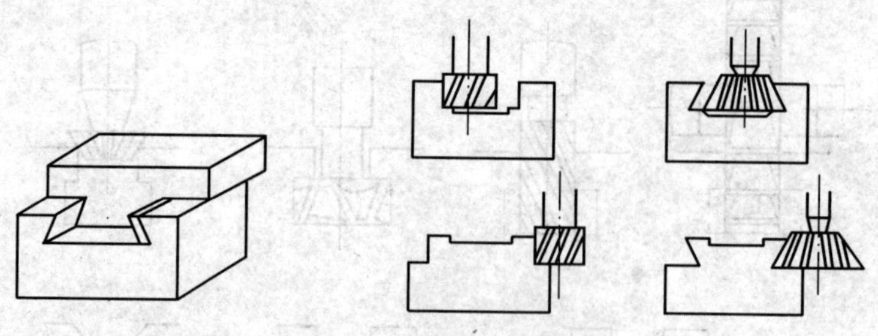

图 4.30 燕尾槽的铣削方法

5. 切断

（1）工件的装夹

工件装夹必须十分牢固，因为在切断过程中，往往由于工件松动而引起铣刀折断和工件

报废。切断口要尽量靠近夹紧点，只要铣刀碰不到钳口或压板即可，对长而薄的工件要增加压紧点，必要时可采用顺铣，以防工件向上弹跳。在成批生产时，可用专用夹具装夹工件。

（2）铣刀的安装

锯片铣刀在切断时，铣刀受到切削力不大，所以在刀轴与铣刀之间一般不安装键，在靠摩擦力带动铣刀进行切削时，最好在铣刀与紧固螺母之间的一垫圈内安装键，以防螺母松动，如图 4.31 所示。

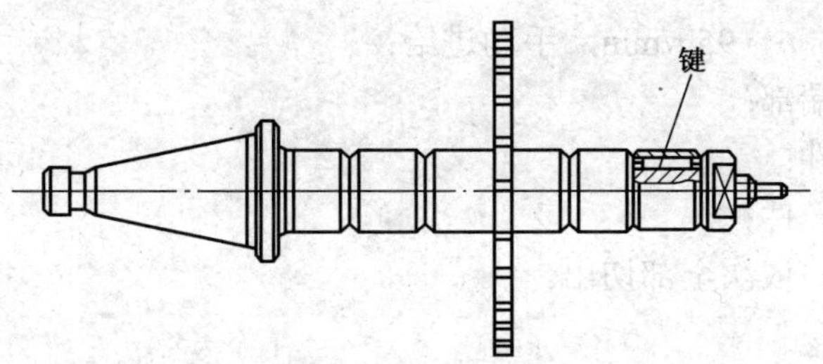

图 4.31 刀杆螺母防松方法

（3）切断的方法

在切断工件时，先画线或可用钢直尺、标准长度的工件确定工件与铣刀的位置，然后进行切断，进给速度要慢些，并加注充分的切削液。

6．沟槽铣削实训

（1）铣键槽

铣削如图 4.32 所示工件。铣削步骤如下：

1）安装找正平口钳；

2）选择 ϕ 12 mm 键槽铣刀并安装铣夹头；

3）选择铣削用量，n = 475 r/min，a_p = 0.2～0.3 mm，手动进给铣削；

4）试铣检查铣刀尺寸；

5）划出键槽位置线；

6）安装找正工件；

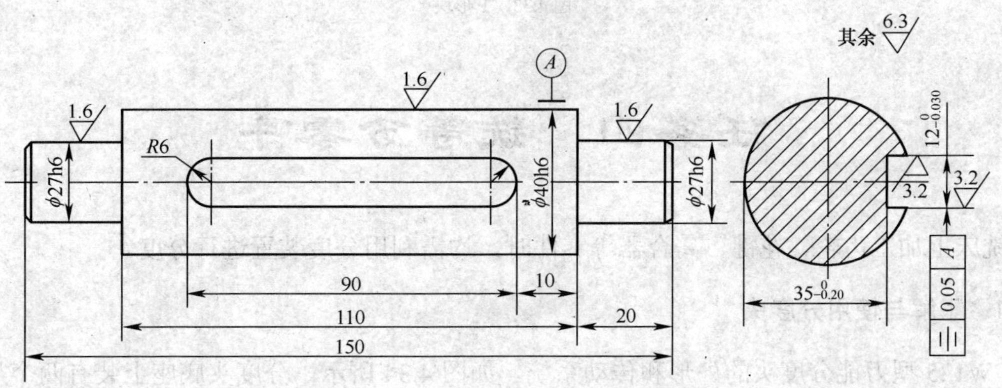

图 4.32 传动轴

7）对刀，铣削；

8）检查测量，卸下工件。

（2）切断

切断如图 4.33 所示工件。切断步骤如下：

1）安装找正平口钳；

2）选择安装ϕ125×3 锯片铣刀；

3）安装找正工件；

4）选择切削用量，n = 95 r/min，手动进给；

5）对刀切去毛坯端部；

6）退刀，装夹工件；

7）对刀，切出第一件；

8）逐次装夹工件，依次全部切出。

（3）注意事项

1）加工键槽前，应认真检查铣刀尺寸，试铣合格后再加工工件；

2）铣削用量要合适，避免产生“让刀”现象，以免将槽铣宽；

3）切断工件时尽量采用手动进给，进给速度要均匀；

4）切断钢件时应充分浇注切削液，以免产生“夹刀”现象；

5）切断工件时，切口位置尽量靠近夹紧部位，以免工件振动造成打刀；

6）铣削时不准测量工件，不准手摸铣刀和工件。

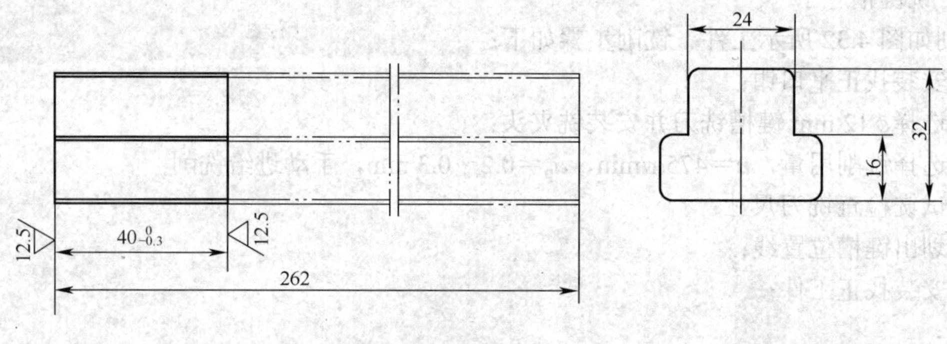

图 4.33　T 形块

任务四　铣等分零件

铣床上加工齿轮、花键、离合器等零件时，均需利用分度装置进行分度。

1. 了解与使用分度头

FW125 型万能分度头的外形和传动系统，如图 4.34 所示。分度头底座上装有两个导键，将其嵌入工作台 T 形槽内，可使分度头主轴轴线与工作台纵向进给方向平行。分度头主轴是

空心的，两端均为莫氏 4 号锥孔，前孔用来安装带有拨盘的顶尖，后孔可安装心轴。主轴端固定一刻度盘，随主轴一起旋转，可以做直接分度，主轴前端还可安装三爪自定心卡盘，来装夹工件。由传动系统图可知，分度时摇动手柄，通过蜗杆、蜗轮带动分度头主轴进行分度。分度头蜗杆、蜗轮的传动比为 1∶40，即蜗杆转动 1 圈，蜗轮只带动主轴转 1/40 圈，如已知工件在整个圆周上的等分数 Z，则每转过 1 等分，主轴需转过 $1/Z$ 圈，这时手柄所需的转数 n 可由下列比例关系推得。

$$n=\frac{40}{Z}$$

式中：n——手柄转数；

Z——工件等分数；

40——分度头定数。

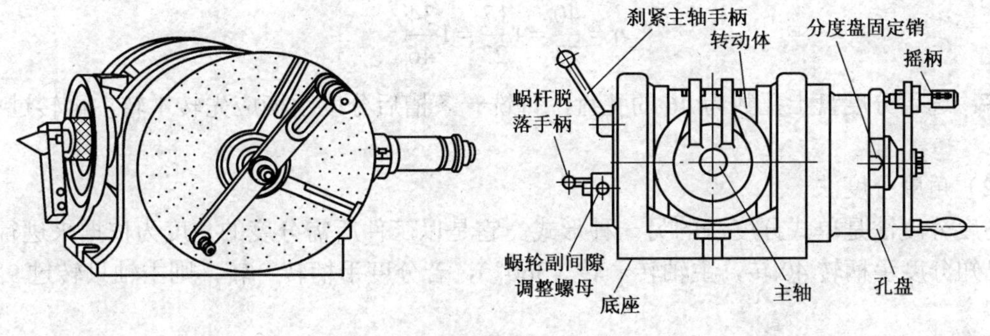

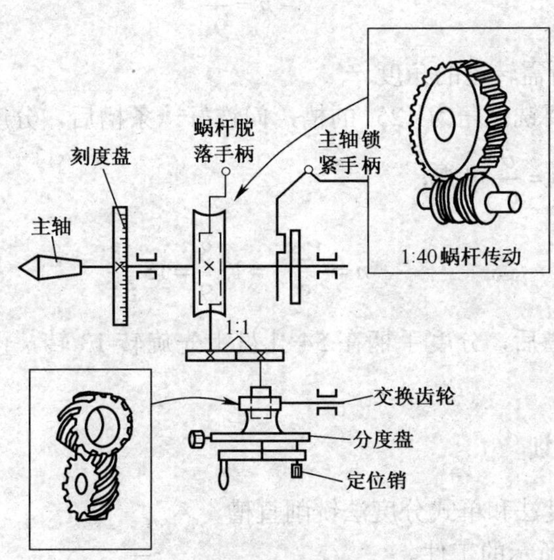

图 4.34 分度头的外形和传动系统

分度头能够将工件作圆周等分和直线移距分度；可把工件轴线安装成水平、垂直或倾斜的位置；可通过交换齿轮使分度头主轴随纵向工作台的进给运动作连续旋转，以铣削螺旋面和等速凸轮的型面等。FW125 型万能分度头备有两块孔盘，孔盘上有数圈在圆周上均布的定位孔，它们是进行各种分度计算的依据。孔盘上各孔圈数如下：

第一块正面：24、25、28、30、34、37；

反面：38、39、41、42、43。

第二块正面：46、47、49、51、53、54；

反面：57、58、59、62、66。

2．分度方法

（1）单式分度法

由万能分度头的传动系统传动比可知，工件等分数与分度手柄转数之间的关系为 $n=40/Z$。配合以上分度孔盘，通过简单计算，可以求出分度盘手柄转过的圈数。

例：铣一槽数 $Z=23$ 的工件，求每铣一条槽后分度手柄应转过的转数。

解：根据公式　$n=40/Z$ 可得

$$n=\frac{40}{23}=1\frac{17}{23}=1\frac{34}{46}$$

答：选用分度盘上孔数为 46 的孔盘，每铣一条槽后分度手柄应先转 1 转，再转过 34 个孔距。

（2）角度分度法

角度分度法是单式分度法的另一种形式。它是以工件所需分度的角度为依据来进行分度的。已知分度手柄转 40 转，主轴转一转（360°），若分度手柄转一转，则主轴只转过 9°，由此可得

$$n=\frac{\theta}{9^\circ}$$

式中：θ——工件所需转过的角度。

例：工件上需要铣夹角为 125° 的槽，问铣好一条槽后，分度手柄应转过的转数。

解：根据公式 $n=\frac{\theta}{9^\circ}$ 可得：

$$n=\frac{125^\circ}{9^\circ}=13\frac{8}{9}=13\frac{48}{54}$$

答：铣好一条槽后，分度手柄在 54 孔盘上先旋转 13 转，再转过 48 个孔距，再铣第二条槽。

3．等分铣削实训

（1）用角度分度法和单式分度法铣削直槽

铣削如图 4.35 所示的工件。

铣削步骤如下：

1）选择 125×3.5×27 的锯片铣刀；

2）安装铣刀，选择主轴转速 n=95 r/min；

3）安装分度头，计算分度头手柄转数，将 Z＝6 代入公式 $n=40/Z$ 得

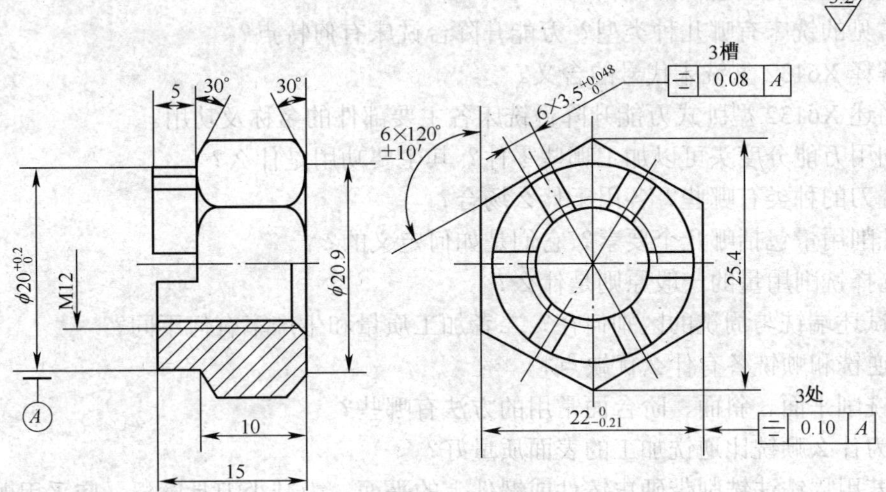

图 4.35　六角开槽螺母

$$n=\frac{40}{Z}=\frac{40}{6}=6\frac{2}{3}=6\frac{44}{66}$$

即$6\frac{44}{66}$转；

4）安装找正工件，使$\phi20^{+0.2}_{0}$的外圆跳动在 0.03 mm 以内；

5）用侧面对刀法或划线对刀法试铣，检测对称度；

6）用角度分度法铣完一槽后，手柄摇 60°，依次铣完其余各槽；

7）用单式分度法铣完一槽后，分度手柄在 66 的孔圈上摇 6 圈又 44 个孔距，依次铣完各槽；

8）检查工件尺寸，卸下工件。

（2）注意事项

1）在分度头上夹持工件时应先锁紧主轴，后装卸工件，在紧固工件时，不准用管子套在扳手上施力；

2）分度时，先松开主轴锁紧手柄，分度结束后再锁紧，在加工螺旋线工件时，锁紧手柄应松开；

3）分度时，分度手柄定位销应缓慢插入分度盘内，以免损坏孔眼。当分度手柄摇过预定孔眼时，要退回半圈左右再摇到预定孔位；

4）要经常保持分度头的清洁，按规定加润滑油，搬动时应避免碰撞，严禁超载使用。

思考与练习

1．什么叫铣削加工？铣削加工的基本内容有哪些？

2．铣削加工的工艺特点是什么？

3．常见的铣床有哪几种类型？万能升降台铣床有何特点？

4．解释 X6132 型铣床代号的含义。

5．简述 X6132 型卧式万能升降台铣床各主要部件的名称及功用。

6．利用万能分度头可以加工哪些零件？其主要功用是什么？

7．铣刀的种类有哪些？各用于什么场合？

8．铣削用量包括哪几个要素？它们是如何定义的？

9．选择铣削用量的一般原则是什么？

10．试述端铣与周铣的区别何在？二者加工质量和生产率有何不同？

11．逆铣和顺铣各有什么优缺点？

12．铣削平面、斜面、阶台面常用的方法有哪些？

13．为什么顺铣比逆铣加工的表面质量好？

14．若用周铣法铣削带硬皮铸件或锻件上的平面，为减少刀具磨损，应采用顺铣还是逆铣？为什么？

15．简述铣削 T 形槽的步骤。

16．铣一齿数为 32 齿的齿轮，求每铣一齿后分度手柄应转过的转数。

17．工件上要加工两条夹角为 108° 的槽，问铣完一条槽后，分度手柄应转过多少转，才能铣第二条槽？

项目五 刨工实训

本项目主要介绍刨床的结构、各部分名称、功用、操作方法，刨削加工工艺知识与加工方法。重点熟悉刨床的结构特点和安全操作方法；初步掌握用牛头刨床刨平面、刨沟槽的方法。

通过本项目的学习与训练，可以学会使用刨床、刨刀，会选择切削用量进行平面刨削、槽刨削。

知识目标

- 了解刨床种类、工作特点。
- 熟悉牛头刨床的各部分的名称、功用。
- 了解刨床的维护和保养知识，掌握刨床的安全操作规程。
- 了解刨刀的种类、结构，熟悉刨刀主要几何参数和作用。
- 初步掌握刨平面、刨槽等基本知识。

技能目标

- 熟悉刨床的操作方法。
- 学会刨床的维护和保养。
- 掌握刨刀的选择和安装方法。
- 初步掌握切削用量的选择原则。
- 初步掌握刨平面的方法。
- 初步掌握刨槽的方法。
- 掌握工件夹紧及找正的方法。

刨削加工是以刨刀（或工件）的水平往复直线运动为主运动，和方向与之垂直的工件（或刨刀）的间歇移动为进给运动相配合，切去工件上多余的金属层的一种加工方法。

活动一 了解刨削加工范围、刨床、刨刀

1．刨削加工的范围和工艺特点

（1）刨削加工的范围

刨床结构简单、操作方便、通用性强，适合在多品种、单件小批量生产中，用于加工各种平面、导轨面、直沟槽、T 形槽、燕尾槽等。如果配上辅助装置，还可以加工曲面、齿轮、齿条等工件，如图 5.1 所示。

（2）刨削加工的工艺特点

1）加工成本低。因为刨床结构简单，调整操作方便，刨刀的制造和刃磨容易，价格低廉，所以，加工成本明显低于同类机床。

2）切削是断续的，每个往复行程中刨刀切入工件时，受较大的冲击力，刀具容易磨损，加工质量较低。

3）换向瞬间运动反向惯性大，致使刨削速度不能太快。但由于刨削速度低和有一定的空行程，产生的切削热不高，故一般不需要加切削液。

4）返回行程刨刀一般不切削，造成空程时间损失，致使生产效率较低。

刨削加工精度达 IT10～IT7 级，表面粗糙度值可达 R_a6.3～1.6 μm。

2．刨床及主要部件的功用

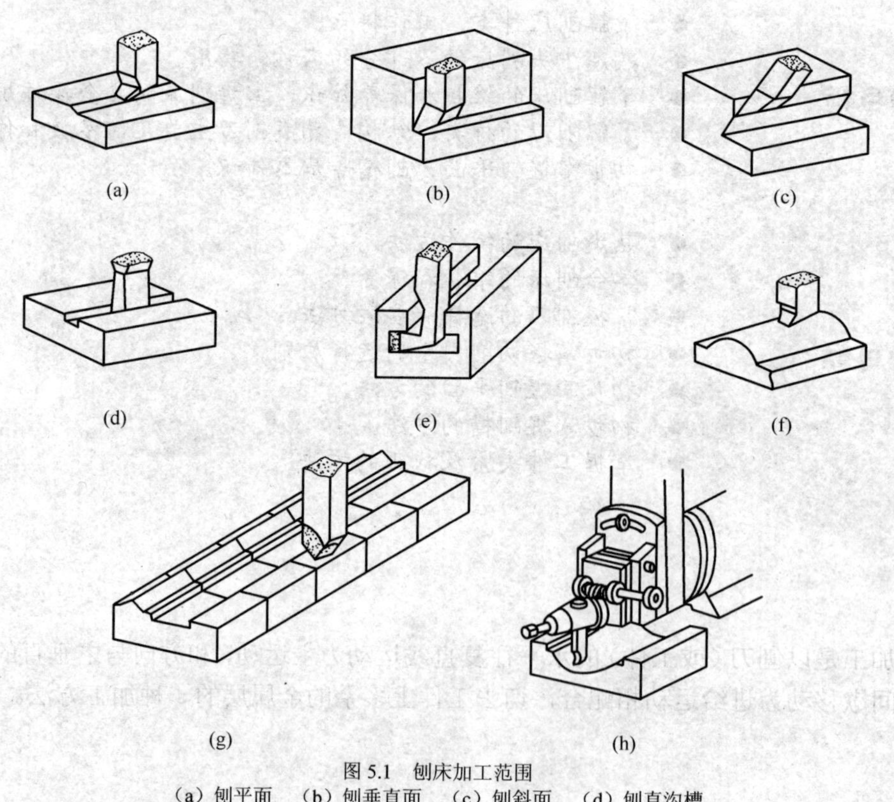

图 5.1 刨床加工范围

（a）刨平面 （b）刨垂直面 （c）刨斜面 （d）刨直沟槽
（e）刨 T 型槽 （f）刨外曲面 （g）组合刨削 （h）刨内曲面

常用刨床有牛头刨床、龙门刨床等。牛头刨床外观如图 5.2 所示，本书主要介绍 B6065 型牛头刨床。

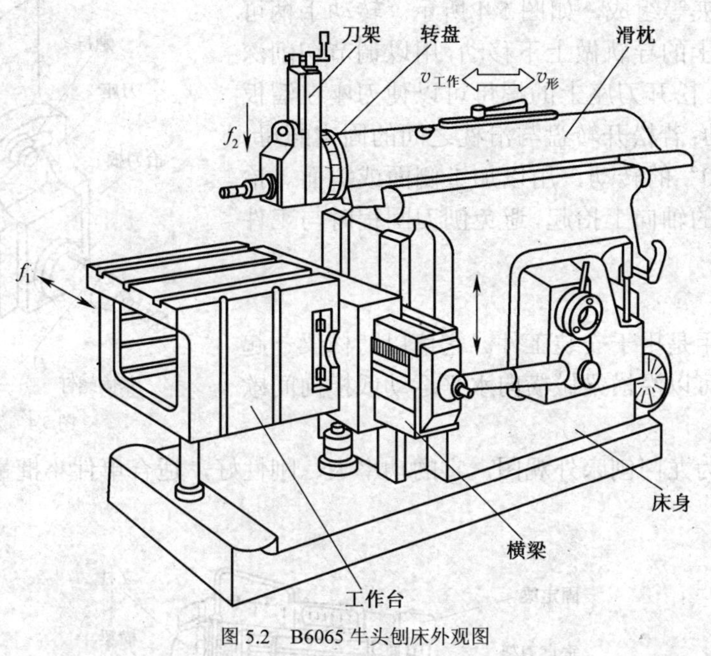

图 5.2 B6065 牛头刨床外观图

（1）床身

床身的作用是支承刨床各部件其顶面是燕尾形水平导轨供滑枕做往复直线运动用；前面垂直导轨供横梁连同工作台一起做升降运动用，床身内部装有传动机构。

（2）滑枕

滑枕的前端有环形 T 形槽，用于安装刀架及调节刀架的偏转角度，滑枕下面有两条导轨，与床身的水平导轨结合并做往复运动。

刨床的主运动由电动机通过带轮传给床身内的变速机构，然后，由摆杆导杆机构（如图 5.3 所示）将旋转运动变为滑枕的往复直线运动。刨床的横向进给运动是在滑枕的两次往复直线运动的间歇中进行的，其他方向的进给运动则靠转动刀架手柄来实现。

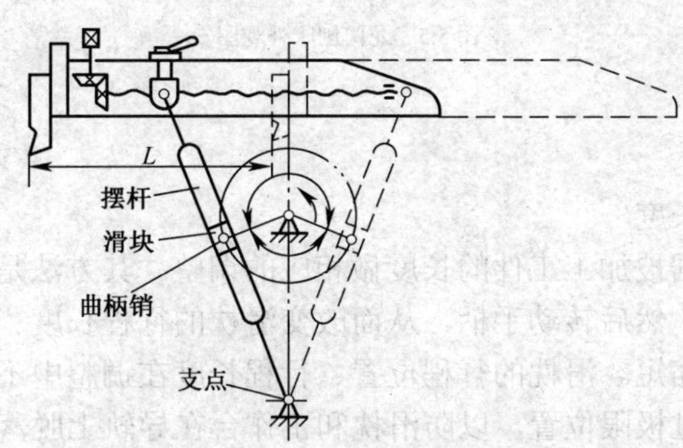

图 5.3 刨床滑枕运动机构示意图

（3）刀架

刀架是用来装夹刨刀，并使刨刀沿垂直方向或倾斜方向移动，以控制切削深度。它由刻度转盘、溜板、刀座、抬刀板和刀夹等组成，如图 5.4 所示。转动手柄可以使刨刀沿转盘上的导轨做上下移动，用以调节切削深度或做垂直进给。松开刀座上的螺母可以使刀座在溜板上做±15° 的转动；若松开转盘与滑枕之间的固定螺母，可以使转盘做±60° 的转动，用以加工侧面或斜面。抬刀板可绕刀座上的轴向上抬起，避免刨刀回程时与工件摩擦。

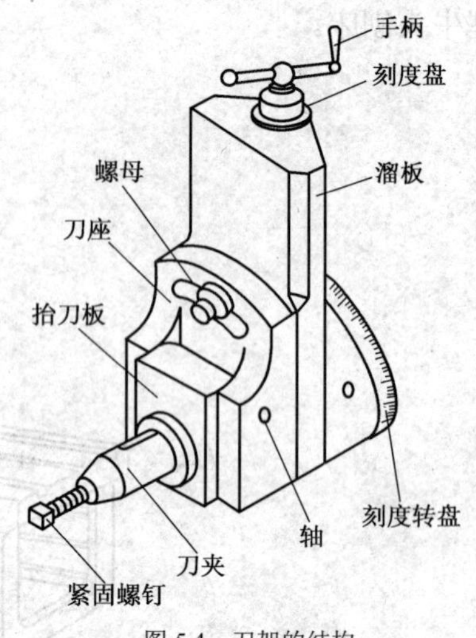

图 5.4　刀架的结构

（4）工作台

工作台的作用是用于安装工件。它可以随横梁一起做垂直运动，也可以沿横梁做横向水平运动或横向间歇进给运动。

图 5.5 所示为龙门刨床外观图，它的功率大、刚性好，适合单件小批量生产，刨削大中型工件。

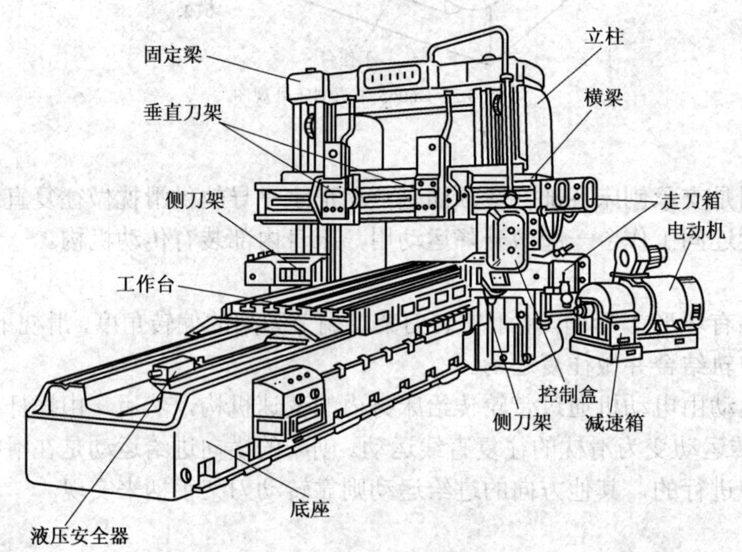

图 5.5　龙门刨床外观图

3．牛头刨床的操作

（1）调整滑枕行程长度

滑枕行程长度是根据被加工工件的长度做相应的调整。其方法是将调节行程长度手柄端部的滚花压紧螺母松开，然后转动手柄，从而改变滑枕的行程长度。手柄顺时针转动时，滑枕行程长度增加，反之缩短。滑枕的行程位置、行程长度在调整中不能超过极限位置，工作台的横向移动也不能超过极限位置，以防滑枕和工作台在导轨上脱落。

（2）滑枕的工作行程速度

通过改变变速手柄的位置便可得到所需要的滑枕工作行程速度。

（3）调整进给量和进给方向

B6050 型牛头刨床进给级数为 16 级，进给量的大小是通过进给量调整手柄拨动棘轮的齿数多少来实现的。

进给方向，可通过进给运动换向手柄的变换来达到。

4．刨刀及工件安装

（1）刨刀

刨刀的结构与车刀相似，其几何角度的选取原则也与车刀基本相同。但是由于刨削过程中有冲击，所以刨刀的前角比车刀要小（一般小于 5°～6°），而且刨刀的刃倾角也应取较大的负值，以使刨刀切入工件时所产生的冲击力不是作用在刀尖上，而是作用在离刀尖稍远的切削刃上。

常用刨刀有直杆刨刀、弯头刨刀、平面刨刀、偏刀、切刀、成形刨刀、宽刃刨刀等，如图 5.6 所示。

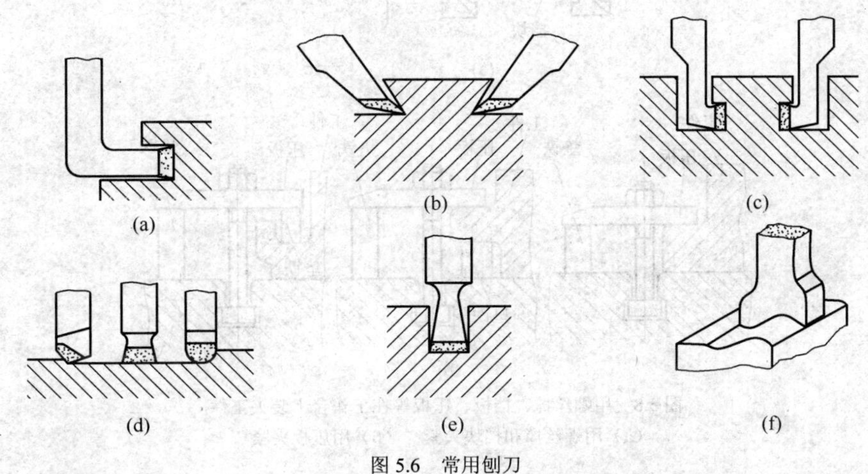

图 5.6 常用刨刀

（a）弯头刨刀 （b）左、右偏刀 （c）左、右弯刀 （d）平面刨刀 （e）切刀 （f）成形刨刀

（2）刨刀选择与安装

刨刀的选择，一般根据工件的材料和加工要求来确定。加工铸铁工件时，通常采用钨钴类硬质合金刀头；加工钢制工件时，一般采用高速工具钢弯头刀。

刨刀安装，将选择好的刨刀插入夹刀座的方孔内并用紧固螺钉压紧。并注意以下事项

1）刨平面时刀架和刀座都应在中间垂直的位置上。

2）刨刀在刀架上不能伸出太长，以免加工时发生振动或折断。直头刨刀伸出的长度（超出刀座下端的长度），一般不宜超过刀杆厚度的 1.5～2 倍。弯头刨刀一般稍长于弯头部分。

3）装刀和卸刀时，用一只手扶住刨刀，另一只手从上向下或倾斜向下扳动刀夹螺栓，夹紧或松开刨刀。

（3）装夹工件

刨床上常用的装夹工具有压板、压紧螺栓、平行垫铁、斜垫铁、支撑板、挡铁、阶台垫铁、V 形架、螺丝撑、千斤顶和平口钳等。形状简单，尺寸较小的工件可装夹在平口钳上，

如图 5.7 所示。尺寸较大形状复杂的工件可直接装夹在工作台上，如图 5.8 所示。

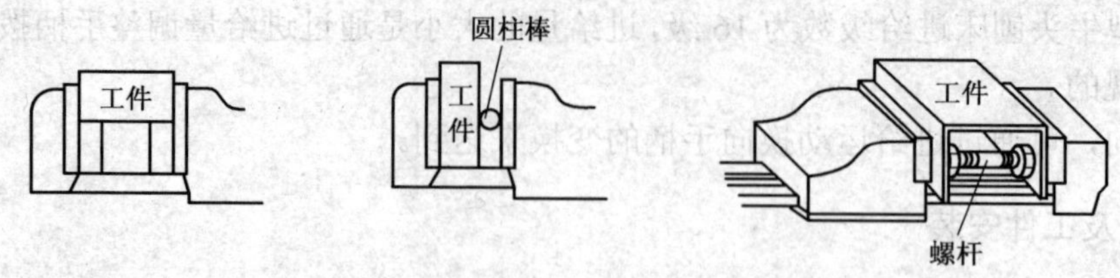

图 5.7　用平口钳装夹工件

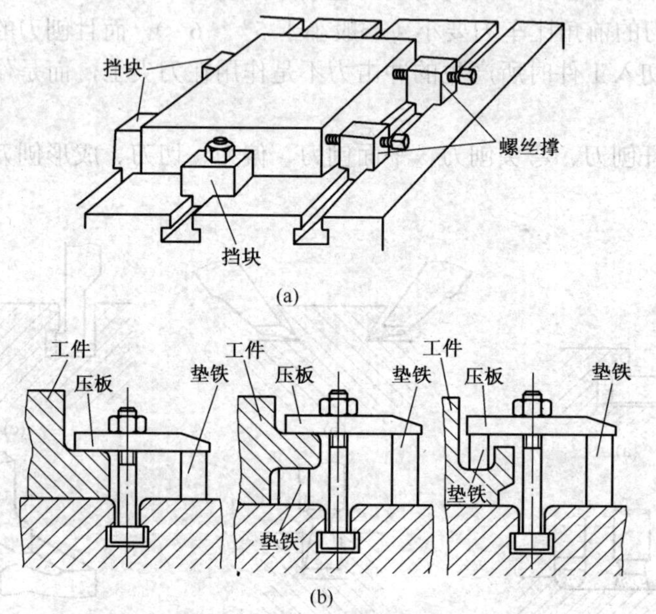

图 5.8　用螺丝撑、挡板、压板等在工作台上装夹工件
（a）用螺丝撑和挡块夹紧　（b）用压板夹紧

5. 选择刨削用量

选择背吃刀量，应根据工件加工面的加工余量大小，尽可能在两次或三次走刀中达到图样要求的尺寸。如分两次走刀时，第一次粗刨后约留 0.5mm 的精加工余量，第二次精刨到所需尺寸。

进给量和刨削速度的选取应根据加工的性质来决定。粗加工时，可采用试刨的方法，把进给量和刨削速度逐渐加大，使刨床发挥最大的效率；精加工时，应根据加工面的质量要求和选用的刀具几何形状等条件来选取。如加工面质量要求较高，或选用的刀尖圆弧半径较小，进给量可取小些。

6. 刨床的维护保养及刨工安全操作

（1）刨床的日常维护保养

1）保持床身、横梁、滑枕等润滑部位的清洁，在工作结束后，要擦净机床，并涂上一层

润滑油。

2）班前和班后，必须根据润滑指示牌的要求合理加注清洁的润滑油。

3）在开动刨床前，各有关手柄都应准确的扳到所需位置上。绝对禁止在工作过程中变速。

4）移动工作台、刀架或横梁时，应注意不要超过极限位置。

5）机床不允许超负荷工作。

6）如果需要较长时间停车时，牛头刨床的滑枕、工作台的质量应均衡的分布在床身及横梁导轨面上。

（2）安全操作

除参照执行车工实习安全技术要求外，还应注意如下几点：

1）多人共同使用一台刨床时，只能一人操作，并注意其他人的安全。

2）工件和刨刀必须装夹牢固，以防发生事故。

3）开动刨床后，不允许操作者离开机床，也不能开机变速、清除切屑、测量工件，以防发生人身事故。

4）工作台和滑枕的调整不能超过极限位置，以防发生设备事故。

5）工作中突然断电或发生事故时，应立即停车并切断电源开关。

活动二 刨平面

刨平面是刨削加工最基本的内容。

1．刨削一般平面

其方法、步骤如下：

（1）工件装夹按任务一进行；

（2）选择刨刀一般用两侧切削刃对称的尖刀，安装刨刀见任务一；

（3）刨刀安装好后，调整刨床，根据刨削速度（一般在 17～50 m/min）来确定滑枕每分往复次数，再根据夹好工件的长度和位置来调整滑枕的行程长度和行程起始位置；

（4）对刀试刨。开车对刀，使刀尖轻轻地擦在加工平面表面上，观察刨削位置是否合适；如不合适，需停车重新调整行程长度和起始位置。刨削背吃刀量为 0.2～2 mm，进给量为 0.33～0.66 mm/dstr（即棘爪每次摆动拨动棘轮转过一个或两个齿）。

（5）倒角或去毛刺；

（6）检查尺寸。

2．刨削阶台

阶台是由两个成直角的面连接而成的，其刨削方法是刨水平面和垂直面两种方法的组合。刨削图 5.9 所示工件的步骤如下：

（1）先刨出台阶外的五个关联面 *A*，*B*，*C*，*D*，*E* 面；

（2）在工件端面上划出加工的台阶线；

（3）用平口钳以工件底面 *A* 为基准装夹、并校正工件，将顶面刨至尺寸要求；

（4）用右偏刀和左偏刀分别粗刨左边和右边阶台；

（5）用两把精刨偏刀精刨两边阶台面，如图 5.10。或者用一把切断刀精刨两边台阶面，如图 5.11，并严格控制阶台表面间的尺寸。

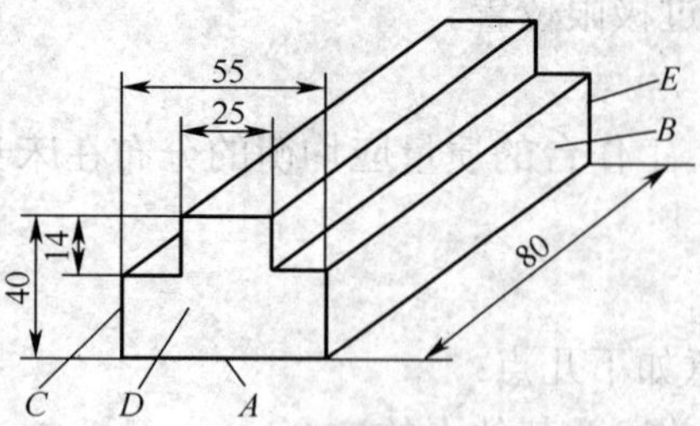

图 5.9 阶台形工件

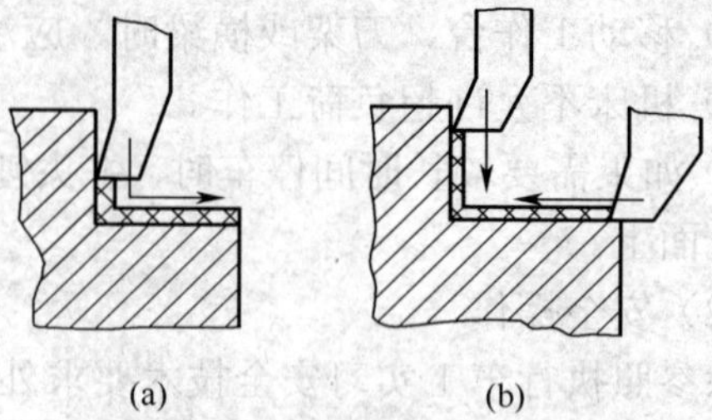

图 5.10 偏刀精刨阶台的走刀方法

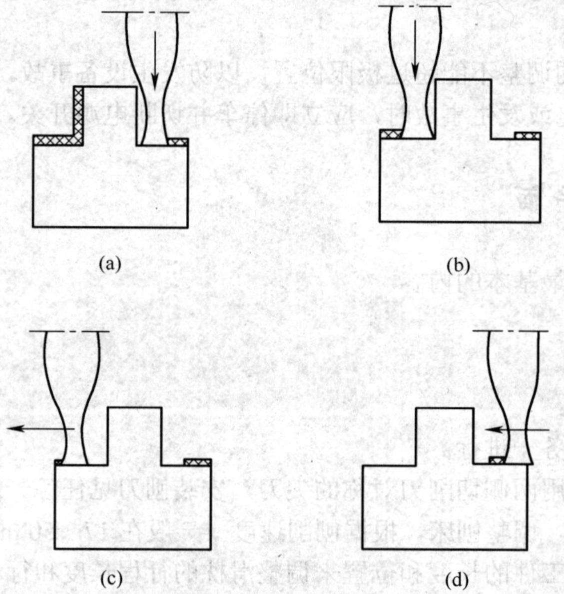

图 5.11 切断刀精刨阶台的走刀方法

3．刨削斜面

刨削斜面工件，一般应先将互相垂直的几个平面刨好，然后划出斜面的加工线，最后刨斜面。斜面的刨削方法有多种，刨削时应根据工件形状、加工要求、数量等具体情况来选用。常用的刨斜面方法有正夹斜刨法和斜夹平刨、转动钳口垂直走刀法、用成形刨刀（样板刨刀）刨斜面法等。如图 5.12、图 5.13 所示。这里主要介绍正夹斜刨法刨斜面。

正夹斜刨法，即把刀架倾斜，使溜板移动方向与工件斜面方向一致，通过手动进给来刨削斜面，如图 5.12 所示。

正夹斜刨法刨斜面的步骤如下：

（1）把工件装夹在平口钳上或直接装夹在工作台上。在平口钳上装夹工件时，应使加工部分露出钳口。然后校正工件。

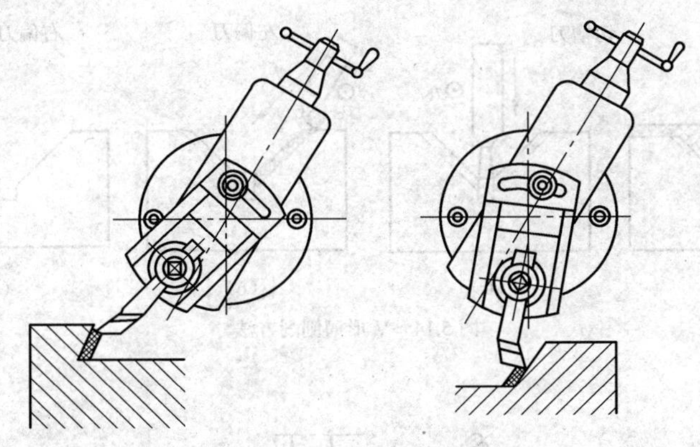

图 5.12 正夹斜刨法刨斜面

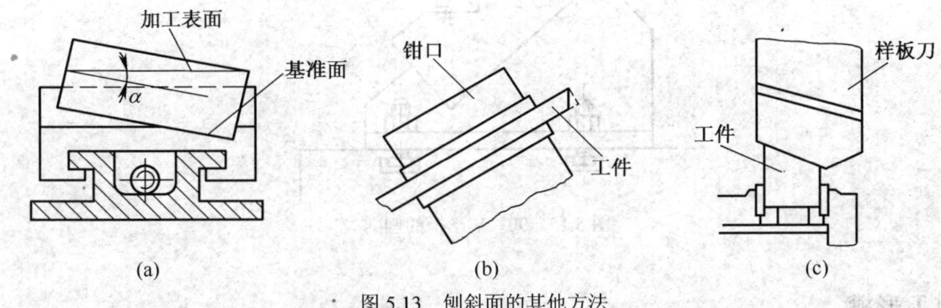

图 5.13 刨斜面的其他方法

（a）斜夹平刨 （b）转动钳口垂直刨 （c）用成形刀刨

（2）调整刀架和装刀 应将刀架调整到使进刀的方向与被加工斜面平行的位置，刀架调整好后，还要旋转拍板座，拍板座调整到位后再将刨刀装到刀架上。

（3）粗刨斜面，留 0.3～0.5 mm 的余量。

（4）精刨斜面，刨内斜面时切削速度和进给量都要小一些。

（5）用样板或万能角度尺检验工件。

活动三 刨沟槽

1．刨 V 形槽

V 形槽是零件上常见的槽形，多用于导轨结合面。刨削 V 形面，是综合刨斜面和刨沟槽两种方法进行的。其加工步骤如下：

（1）先在工件上划出 V 形槽的加工线。

（2）用水平走刀法粗刨去大部分加工余量，如图 5.14（a）所示。

（3）再用直槽刨刀在工件中央位置刨直槽，以利于斜面的刨削，如图 5.14（b）所示。

（4）选用左角度偏刀刨左侧斜面及底面左半部，如图 5.14（c）所示。

（5）选用右角度偏刀刨右侧斜面及底面右半部，如图 5.14（d）所示。

在刨 90° 夹角的 V 形槽时，也可将工件倾斜装夹，使 T 形槽中的一个斜面处于垂直位置，而另一个斜面处于水平位置，然后按刨削阶台面的方法进行刨削。如图 5.15 所示。

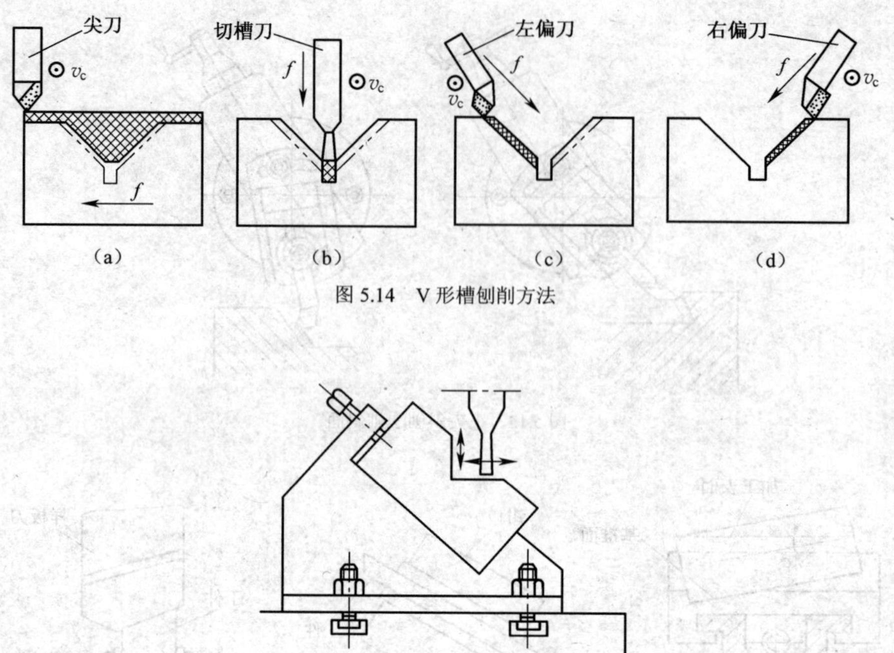

图 5.14 V 形槽刨削方法

图 5.15 90° V 形槽的刨削

2. 刨 T 形槽

刨 T 形槽的加工步骤如图 5.16 所示。在刨削过程中，先刨直槽，再用弯切刀刨左、右两侧。用弯切刀刨左右两侧时，要适当加长刨刀两端的越程长度，以保证刨刀有抬起和放下的时间。

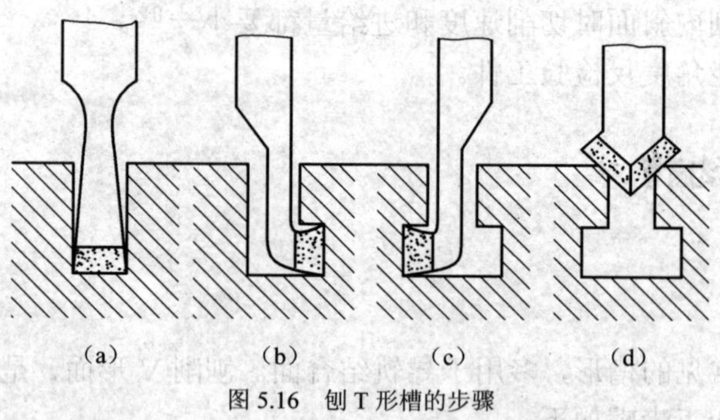

图 5.16 刨 T 形槽的步骤

活动四 刨削实训

1. 刨水平面和垂直面

工件如图 5.17 所示，其刨削步骤如下：

（1）根据加工要求选择较大和平整的平面作为基准用平口钳装夹。

（2）将平面刨刀装夹在刀架上，调整刨床后刨削平面。

（3）换偏刀刨削垂直面检验工件垂直度要求。

（4）用已刨出的平面为基准装夹，分别刨出另外两个平面（注意要保证对应面的平行度要求）。

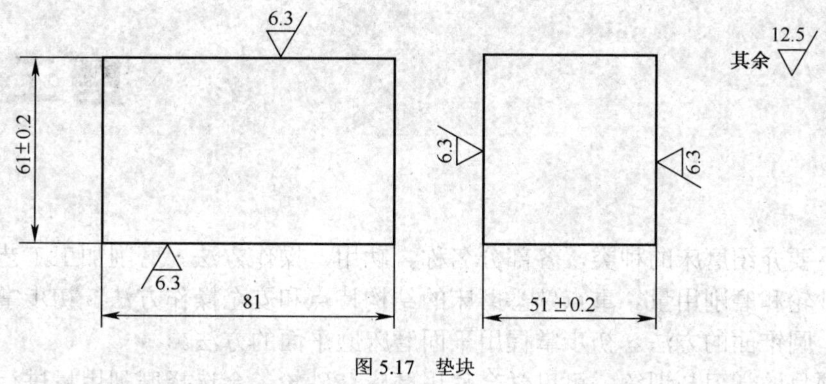

图 5.17　垫块

2．注意事项

（1）刨削垂直面时，刀架下部不要与工件碰撞，以免碰坏刀架和工件。

（2）工件不要伸出钳口太长。

（3）刨垂直面时，横向自动进给手柄必须放在空挡位置上。

思考与练习

1．牛头刨床由哪些主要部分组成？各自作用是什么？

2．牛头刨床为什么在工作行程时速度慢，而回程时速度快？

3．牛头刨床的滑枕往复速度、行程起始位置、行程长度、进给量是如何进行调整的？

4．刨刀分弯头刨刀与直头刨刀两种，为什么常用弯头刨刀？

5. 刨削水平面和垂直面时，为什么刀架转盘刻度要对准零线？而刨削斜面时刀架转盘要转过一定的角度？

6．刨削垂直面时，为什么刀座要偏转 10°～15°？

7．为什么牛头刨床很少使用硬质合金刀具？

8．牛头刨床最适合加工什么类型的工件？为什么不适合加工曲面？

项目六

磨工实训

本项目主要介绍磨床的种类，各部分名称、功用、操作方法。磨削加工工艺知识与加工方法，掌握砂轮和磨削用量。重点熟悉磨床的结构特点和安全操作方法。初步掌握用外圆磨床磨圆柱面、圆锥面的方法。初步掌握用平面磨床磨平面的方法。

通过本项目的学习与训练，可以学会使用磨床、砂轮，会选择磨削用量进行外圆、平面磨削。

知识目标

- 了解磨床种类。
- 熟悉磨床各部分名称、功用和工作的特点。
- 了解磨床的维护和保养知识，掌握磨床的安全操作规程。
- 了解砂轮的种类、结构，熟悉砂轮选择和磨削用量选择方法。
- 初步掌握磨外圆平面基本知识。
- 初步掌握磨平面基本知识。

技能目标

- 熟悉磨床的操作方法。
- 学会磨床的维护和保养。
- 掌握砂轮的选择和安装方法。
- 初步掌握磨削用量的选择原则。
- 掌握工件夹紧及找正的方法。
- 初步掌握磨外圆的方法。
- 初步掌握磨平面的方法。

磨削加工是以砂轮的高速旋转作为主运动，与工件的低速旋转和直线移动作为进给运动相配合，切去工件上多余金属层的一种加工方法。它的加工余量很小，生产效率高，加工范围广泛。在大多数情况下，磨削加工通常作为金属切削加工最后一道精加工工序。因此，磨削加工在金属切削加工中起着极为重要的作用。

活动一　了解磨削加工基础知识

1．磨削加工的范围和工艺特点

（1）磨削加工的范围

磨削加工的工艺范围非常广泛，如图 6.1 所示，能磨削外圆、内圆、圆锥、平面、成形面、螺纹、曲轴、齿轮、刀具等各种复杂零件表面的精加工。它除能磨削普通材料外，尤其适用于一般刀具难以切削的高硬度材料的加工，如淬硬钢、硬质合金等。

（2）磨削加工的工艺特点

1）切削刃不规则，切削刃的形状、大小和分布均处于不规则的随机状态，通常切削时为很大的负前角。

2）切削厚度薄，故其加工表面可以获得较好的精度。磨削加工精度可达 IT6～IT4，表面粗糙度 R_a 值可达 1.25～0.02 μm。

3）切削速度高，一般切削速度为 35m / s 左右，高速磨削可达 60m / s，但切削过程中，砂轮对工件有强烈的挤压和摩擦作用，导致大量的热量产生，在磨削区域瞬间温度可达 1000℃左右，因此，磨削时必须加注大量的切削液。

4）加工材料、内容范围广，适应性强。

5）砂轮在磨削过程中有自锐性。

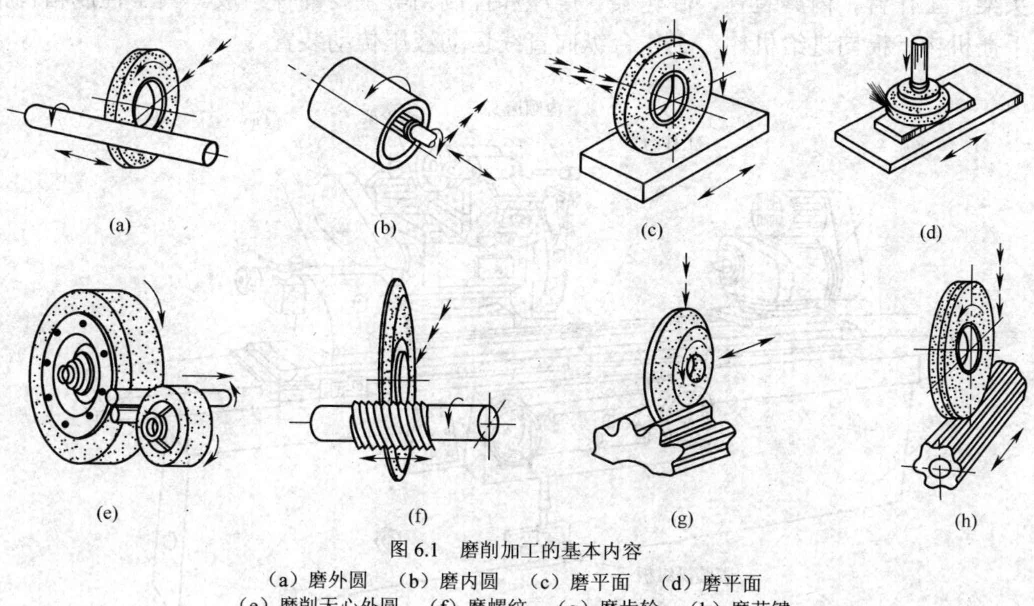

图 6.1　磨削加工的基本内容

（a）磨外圆　（b）磨内圆　（c）磨平面　（d）磨平面
（e）磨削无心外圆　（f）磨螺纹　（g）磨齿轮　（h）磨花键

2．磨床

磨床的种类很多，常用的有外圆磨床、内圆磨床和平面磨床等。

（1）磨床型号

按国家标准 GB/T 15375—1994《金属切削机床　型号编制方法》的规定，下述型号的意义是

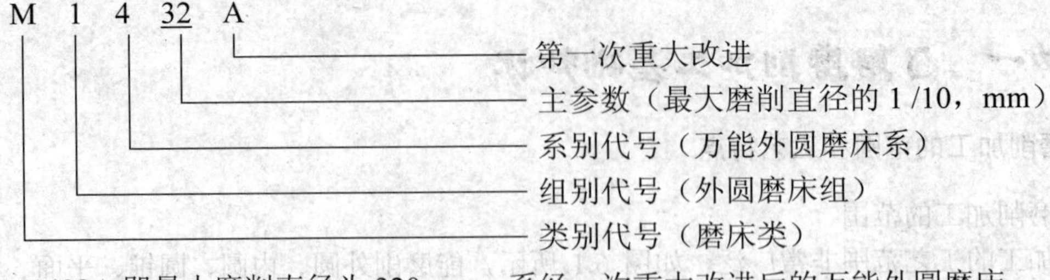

M1432A 即最大磨削直径为 320 mm，系经一次重大改进后的万能外圆磨床。

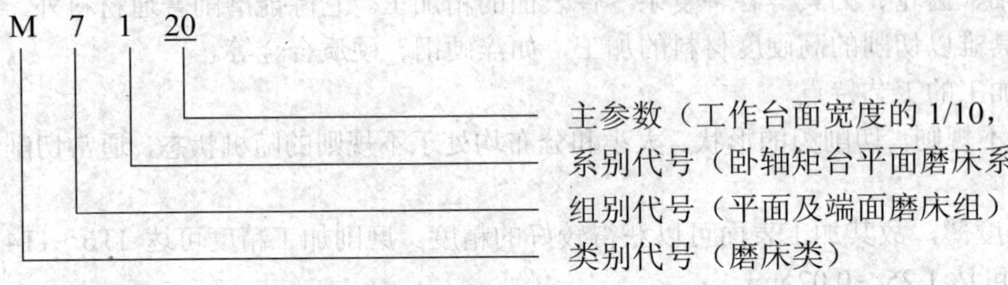

M7120 即工作台面宽度为 200 mm 的卧式矩形工作台平面磨床。

（2）万能外圆磨床结构及工作分析

万能外圆磨床可以磨削外圆柱面和外圆锥面。下面以 M1432A 型万能外圆磨床为例进行分析。

1）万能外圆磨床的主要组成部件　图 6.2 为 M1432A 型万能外圆磨床的外形图，它由床身、头架、工作台、内磨装置、砂轮架、尾座和控制箱等主要部件组成。其中控制箱包括工作台手摇机构、横向进给机构、工作台纵向直线运动液压传动装置。

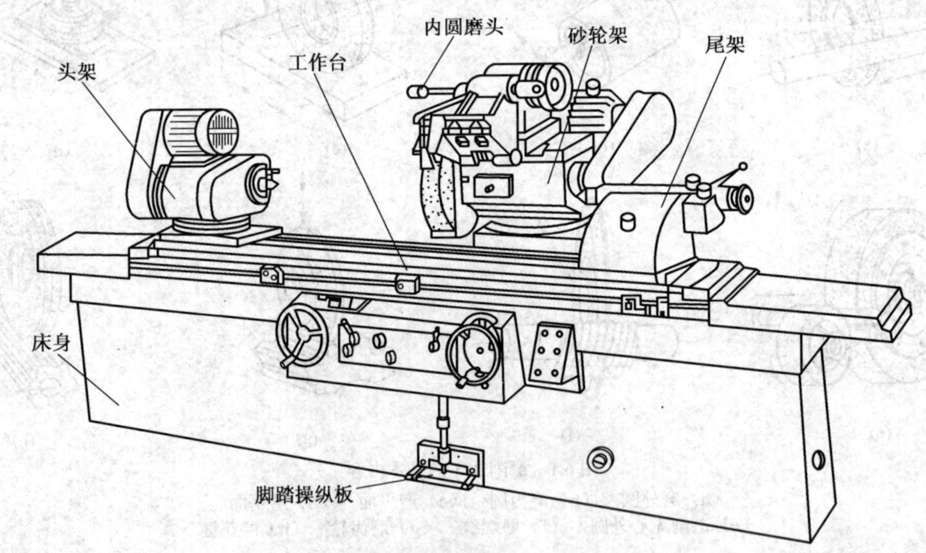

图 6.2　M1432A 型万能外圆磨床的外形图

① 床身　床身用来安装各部件，上部装有工作台和砂轮座，内部装有液压传动系统。床身上的纵向导轨供工作台移动，横向导轨供砂轮座移动。

② 砂轮座　砂轮座用来安装砂轮，并有单独电动机通过带传动驱动砂轮高速旋转。砂轮座可在床身后部的导轨上作横向移动。移动方式有自动间歇进给、手动进给、快速趋近和快

速退出。砂轮座可绕垂直轴线偏转±30° 角度。

③ 头架　头架上装有主轴，主轴端部可以安装顶尖、拨盘或卡盘，以便装夹工件。主轴由单独电动机通过带传动驱动变速机构，使工件可获得6级不同的转动速度。头架可以在水平面内偏转0°～90° 角度。

④ 尾座　尾座的套筒内有顶尖，用来支承工件的另一端。尾座在工作台上的位置可根据工件长度的不同进行调整。扳动尾座上的杠杆，顶尖套筒可缩进或伸出，并利用弹簧的压力顶住工件。

⑤ 工作台　工作台由液压驱动沿着床身的纵向导轨作直线往复运动，使工件实现0.05～4m/min无级调速的纵向进给。在工作台前侧面的T形槽内，装有两个换向挡块可使工作台自动换向。工作台也可手动进给。工作台分上、下两层，上层可在水平面内偏转−3°～+6° 的角度，以便磨削外圆锥面。

⑥ 内圆磨头　内圆磨头是用来磨削直径3～100 mm内圆柱面和内圆锥面的，它的主轴可安装磨削内圆的砂轮，由单独电动机驱动。内圆磨头在使用时翻下来，不使用时翻向砂轮架上方。

2）万能外圆磨床的运动分析

① 主运动　磨外圆时以砂轮的旋转运动为主运动，磨内圆表面时以内圆磨具的旋转运动为主运动，单位为r/min。

② 进给运动　工件高速旋转为圆周进给运动；工件往复移动为纵向进给运动；砂轮磨削时做横向进给运动，其中工件往复纵向进给时，砂轮作周期性横向间歇进给，砂轮切入磨削时为连续性横向进给。

③ 辅助运动　辅助运动包括为了装卸和测量工件方便，砂轮所作的横向快速回退运动，以及尾架套筒所作的伸缩移动。

（3）平面磨床结构及工作分析

平面磨床是指利用砂轮的周边或端面对工件平面进行磨削的机床。常用的平面磨床主要有卧轴矩台式平面磨床和立轴圆台平面磨床。下面以M7120A型平面磨床为例进行分析。

1）平面磨床的主要组成部件

M7120A型平而磨床是一种卧轴矩台平面磨床，如图6.3所示，它主要由床身、工作台、立柱、磨头和砂轮修整器等组成。

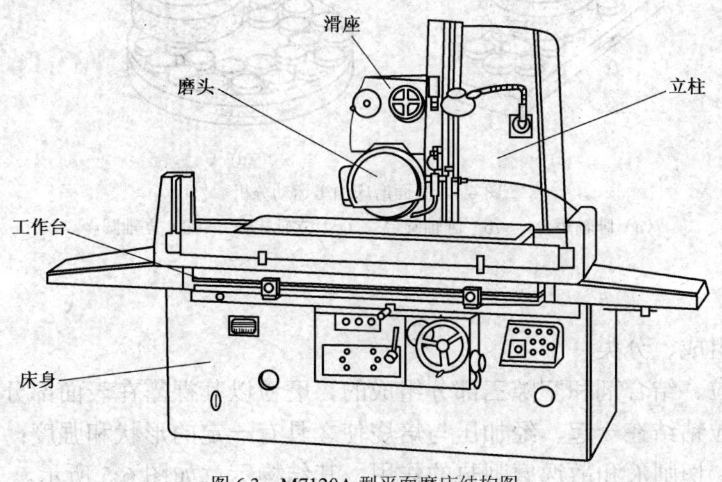

图6.3　M7120A型平面磨床结构图

① 床身　床身是用于支承磨床各部件的，其上有水平导轨，工作台在手动或液压传动系统的驱动下可以沿水平导轨作纵向往复进给运动。床身后侧有立柱，内部装有液压传动装置。

② 立柱　立柱是用于支承拖板和磨头的。立柱侧面有两条垂直导轨，转动升降手轮，可以使拖板连同磨头一起沿垂直导轨上下移动，以实现垂直进给运动。

③ 拖板　拖板下面有燕尾型导轨与磨头相联，其内部有液压油缸，用以驱动磨头作横向间歇进给运功或连续移动。也可以转动横向进给手轮实现手动进给。

④ 磨头　磨头中的砂轮主轴与电动机主轴制成一体，直接得到高速旋转运动——主运动。

⑤ 工作台　工作台上装有电磁吸盘，用以装夹具有导磁性的工件，对没有导磁性的工件，则利用其他夹具来装夹。工作台前侧有换向撞块，能自动控制工作台的往复行程。

2）平面磨床的运动分析

平面磨削的方式通常有周磨和端磨两种。

周磨是用砂轮的轮缘面磨削平面，磨削时主运动是砂轮的高速旋转，纵向进给运动是工件的纵向往复运动或圆周运动，横向进给运动是砂轮周期性作横向移动，垂直进给运动是砂轮对工件作定期垂直移动，如图 6.4（a），（b）所示。

端磨是用砂轮的端面进行磨削，磨削时主运动是砂轮的高速旋转，工作台作纵向往复进给或圆周进给，砂轮轴向垂直进给，如图 6.4（c），（d）所示。

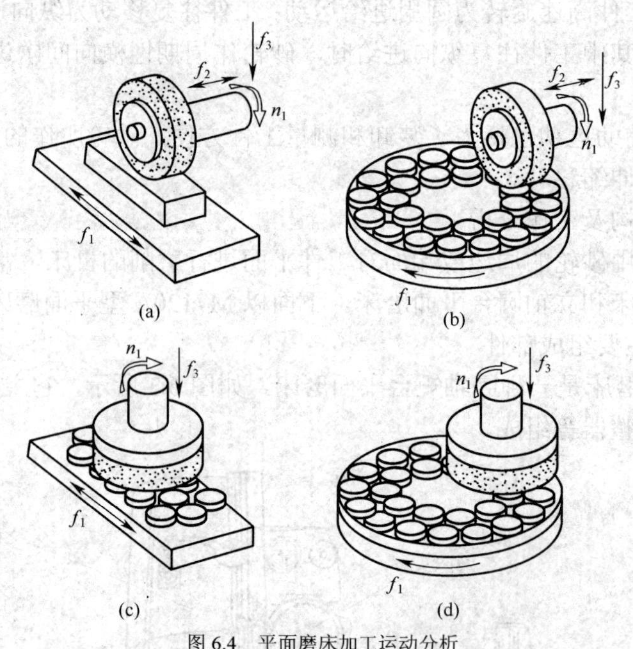

图 6.4　平面磨床加工运动分析

（a）卧轴矩台　（b）卧轴圆台　（c）立轴矩台　（d）立轴圆台

3．砂轮

（1）砂轮的组成、分类

砂轮是由磨粒、结合剂和空隙三部分组成的。磨粒以其裸露在表面部分的棱角作为切削刃；结合剂将磨粒粘结在一起，经加压与焙烧使之具有一定的形状和强度；空隙则在磨削过程中起容纳切屑、切削液和散逸磨削热的作用。其结构示意如图 6.5 所示。

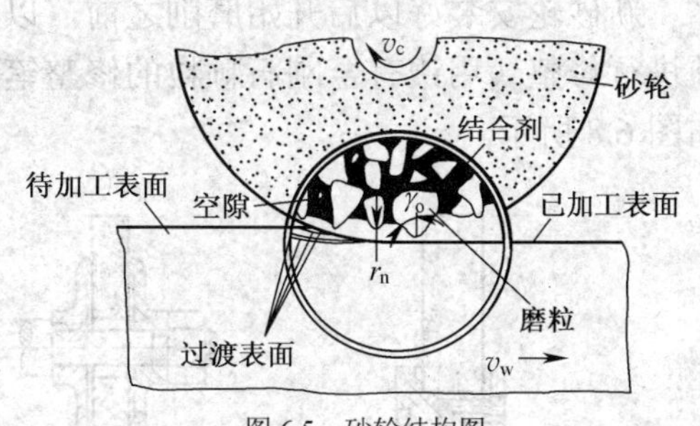

图 6.5 砂轮结构图

按磨料种类的不同，砂轮可分为两大类：氧化物系砂轮和碳化物系砂轮。氧化物系砂轮最常用的磨料为棕刚玉、白刚玉。前者韧性大，磨削性能好。后者纯度高，切削刃锐利，硬度较高。碳化物系常用的磨料为黑碳化硅、绿碳化硅和人造金刚石。黑碳化硅硬度高、韧性小，磨粒切削刃锐利，导电导热性好；绿碳化硅纯度高、强度高、脆性大、刃口锋利；人造金刚石硬度高，颗粒棱角锋利，摩擦系数小，耐磨性好。

（2）选择砂轮

砂轮是用粘合剂将磨料粘合而成，磨料和粘合剂的性能决定砂轮的韧性。

1）磨料的选择　磨料是砂轮切削的特殊刃具，应按工件材料的不同选择磨料的成分，一般碳素钢工件选用棕刚玉磨料；淬火钢、高速工具钢工件选用白刚玉磨料；铸铁、黄铜工件选用黑色碳化硅磨料；硬质含金工件选用绿色碳化硅磨料。

2）粒度的选择　粒度是磨粒尺寸大小的参数，通常用筛分颗粒的筛网上每英寸长度内的筛孔数量来表示，因此粒度号较大则磨粒尺寸较小。常用的粒度号是 46～80 号。粗磨时应选用粒度号较小即磨粒较粗大的砂轮、以提高生产效率；精磨时应选用粒度号较大即磨粒较细小的砂轮以减小加工表向粗糙度。

3）硬度的选择　砂轮的硬度是指粘合剂粘结磨粒的牢固程度，砂轮硬表示磨粒难以脱落；砂轮软则磨粒较易脱落。常用的硬度等级是软 2、软 3、中软 1、中软 2、中 1 和中 2。磨削较硬材料时，磨粒容易钝化，应选用较软的砂轮，以使磨钝的磨粒及时脱落，露出锋锐的新磨粒，保持砂轮的自锐性；磨削较软材料时，应选用较硬的砂轮，防止磨粒过早脱落，充分发挥切削作用。

4）形状和尺寸的选择　砂轮的形状有平形、薄片形、筒形等，如图 6.6 所示。平形砂轮用于磨削外圆、内圆、平面等；薄片形砂轮用于切断与切槽；筒形砂轮用于端磨平面；单面凹形（杯形）砂轮用于磨削内圆与平面。砂轮的形状和尺寸都已标准化，可按机床的规格和加工要求来选择。

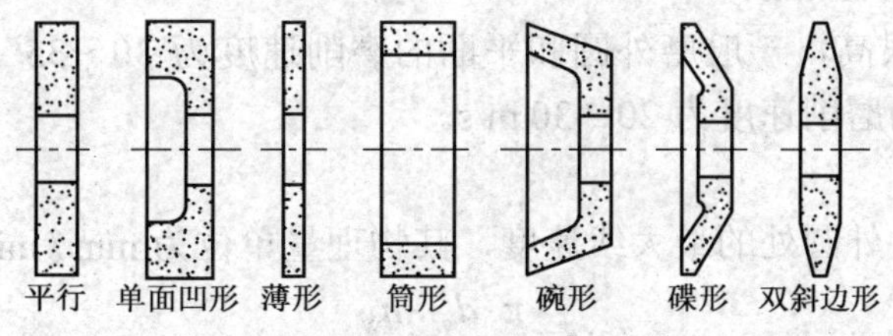

图 6.6 砂轮的形状

（3）安装、修整砂轮

砂轮的安装方法如图 6.7 所示。较大的砂轮用带台阶的法兰盘装夹，如图 6.7（a）所示；一般砂轮用法兰盘直接装在砂轮轴上，如图 6.7（b）所示；小砂轮用螺母紧固在砂轮轴上，如图 6.7（c）所示；更小的砂轮可用胶粘剂粘固在轴颈上如图 6.7（d）所示。较大砂轮安装好以后要进行静平衡。

新砂轮安装好以后开始磨削之前，以及砂轮磨粒变钝、砂轮正确几何形状被破坏时，必须进行修整（用镶有金刚石颗粒的修整笔进行），以恢复砂轮的磨削性能及正确的几何形状，如图 6.8 所示。

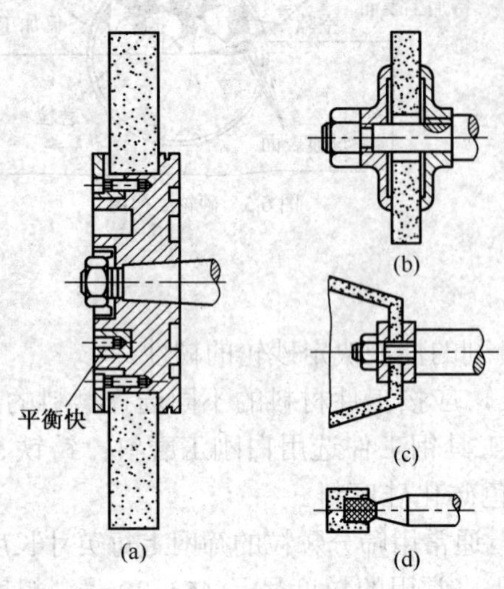

图 6.7　安装砂轮方法

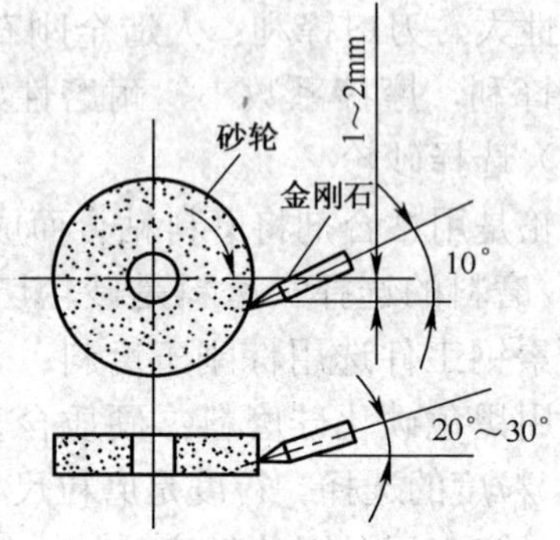

图 6.8　砂轮的修整

4．磨削用量的选择

磨削用量是磨削过程中磨削速度和进给量的总称。以外圆磨削为例，磨削用量包括：磨削速度 v_s；工件速度 v_w、工件纵向进给量 f_a、磨削深度 f_r 四个参数。合理选择磨削用量对磨削加工的质量和生产效率都有很大影响。

（1）磨削速度 v_s

磨削速度是指砂轮外圆处的最大线速度，其物理量单位为：m/s。其计算公式为

$$v_s = \frac{\pi \cdot d_s \cdot n_s}{1000 \times 60}$$

式中：d_s——砂轮直径，mm；

n_s——砂轮转速，r/min。

砂轮的磨削速度很高，一般磨外圆和平面的磨削速度为 30～35 m/s，高速磨外圆则在 50 m/s 以上；磨内圆的磨削速度为 20～30 m/s。

（2）工件速度 v_w

工件速度是指工件外圆处的最大线速度，其物理量单位为 mm / min。计算公式为

$$v_w = \frac{\pi \cdot d_w \cdot n_w}{1000}$$

式中：d_w——工件直径，mm；

n_s——工件转速，r/min。

工件速度与砂轮速度有关，其速比 $q = \frac{v_s}{v_w}$，对加工精度和磨削能力有很大影响。一般外圆磨取 $q = 60～150$；内圆磨取 $q = 40～80$。

（3）工件纵向进给量 f_a

工件纵向进给量是指工件每转一转相对砂轮在纵向进给运动方向所移动的距离，其单位为mm/r。一般粗磨钢件 f_a =（0.3 ～0.7）b_s（b_s 为砂轮宽度）；粗磨铸铁件 f_a =（0.7～0.8）b_s；精磨取 f_a =（0.1～0.3）b_s。

（4）磨削深度 f_r

磨削深度是指工作台每次纵向往复行程以后，砂轮在横向进给运动方向所移动的距离，单位为mm。一般外圆纵磨时，粗磨钢件 f_r = 0.02～0.05mm；精磨钢件 f_r = 0.005～0.01mm。

5. 磨床的维护和保养

（1）维护和保养

1）禁止在磨床头架、工作台和尾座上放置工具、量具、工件及其他物件。

2）装拆大直径或重量较重的工件，应在工作台台面上放置木板，以免损坏磨床。

3）移动头架和尾座时，应先擦干净工作台台面和前侧面，并涂一层润滑油，以减少移动头架或尾座时工作台的磨损。

4）起动砂轮前应检查砂轮架主轴箱内的润滑油是否达到规定要求。起动时应先点动，在判断无异常后，才可起动砂轮旋转。

5）起动工作台前，应认真检查床身导轨面的清洁及润滑状况。

6）磨床工作时禁止离开，否则必须关停机床。

7）每班工作前应对尾座上的3个油孔注润滑油。

8）每班工作完毕后，应清除磨屑，擦净切削液使磨床保持清洁，并在工作台台面、顶尖及尾座套筒上涂润滑油。

（2）安全操作技术

1）必须正确安装和紧固砂轮，安装好砂轮防护罩；新砂轮要用木棒敲击检查是否有裂纹。

2）磨削前应使砂轮空运转两分钟，在确定运转正常后才能开始磨削。砂轮运转时，操作人员应站立在砂轮侧面。

3）开车前必须调整好行程挡铁的位置并将其紧固。要防止砂轮与工件轴肩或卡盘、尾座撞击。

4）工件要装夹牢固。使用顶尖装夹时，尾座套筒压力要适当；平面磨削工件时工件不能太高，确保磁性吸盘电路正常。

5）工件在磨削过程中需要测量或加工结束时，须先将砂轮快速退出，再用手轮退出些，在头架和工作台停止运动后再测量。

6）操作时必须精力集中，随时注意加工情况，一遇问题应立即关停磨床。

7）每日工作完毕后，工作台应停在机床中间，所有操纵手柄处于“空挡”位置。

8）注意用电安全，发生电器故障应及时请维修电工检修。

活动二　磨外圆

外圆磨削是指对工件圆柱、圆锥和多台阶轴外表面及旋转体外曲面进行的磨削。外圆磨

削一般在外圆磨床上和无心磨床上进行。

1．磨削外圆柱面

(1) 工件的装夹

轴类工件常用顶尖装夹，方法与车削基本相同。但磨床所用顶尖不随工件转动。这样，主轴、顶尖同轴度误差就不会反映到工件上，从而提高零件精度。如果采用无心磨削，工件不用顶尖安装，而是在工件下方用托板托住，如图 6.1（e）所示。

盘套类工件常用心轴和顶尖安装，所用心轴与车削用心轴基本相同。磨削短而又无顶尖孔的轴类工件时，可用三爪自定心卡盘或四爪单动卡盘装夹。

（2）磨削用量

磨削速度 v_s、工件速度 v_w、工件纵向进给量 f_a、磨削深度 f_r、根据活动一原则选取。

（3）磨削方法

1）纵磨法　如图 6.9 所示。 工件随工作台作往复直线运动（纵向进给），每一往复行程终了时，砂轮作周期性横向进给。每次磨削吃刀量很小，磨削余量是在多次往复行程中磨去的。

纵磨时，因磨削吃刀量小，磨削力小，磨削热小且散热好，加上最后作几次无横向进给的光磨行程，直到火花消失为止，所以磨削精度高，表面粗糙度值小。但生产效率低，广泛应用于单件、小批生产及粗磨中，特别适用于细长轴的磨削。

2）横磨法　又称切入磨法，如图 6.10 所示。 磨削时，工件无纵向运动，而砂轮以慢速作连续或断续的横向进给，直到磨去全部余量。横磨法生产效率高，但横磨时，工件与砂轮接触面大，磨削力大，发热量多，磨削温度高，工件易发生变形和烧伤，加工精度较低，表面粗糙度值较大。横磨法适用于磨削长度短、刚性好、精度较低的外圆面及两侧都有台肩的轴颈工件的大批量生产，尤其是成形面，只要将砂轮修整成形，就可直接磨出。

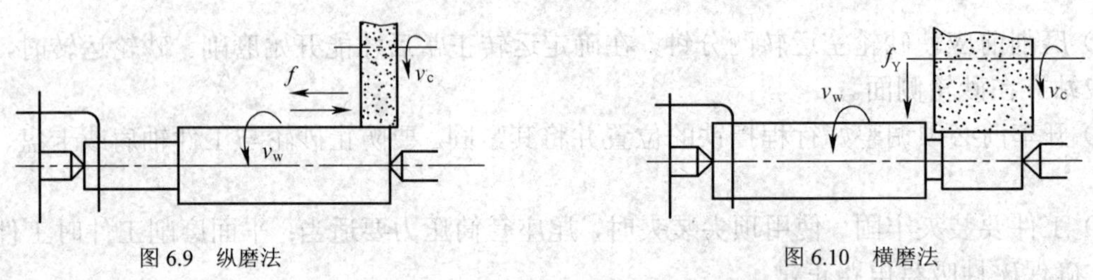

图 6.9　纵磨法　　图 6.10　横磨法

3）深磨法　如图 6.11 所示。 采用较大的磨削吃刀量（0.2 ～ 0.6 mm），以较小的纵向进给量（1～2 mm/ r）在一次走刀中磨去全部余量。此法生产效率较高，用于磨削刚度大的短轴。

4）无心外圆磨　如图 6.12 所示。 磨削时工件放在两砂轮之间，不用顶尖支持（故称无心磨），工件下面用托板支承。两个砂轮中较小的称导轮，导轮是用橡胶结合剂做的磨粒较粗的砂轮。导轮转速很低，靠摩擦力带动工件旋转，为了使工件作轴向进给，导轮轴线应倾斜一角度（一般为 1°～5°）。另一砂轮是用来磨削工件的，称磨削砂轮。

无心磨削不能磨削带有长键槽、平面等的圆柱面，因为这时导轮无法带动工件连续转动。

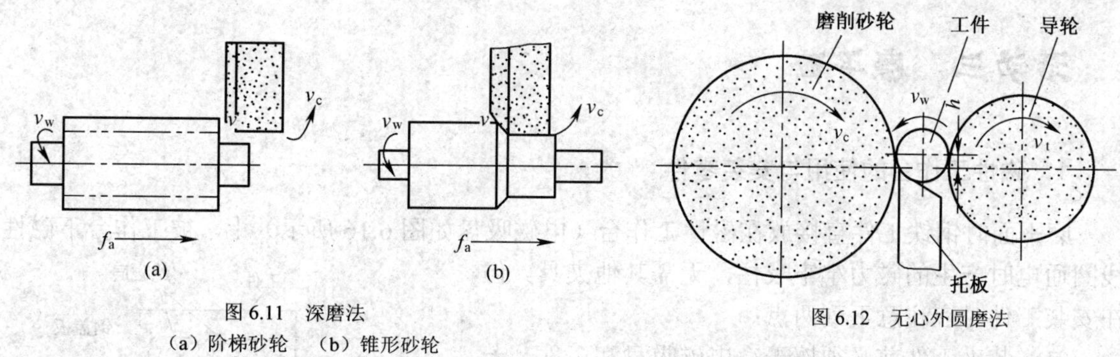

图 6.11 深磨法
（a）阶梯砂轮 （b）锥形砂轮

图 6.12 无心外圆磨法

2. 磨削外圆锥面

磨削外圆锥面方法主要有以下几种

（1）转动工作台磨削外圆锥面

如图 6.13 所示，磨削时工件安装在两顶尖之间，逆时针将工作台转动一个工件圆锥半角 $\alpha/2$，采用纵磨法。先试磨并测量工件锥度，根据测量（用套规）结果精细调整工作台直至锥度正确为止，然后用套规测量工件余量，将工件磨至图样要求。此磨削方法只能磨削圆锥角小于 12° 的外圆锥面。

（2）转动头架磨削外圆锥面

如图 6.14 所示，磨削时工件安装在卡盘上，逆时针将头架转动一个工件圆锥半角 $\alpha/2$，采用纵向磨削法。先试磨并用套规测量锥度并调整工作台。工作台调整完毕后用套规测量磨削余量，随后将工件磨至图样要求。

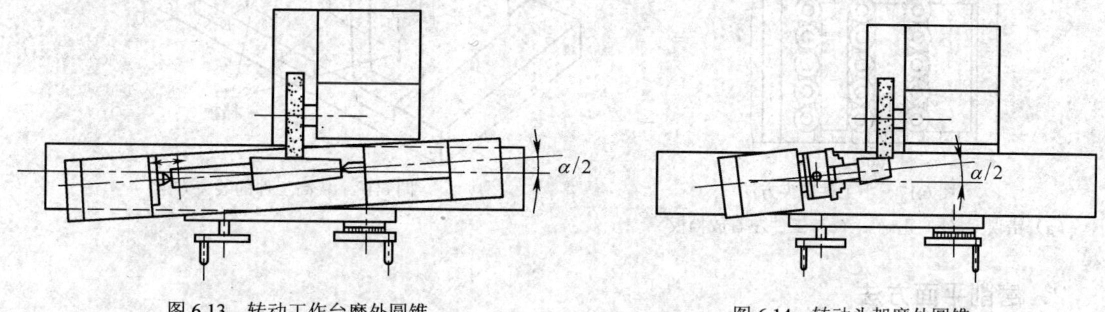

图 6.13 转动工作台磨外圆锥

图 6.14 转动头架磨外圆锥

（3）转动砂轮架磨削外圆锥面

如图 6.15 所示，工件用两顶尖安装，逆时针将砂轮架转动一个工件圆锥半角 $\alpha/2$，采用横磨法磨削。

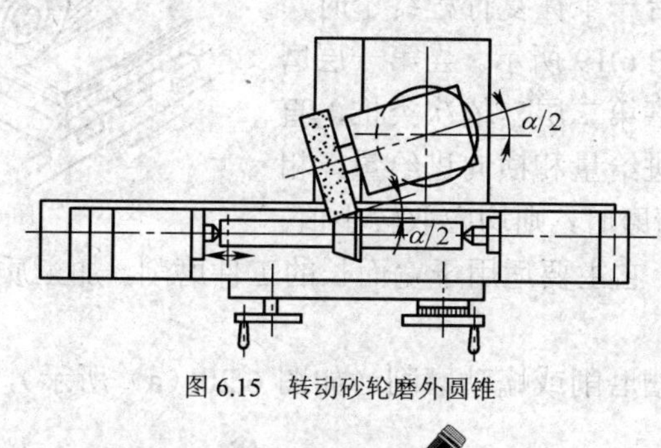

图 6.15 转动砂轮磨外圆锥

活动三 磨平面

1．磁性工作台的使用与安装零件

磨平面时钢铁工件直接放在磁性工作台（电磁吸盘如图 6.16 所示）上，被工作台下磁性线圈通电时产生的磁力牢牢吸住，无需其他夹具。但在安装工件时应注意下列两点：

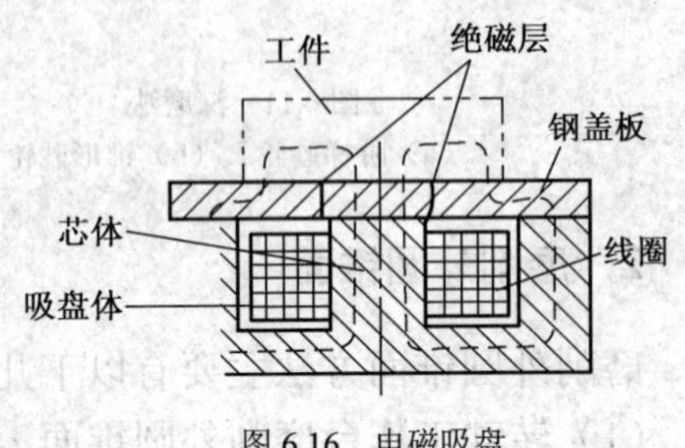

图 6.16 电磁吸盘

（1）装夹工件前必须擦干净电磁吸盘和工件，若有毛刺应用油石去除。

（2）安装工件时，工件定位表面盖住绝磁层条数应尽可能多。小而薄的工件应放在绝磁层中间（如图 6.17（b）所示），要避免放成图 6.17（a）所示位置，并在工件左右放挡板（图 6.17（c）所示）。装夹高度较高而定位要求较小的工件时，应在工件四周放置面积较大高度略低于工件高度的挡板如图 6.18 所示。

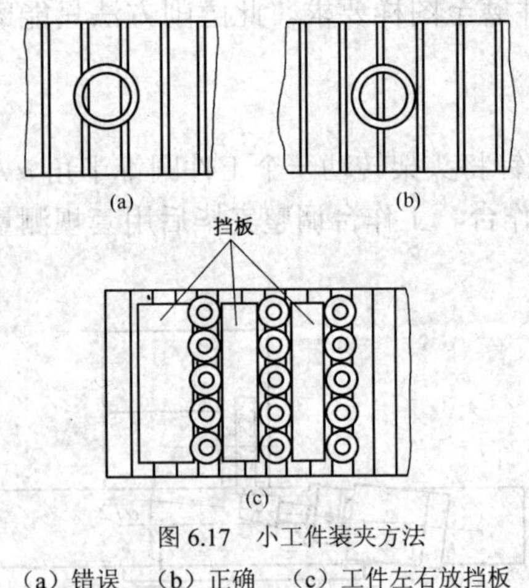

图 6.17 小工件装夹方法

（a）错误 （b）正确 （c）工件左右放挡板

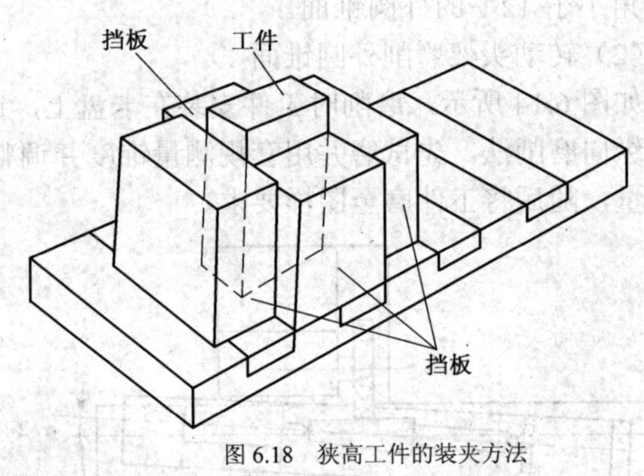

图 6.18 狭高工件的装夹方法

2．磨削平面方法

本书以卧轴矩台磨床为例介绍磨削平面方法。

（1）横向磨削法

横向磨削法是当工作台一个往复行程终了时，磨头作一次横向进给，如图 6.19 所示。当第一层磨完后，调整磨削深度，再磨第二层，依次类推，直至达到尺寸要求。对垂直进给量和横向进给量，粗磨时，均可取较大值，而精磨时，则均应取较小值。

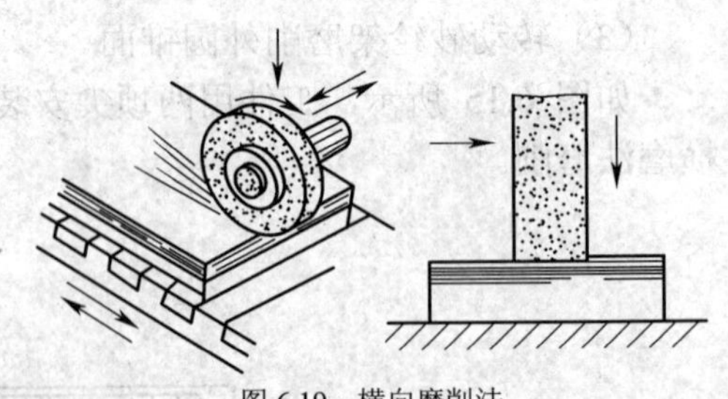
图 6.19 横向磨削法

横向磨削法应用普遍，它主要适用于宽而长的工件磨削，加工质量好，但生产效率较低。

（2）缓进深切磨削法

缓进深切磨削又称深槽磨削或蠕动磨削（如图 6.20（a）所示），属高效率磨削。它是以

较大的磨削深度和很低的工作台进给速度（30～300 mm/min）磨削工件，经一次或数次磨削即可达到所要求的尺寸和精度。适用于磨削高强度和高韧性材料，如高速工具钢、不锈钢和耐热合金等。

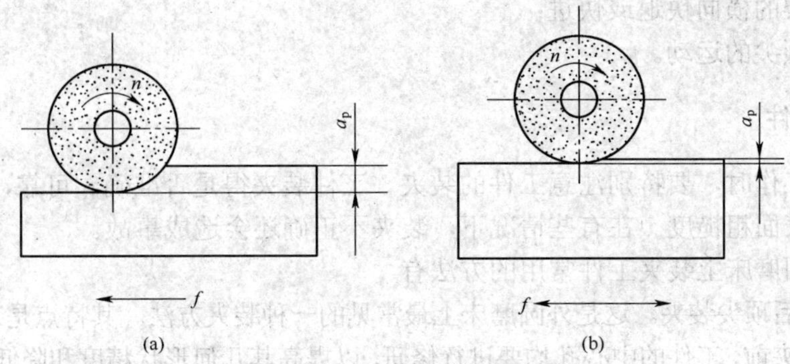

图 6.20 缓进深切磨削与横向磨削法对比
（a）缓进深切磨削 （b）横向磨削法对比

缓进深切磨削的特点是：

1）生产效率比普通平面磨削高 3～5 倍。因为砂轮与工件接触弧面大，同时参加切削的磨粒数大大增加，并且节省工作台频繁往返中制动、换向和越程的时间。

2）能较长时间保持砂轮的轮廓精度。

3）磨削力很大，磨削温度很高，工件表面容易烧伤。磨削中常采取浇注大量的切削液冷却，选用粒度号小、组织号大或大气孔且很软的砂轮等措施。

（3）阶台磨削法

阶台磨削法是根据工件磨削余量的大小，将砂轮修整成阶台形，采用较小的横向进给量，使其在一次垂直进给中磨去全部余量，如图 6.21 所示。

由于磨削用量较均匀地分配在各段轮面上，各段轮面磨粒受力均匀，能充分发挥砂轮的磨削性能，生产效率高，但砂轮的修整较麻烦。

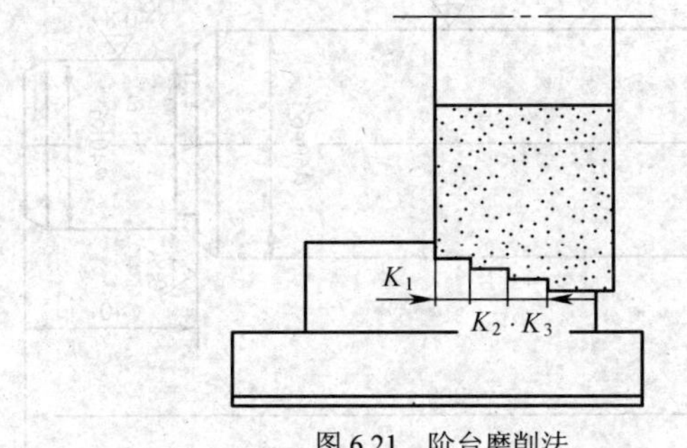

图 6.21 阶台磨削法

活动四 磨削实训

1. 开空车练习

在实习教师的指导下练习外圆磨床或平面磨床操作方法：

（1）砂轮的转动和停止；
（2）头架主轴的转动和停止；
（3）工作台的往复运动；
（4）砂轮架的横向快退或快进；
（5）尾架顶尖的运动。

2．装夹工件

在磨床上工作时，要特别注意工件的装夹。工件装夹得是否准确、可靠，直接影响工件的加工精度和表面粗糙度。在有些情况下，装夹不正确还会造成事故。

（1）在外圆磨床上装夹工件常用的方法有

1）用前、后顶尖装夹。这是外圆磨床上最常见的一种装夹方法。其特点是装夹迅速方便，加工精度高。装夹前，工件的中心孔均要进行修研，以提高其几何形状精度和降低表面粗糙度值。

2）用心轴装夹磨削套类零件外圆时，常以内孔作定位基准，把零件套在心轴上，心轴再装夹在磨床的前、后顶尖上。

3）用卡盘装夹磨削端面上不能打中心孔的短工件（如套筒等）时，可用三爪自定心卡盘或四爪单动卡盘装夹。

4）用卡盘和顶尖装夹较长工件，一端能打中心孔，另一端不能打中心孔时，可一端用顶尖，另一端用卡盘装夹工件。

（2）在平面磨床上装夹钢、铸铁等磁性材料工件时，工件一般都用电磁吸盘（又称电磁工作台）装夹。

3．磨削外圆

可结合生产实际，进行工件外圆表面磨削练习。

如果无合适的生产产品，可用图 6.22 所示工件，在外圆磨床上进行磨削。

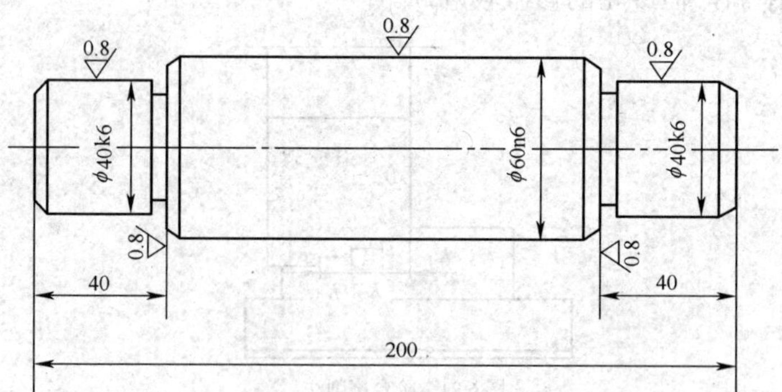

图 6.22　磨削外圆表面工件图

磨削步骤如下：

（1）磨削ϕ60 外圆；
（2）磨削右端ϕ40 外圆；
（3）磨削右端轴肩；
（4）磨削左端ϕ40 外圆；

（5）磨削左端轴肩。

4．磨削平面

可结合生产实际，在平面磨床上磨削平面。

如无合适的生产产品，可参照图 6.23 所示工件进行平面磨削。

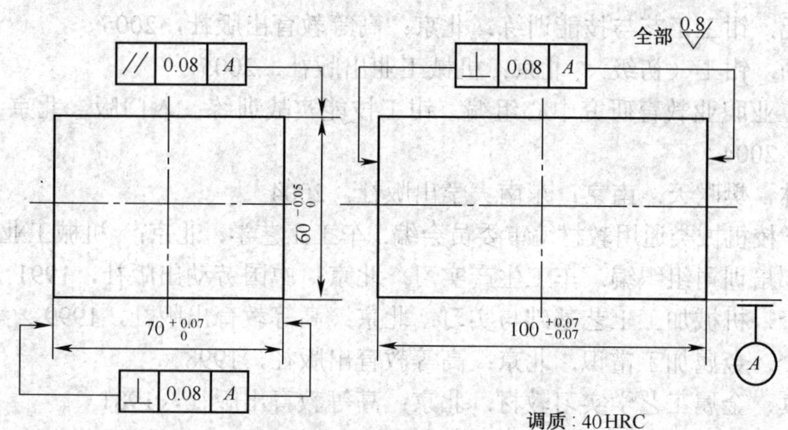

图 6.23 磨削平面工件图

磨削步骤如下：

（1）正确操纵机床，注意磨头垂直进给手轮的进退方向，以防弄错，使工件报废。

（2）要充分使用磨削液，以防工件表面被烧伤而影响加工质量。

（3）为防止平板磨削后产生弯曲变形，可采用上下表面多次互为定位基准进行磨削。

（4）装夹时，为防止磁盘吸力不足，工件两端可加挡铁。

（5）粗略测量厚度时用高度尺，精确测量时用千分尺。测量后的精加工切削余量，利用磨头的垂直升降手轮上的刻度控制磨削吃刀量。

思考与练习

1．磨削平面常用的磨床有几种？各适用于什么场合？

2．试说明 M1432 和 M7120A 磨床型号各为何含义？

3．较大的砂轮安装前如何进行平衡？

4．磨外圆和平面时，工件和砂轮需作哪些运动？

5．磨削外圆常用的方法有几种？如何选用？

6．磨削外圆工件时，常见的装夹方法有几种？各适应于什么场合？

7．采用双顶尖装夹轴类工件，调头磨削各部分外圆表面时，能保证各外圆表面的同轴度吗？为什么？

8．在平面磨床上磨削工件时，为什么在工件两端要加挡铁？

9．磨削液的主要作用是什么？常用磨削液有几种？如何应用？

参 考 文 献

[1] 徐冬元. 钳工工艺与技能训练. 北京：高等教育出版社，2005
[2] 黄涛勋. 钳工（初级）. 北京：机械工业出版社. 2005
[3] 机械工业职业教育研究中心组编. 钳工技能实战训练：入门版. 北京：机械工业出版社，2004
[4] 黄如林，樊曙天. 南京：东南大学出版社，2004
[5] 技工学校机械类通用教材编审委员会编. 车工工艺学. 北京： 机械工业出版社，1992
[6] 劳动部培训司组织编. 车工生产实习. 北京：中国劳动出版社，1991
[7] 张亮峰. 机械加工工艺基础与实习. 北京：高等教育出版社，1999
[8] 曹元俊. 金属加工常识. 北京：高等教育出版社，1998
[9] 张力真. 金属工艺学实习教材. 北京：高等教育出版社，1981
[10] 鲍风雨. 机电技术应用专业实训. 北京：高等教育出版社，2002
[11] 蒋增福，徐冬元. 机加工实习. 北京：高等教育出版社，2002
[12] 何建民. 铣工操作技术与窍门. 北京：机械工业出版社，2004